Otimize seu aprendizado

Otimize seu aprendizado

**94 DICAS PRÁTICAS
PARA APRENDER
MAIS RÁPIDO E FIXAR
O CONHECIMENTO**

Daniel T. Willingham, Ph.D.

SEXTANTE

Título original: *Outsmart your Brain – Why Learning Is Hard and How You Can Make It Easy*
Copyright © 2022 por Daniel T. Willingham
Copyright da tradução © 2024 por GMT Editores Ltda.

Todos os direitos reservados. Nenhuma parte deste livro pode ser utilizada ou reproduzida sob quaisquer meios existentes sem autorização por escrito dos editores.

tradução: Nina Lua
preparo de originais: Pedro Siqueira
revisão: Hermínia Totti e Rachel Rimas
capa: Jason Gabbert
adaptação de capa e diagramação: Ana Paula Daudt Brandão
imagens de capa: Peter Stark (fundo); Thomas Vogel (lápis)
impressão e acabamento: Cromosete Gráfica e Editora Ltda.

CIP-BRASIL. CATALOGAÇÃO NA PUBLICAÇÃO
SINDICATO NACIONAL DOS EDITORES DE LIVROS, RJ

W696o

    Willingham, Daniel T.
        Otimize seu aprendizado / Daniel T. Willingham ; [tradução Nina Lua]. - 1. ed. - Rio de Janeiro : Sextante, 2024.
        304 p. ; 23 cm.

    Tradução de: Outsmart your brain
    ISBN 978-65-5564-787-7

        1. Aprendizagem cognitiva. 2. Motivação na educação. 3. Psicologia da aprendizagem. I. Lua, Nina. II. Título.

23-86702   CDD: 370.1523
                    CDU: 37.015.3:159.942

Gabriela Faray Ferreira Lopes - Bibliotecária - CRB-7/6643

Todos os direitos reservados, no Brasil, por
GMT Editores Ltda.
Rua Voluntários da Pátria, 45 – 14º andar – Botafogo
22270-000 – Rio de Janeiro – RJ
Tel.: (21) 2538-4100
E-mail: atendimento@sextante.com.br
www.sextante.com.br

*Dedico este livro a Sherry Willingham Segundo
e Judy Willingham Shimm*

Sumário

INTRODUÇÃO … 9

CAPÍTULO 1
Como entender uma aula … 15

CAPÍTULO 2
Como fazer anotações durante uma aula … 33

CAPÍTULO 3
Como aprender com atividades práticas,
demonstrações e em laboratório … 55

CAPÍTULO 4
Como reorganizar suas anotações … 77

CAPÍTULO 5
Como ler livros difíceis … 93

CAPÍTULO 6
Como estudar para provas … 107

CAPÍTULO 7
Como julgar se você está pronto para uma prova   135

CAPÍTULO 8
Como fazer provas   147

CAPÍTULO 9
Como aprender com provas anteriores   171

CAPÍTULO 10
Como planejar seu trabalho   189

CAPÍTULO 11
Como vencer a procrastinação   209

CAPÍTULO 12
Como manter a concentração   229

CAPÍTULO 13
Como ganhar autoconfiança na sua capacidade de aprendizado   251

CAPÍTULO 14
Como lidar com a ansiedade   265

CONCLUSÃO   279

AGRADECIMENTOS   283

REFERÊNCIAS BIBLIOGRÁFICAS   285

INTRODUÇÃO

Quando você estava na pré-escola, seus professores e seus pais não tinham expectativas de que você fosse responsável pelo próprio aprendizado. Ninguém diz ao filho de 5 anos: "Sua professora me disse que você não está se empenhando para aprender as cores. Ela também falou que você não *se dedica* à pintura com os dedos. Se você não vai se esforçar, não vejo motivo para continuar pagando sua escola!" Criar um ambiente em que você aprendesse era responsabilidade do professor.

No começo da adolescência, a escola adquiriu um formato em que você carregava uma responsabilidade muito maior pelo seu aprendizado. O professor falava enquanto você anotava; em casa, você lia livros didáticos, fazia tarefas e estudava para as provas. A partir dessa configuração, os professores esperavam que você soubesse (1) estabelecer prioridades e planejar seus horários; (2) ler sobre temas difíceis de modo independente; (3) evitar a procrastinação; (4) decorar conteúdo; (5) evitar distrações; (6) determinar quando já tinha estudado o suficiente; (7) mostrar o que sabia em uma prova; e (8) lidar com emoções que interferiam no aprendizado, como a ansiedade. E, se você não fizesse essas coisas bem, o problema era seu, não do professor. Resumindo, esperava-se que você fosse um aluno independente.

No entanto, o cérebro não vem com um manual de instruções. Aprender por conta própria exige muitas habilidades distintas, e você precisava que alguém as ensinasse. É provável que ninguém tenha feito isso. Pesquisas com estudantes universitários mostram que a grande maioria elabora as próprias estratégias para estudar, evitar a procrastinação, etc. Mas, em geral, as táticas que eles criam não são muito boas. Foi por isso que escrevi este livro. Ele é um manual de instruções para o seu cérebro, que vai permitir que você explore todo o seu potencial de aprendizado e, assim, se torne um aluno independente.

Por que escrevi este livro

Quando decidi cursar uma pós-graduação, não foi por um desejo altruísta de ajudar as pessoas a aprenderem, mas por uma vontade egoísta de me tornar professor universitário. Eu acreditava que professores universitários não tinham chefe. (No fim das contas, essa crença não tinha tanto fundamento assim, apesar de ser provavelmente mais verdadeira do que mereço.) Entrei em um doutorado em Psicologia só para "ver no que dava", o que é uma grande estupidez em termos de planejamento.

Mas tive sorte. Eu me vi fascinado pela mente humana e em especial pelo aprendizado humano. Fiquei animado com tudo que aprendi e, de alguma forma, consegui um emprego de professor em uma faculdade. Minha pesquisa tinha a ver com a memória, mas era bem técnica e não se aplicava à vida cotidiana. Eu era um pesquisador do aprendizado, mas não do tipo que ajudava as pessoas a aprenderem.

E foi assim por cerca de 10 anos. Um belo dia recebi um telefonema de um conhecido distante me convidando para ir a Nashville dar uma palestra sobre aprendizagem a 500 professores. Com toda a educação, eu disse que não sabia nada sobre ensinar, porque era o tipo de pesquisador que "não ajuda os outros". Esse meu conhecido então falou: "Claro, nós entendemos isso. Só pensamos que os professores achariam interessante." Intrigado, mas lisonjeado, respondi: "Então eu topo."

Seis meses depois, era chegada a hora de preparar a palestra. Entrei em pânico. Obviamente os professores sabem como as crianças aprendem; o que eu poderia falar que eles já não soubessem? Pensei em dar para trás, mas sabia que era tarde demais para que os organizadores do evento arranjassem alguém para me substituir. Dei um jeito de formular uma palestra de 50 minutos, pegando algumas ideias do curso introdutório sobre cognição que eu dava para alunos do segundo ano da faculdade. Tive tanta certeza de que seria um fracasso que, meia hora antes de subir ao palco, pedi à minha esposa (uma professora), que eu havia arrastado até Nashville para minha primeira palestra sobre ensino, que *não* assistisse.

Para minha grande surpresa, foi um sucesso. Os professores não conheciam o conteúdo, apesar de incluir materiais que qualquer um estudaria na primeira disciplina que cursasse sobre aprendizado. Além disso, eles não o acharam abstrato, e sim algo útil para a sala de aula.

Minha carreira mudou de rumo. Pensei que poderia ser importante para os professores saber o que os cientistas descobriram sobre como as pessoas pensam e aprendem, então comecei a escrever artigos e livros que abordavam esses assuntos.

Também passei a analisar como essas informações se aplicavam a meus alunos. Acrescentei à minha disciplina de introdução à cognição uma aula sobre "como estudar". Eles a consideraram interessante, mas suas notas não mudaram muito. Eu tinha me concentrado em formas eficientes de memorizar informações, então pensei que certamente havia outros aspectos do ato de estudar que causavam problemas.

Quando os alunos iam à minha sala para pedir ajuda, comecei a fazer mais perguntas sobre os hábitos e as estratégias de estudo deles. Pedi que levassem seus livros didáticos e cadernos a nossas reuniões, para que pudéssemos conversar sobre como eles liam e anotavam as coisas.

Descobri que meus alunos tinham dificuldades por diversos motivos, não apenas devido a estratégias ruins de memorização. Alguns deles não conseguiam compreender um capítulo mais complexo dos livros, outros procrastinavam; alguns não entendiam algumas palestras, outros congelavam na hora de fazer uma prova; e assim por diante.

Cerca de um ano depois, senti que tinha ficado bom em diagnosticar onde estava o problema de um estudante, mas ainda não obtinha muito sucesso em fazer com que os alunos mudassem sua forma de estudar, o que, sinceramente, eu achava estranho. Eles me procuravam porque sabiam que as coisas não estavam indo bem. Por que não tentar seguir meus conselhos?

Por que você precisa ser mais esperto que o seu cérebro

Decifrei o enigma por acaso. Uma vez, um aluno me perguntou como eu tinha me interessado pela memória, e me lembrei de uma disciplina que havia cursado na pós-graduação. "Fiquei muito impressionado com a *esquisitice* da memória", respondi. "Grande parte do que eu presumia não era verdade." Quando falei isso, percebi que meus conselhos sobre como estudar deviam parecer estranhos para os estudantes.

Por exemplo, *querer* aprender não tem impacto direto sobre o aprendizado. Muitas vezes, nos lembramos de coisas que não queríamos decorar. Imagino que você saiba se o príncipe Harry é casado, que crime Harvey Weinstein cometeu e se foi Bradley Cooper quem protagonizou *Forrest Gump*. Você não estudou essas coisas. Simplesmente teve contato com essas informações, e elas ficaram na sua mente. Quando fazia faculdade, eu passava muito tempo tentando acumular novos conhecimentos a todo custo. Foi estranho ouvir que o desejo de aprender não faz diferença.

Também fiquei perplexo quando descobri que a repetição, embora muitas vezes ajude, não garante o aprendizado. Por exemplo, você sabe o que está escrito no canto inferior direito da frente de uma nota de dois reais? Quantas tartarugas se encontram no verso da cédula? Dado o número de notas de dois reais que você viu na vida, seria de esperar que você se lembrasse dos detalhes.

Então, comecei a perguntar aos meus alunos: "Por favor, sejam sinceros: vocês testaram alguma daquelas estratégias que recomendei?" Apenas uma vez a maioria disse que sim. O problema não era o fato de as estratégias parecerem estranhas. Na verdade, os estudantes as consideravam ineficazes.

Isso fez sentido para mim. Nesse aspecto, aprender é como praticar exercícios. Se você quer aumentar o número de flexões que consegue fazer, basta praticar. No entanto, seria ainda melhor tentar fazer flexões muito difíceis, como aquelas em que a pessoa tira as mãos do chão e bate palmas. Mas você não consegue fazer muitas, o que parece contraproducente. "Que coisa besta. Meu objetivo é fazer o máximo possível de flexões, e só consigo fazer algumas desse tipo!" É preciso ter em mente que um desafio maior vai deixar você mais forte ao longo do tempo. Por outro lado, se você fizer flexões de joelhos, terá a *sensação* de que está tudo indo muito bem, já que consegue fazer várias em pouco tempo. Mas é claro que dessa forma o exercício é menos eficaz.

Quando tentamos aprender, nosso cérebro nos manda fazer o equivalente a flexões com os joelhos apoiados no chão. Ele nos incentiva a tentar coisas que parecem fáceis e nos passam a sensação de que estamos no caminho certo. Era por isso que meus alunos, por conta própria, acabavam recorrendo às mesmas estratégias ineficazes de estudo. Ser mais esperto que o seu cérebro significa fazer o exercício mental que *parece* mais difícil, mas que com o passar do tempo vai trazer mais benefícios.

Como usar este livro

A maior parte do ensino escolar – desde que temos cerca de 12 anos até a universidade – usa o mesmo critério de avaliação. Você aprende assistindo às aulas e lendo por conta própria. Demonstra seu aprendizado fazendo provas. O ensino inclui outras coisas (às vezes, você precisa escrever um artigo, por exemplo), mas estas três tarefas – ouvir, ler e fazer provas – constituem a maior parte do trabalho de um estudante. Por isso, discorro sobre todas elas aqui.

É claro que cada uma dessas tarefas básicas tem subcomponentes. Por exemplo, estudar para uma prova exige não só memorizar a matéria, como ter boas anotações para consultar, separar tempo na agenda para estudar, etc.

Cada capítulo guia você em direção ao sucesso em um desses processos. Você pode escolher quais deles ler, dependendo de quais aspectos do aprendizado deseje melhorar. Não é preciso seguir uma ordem nem ler todos. E não espero que você empregue todas as dicas de cada capítulo. Ofereço várias para que você possa selecionar aquela que o atrair mais; se não funcionar, tente outra. Nunca rejeite uma estratégia pelo simples fato de achar que não vai dar certo. Lembre-se de que muitas delas vão parecer esquisitas e podem passar a impressão, em determinado momento, de que não estão funcionando. Julgue a eficácia de um método pelos resultados, e não pela sensação que você tem ao colocá-lo em prática. Professores e instrutores podem achar úteis os conselhos para os estudantes, mas há também uma seção no final de cada capítulo que mostra como eles podem usar os mesmos princípios na sala de aula.

Sua memória é uma ferramenta, e este livro é um manual de instruções que vai ajudá-lo a aprender de forma independente. Não posso prometer que você vai aprender sem qualquer esforço. O cérebro simplesmente não funciona assim.

O que posso prometer é uma eficácia muito maior. Mostrarei como abordar o aprendizado de outra maneira, para que você aprenda por conta própria e para que seu esforço tenha bem mais impacto. Você vai aprender mais rápido e vai reter o conhecimento por mais tempo. Só precisa entender um pouco sobre como seu cérebro funciona – e sobre os obstáculos que ele enfrenta. Então, vai conseguir otimizar seu aprendizado.

CAPÍTULO 1

Como entender uma aula

Quando entram na faculdade, os alunos já passaram milhares de horas assistindo a aulas, então é razoável pensar que todos são perfeitamente capazes de aprender a partir do mesmo método. Em geral, não é bem assim. Muitos deles são incapazes de fazer boas anotações – vou abordar esse assunto no próximo capítulo. Por enquanto, quero me concentrar em como entender as palavras do professor.

Se você não entende algo, o próximo passo parece óbvio: é só perguntar. Mas e se você *não perceber que não entendeu*? Como é possível se prevenir contra isso?

Vamos pensar no processo de perceber que não entendemos algo. Esse sentimento surge quando vasculhamos a memória mas não encontramos o que estamos buscando. Por exemplo, quando um desconhecido no supermercado diz: "Nossa, a situação dessa pilha de latas está periclitante, né?" ou um amigo pergunta: "Por que alguns pássaros cantam à noite?", você procura a informação na memória (a definição de *periclitante*, o porquê da cantoria de pássaros com insônia), não encontra e pensa: "Não sei."

Há um segundo tipo de busca mnemônica fracassada que leva à confusão e é baseado na forma como nos comunicamos. Quando falam, as pessoas costumam não dizer boa parte do que realmente querem expressar. Não é que estejam tentando ser misteriosas. Elas presumem que você tem as informações que faltam na memória delas, podendo usá-las para preencher as lacunas no que disseram. Por exemplo, imagine que um amigo diz:

Que droga, liguei para a Domino's faz uma hora. Você viu meu celular?

A conexão entre essas duas frases é evidente – o amigo quer o celular para ligar de novo para a pizzaria –, mas pense em quantas informações são necessárias para fazer essa conexão. Seu amigo presume que você sabe que Domino's é uma pizzaria que faz entregas, que você sabe que uma hora é tempo de sobra para uma pizza chegar, que telefonar para o estabelecimento é uma reação adequada a um serviço ruim e que celulares servem para fazer ligações.

Nós sempre omitimos informações quando falamos. Se não fizéssemos isso, a comunicação seria bem longa e tediosa. ("Pode me passar o celular? É que eu quero fazer uma ligação, e é para isso que servem os celulares.")

Agora imagine que seu amigo diz o seguinte:

Que droga, liguei para a Domino's faz uma hora. Tem uns cinco ou seis peixinhos na parte rasa da piscina.

É normal que duas frases próximas não tenham uma ligação clara – às vezes alguém está falando sobre pizza e, logo em seguida, pede o celular –, mas presumimos que vamos encontrar um ponto de conexão quando recorrermos à memória.

Então, quando vasculhamos a memória em busca de (1) um fato (o significado de *periclitante*) ou (2) uma conexão (pizza e peixinhos) e não encontramos nada, reconhecemos que não conseguimos compreender. Nesses casos, concluímos que não entendemos e podemos fazer algo a respeito disso – o mais óbvio seria pedir uma explicação a quem falou.

Mas e se você não entender uma coisa nem perceber que deixou algo passar?

Isso não acontece com uma palavra desconhecida, mas pode ocorrer com uma conexão, pois pode haver mais de uma ligação possível entre dois assuntos. Talvez você tenha conectado duas ideias de um jeito e, portanto, pensado que entendeu. Mas a pessoa que falou achou que você *também* as conectaria de outra forma. Você perdeu uma informação, mas não percebeu.

Por exemplo, imagine uma aula de história em que a professora diz:

Muitos filmes estrelados por Shirley Temple foram lançados durante a década de 1930. Eram filmes que faziam os espectadores se sentirem bem e esquecerem os problemas.

Quem ouve isso pode achar que captou a conexão entre as duas frases: cada uma traz um fato sobre os filmes de Shirley Temple. Mas imagine que, poucos dias antes, a professora havia ensinado sobre a Grande Depressão dos anos 1930: a situação econômica estava péssima e a maioria das pessoas se via em dificuldades financeiras. A professora achou que os alunos entenderiam que os filmes faziam sucesso porque deixavam os espectadores alegres em tempos difíceis.

Então, agora sabemos como alguém pode não conseguir entender algo sem perceber que isso aconteceu: a pessoa faz uma conexão entre ideias e acha que compreendeu, mas, na verdade, a professora queria que outra conexão tivesse sido feita.

As aulas são particularmente suscetíveis a esse tipo de problema por causa da forma como são organizadas. Em uma conversa, as falas não são planejadas; discorremos sobre os assuntos à medida que eles vêm à mente, de modo que ideias conectadas costumam surgir uma após a outra, quase que de imediato. No entanto, as aulas, em geral, são organizadas de forma hierárquica, o que significa que o professor quer que o aluno conecte algumas ideias que não estão próximas uma da outra. Vamos ver o que isso significa.

Imagine que você está fazendo uma disciplina sobre ciência gastronômica e assiste a uma aula sobre o cozimento da carne. Nesse dia, há três tópicos principais: cozinhar a carne mata bactérias e parasitas, dá sabor e a torna mais macia. O gráfico da página 19 mostra parte da estrutura da aula.

Essa é a organização que a professora pode ter em mente, mas não é o que você veria na aula. Ninguém fala de forma hierárquica. A experiência dos alunos durante uma aula é linear. As letras maiúsculas mostram a ordem em que cada ponto seria abordado.

As ideias denominadas A, E e L ("mata bactérias e parasitas", "sabor" e "maciez") devem ser encadeadas. Todas estão em uma subcategoria: os três motivos pelos quais os seres humanos cozinham a carne. No entanto, se a professora der a aula sem ressaltar isso, alguns alunos não vão perceber essa importante conexão. É provável que as frases vizinhas ao longo da aula se conectem com facilidade, de modo que nenhuma surpreenda os alunos e os faça pensar: "Espera aí, essa ideia deve se conectar a quê?"

Agora sabemos por que a maioria dos estudantes capta os factoides nas aulas – por exemplo, a definição de termos como *colágeno* ou *músculo psoas*. Eles percebem que não conhecem essas palavras, assim como você notou que não sabia o que *periclitante* significa. Os alunos deixam passar as conexões mais profundas, ideias que estão relacionadas pelo modo como funcionam ou por serem evidências ou exemplos de uma conclusão mais abrangente. Eles também perdem aquelas informações que os professores consideram mais importantes.

Resumindo, o cérebro evoluiu para compreender como costumamos falar. Para ter uma conversa normal, ninguém planeja com antecedência o que vai dizer durante 50 minutos; falamos o que pensamos conforme aquilo vem à mente. Como planejamos apenas uma ou duas frases por vez, é improvável que falemos algo que só pode ser entendido se o ouvinte conectar o que estamos dizendo agora com o que dissemos 20 minutos antes. Por outro lado, as aulas são planejadas e organizadas de maneira hierárquica. Portanto, é não só possível, como provável, que uma ideia se conecte a outra mencionada 20 minutos antes. E, se não perceber essa conexão, o aluno vai perder uma camada de significados.

QUANDO VOCÊ ESTIVER APRENDENDO POR MEIO DA ESCUTA

O que o seu cérebro vai fazer: Ouvir uma aula da mesma forma que você escuta um amigo falando e, portanto, perder conexões mais profundas no conteúdo.

Como ser mais esperto que o seu cérebro: Para fazer as conexões que o professor deseja, trace um plano que leve em consideração a incompatibilidade entre a forma como o locutor pensa sobre o conteúdo que é organizado (uma hierarquia) e o modo como você percebe a aula (linear).

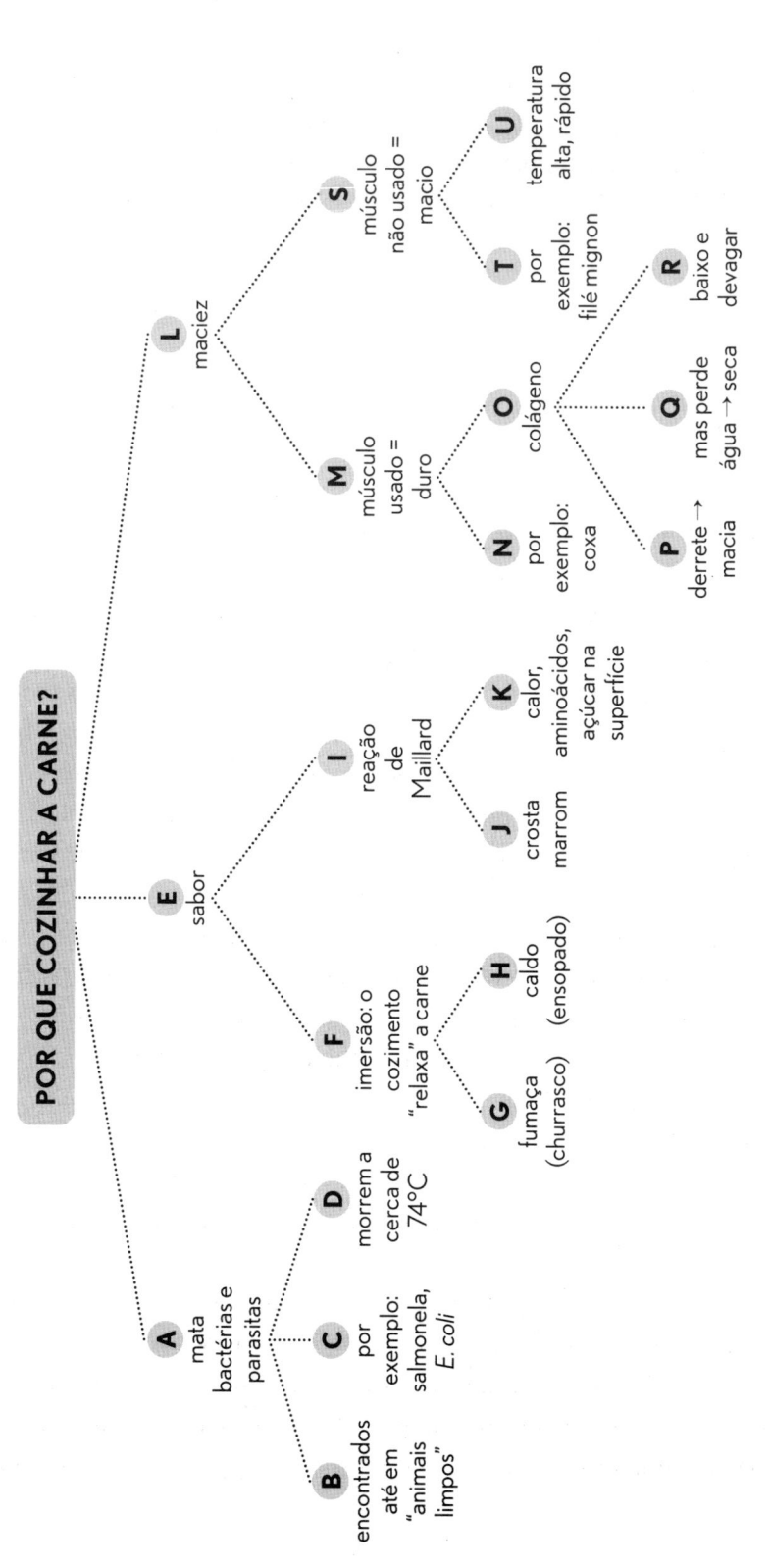

Neste capítulo, você aprenderá alguns truques para garantir que vai compreender o significado mais profundo de uma aula, e não apenas novas palavras e alguns factoides.

DICA 1

Extraia a organização de uma aula

No melhor dos mundos, a professora vai deixar a organização da aula explícita, dizendo logo no começo: "É isso que vocês vão aprender. A conclusão principal é X. Vou explicar quatro pontos que comprovam X." E então, durante a aula, ela fará referência a essa organização, dizendo: "Certo, agora que já vimos o primeiro ponto que confirma nossa conclusão, vamos passar para o segundo." Ou seja, a professora expõe a organização no decorrer da aula.

Mas e se isso não acontecer? Nesse caso, você precisa fazer o possível para descobrir essa estrutura por conta própria. Por exemplo, na aula sobre cozimento de carnes que discutimos um pouco antes, se a professora disser "o cozimento também amacia a carne dura", você deve saber que essa frase é uma das três razões que levam os humanos a cozinhar a carne.

Mas, conforme for ouvindo, você não compreenderá cada parte da organização da aula. Tudo é muito rápido. **Estabeleça como objetivo compreender os dois primeiros níveis da hierarquia.** No topo está a pergunta ou o tema principal do dia. Em nossa aula de ciência gastronômica, a pergunta é: "Por que cozinhar a carne?" Em uma aula de história, talvez a questão fosse se os candidatos à presidência de hoje em dia poderiam fazer "política de varanda", em que o político não viaja e faz seus discursos somente perto de casa.

Para descobrir a organização de uma aula, pode ser de grande ajuda consultar com antecedência algum material informativo – a ementa da disciplina, o folder de uma apresentação – que lhe dê uma ideia do assunto principal. Se você não tiver qualquer informação antecipada a respeito do tema, um guia razoável é *a primeira coisa que o professor ou palestrante dis-*

ser. Professores e palestrantes quase sempre dão um resumo, mesmo que de apenas uma ou duas frases, do assunto que será abordado. Isso quer dizer que, se chegar um minuto atrasado, você vai perder esse fio. Se demorar a prestar atenção no professor porque está conversando com o colega ao lado ou mexendo no celular, você vai perder esse fio. **Esteja presente e pronto para ouvir a introdução no início da aula.**

O segundo nível da hierarquia é composto de evidências que comprovam a conclusão do dia. Na aula de ciência gastronômica, como vimos, eram três os motivos para se cozinhar a carne. Na aula de história, talvez o segundo nível inclua exemplos de "políticas de varanda" que deram certo (ou errado), a situação da mídia na época de cada candidatura e, por fim, um comparativo desses fatores em relação à política moderna.

Se o objetivo da aula for ensinar o aluno a *fazer* algo – tirar sangue, por exemplo –, os subpontos podem ser passos do procedimento, fatores que comprovam a sua eficácia ou uma lista de circunstâncias nas quais usar cada método.

Um bom professor utiliza deixas verbais para dizer de forma explícita "Agora que descrevi as características de uma 'política de varanda', vou dar alguns exemplos históricos". Professores ineficientes não fazem isso, mas *sabem* que estão mudando de assunto, mesmo que não pensem em dizer isso para os alunos. Portanto, **preste atenção em deixas verbais que dão pistas sobre a organização**, como:

- "O segundo motivo…"
- "Isso nos leva a outra questão…"
- "Então *agora* sabemos…"
- "Vamos observar isso de um ponto de vista diferente."
- "Em todo caso…"
- "Certo."

Procure deixas não verbais. Em geral, os professores abrem espaço para tirar dúvidas quando terminam de falar sobre um assunto, para se assegurarem de que os alunos o compreenderam corretamente antes de passar para o próximo tópico. Se o professor fizer uma pausa para consultar anotações, ou até parar por um instante para pensar, é provável que isso sinalize uma mudança de assunto. Ele completou uma ideia e está verificando o que vem a seguir.

Não é necessário tentar decompor a hierarquia inteira enquanto assiste a uma aula, mas **tente interpretar os detalhes à luz das ideias mais abrangentes**. Lembre-se, o objetivo deste capítulo é ensinar você a distinguir novos conteúdos à medida que os for ouvindo. Parte dessa compreensão reside em interpretar as coisas no contexto certo. Vamos considerar por exemplo o caso de James Monroe, que, quando foi eleito presidente em 1820, ganhou em todos os estados norte-americanos, exceto um. Esse fato pode ser mencionado:

- Como prova de que no período referido havia bastante harmonia nos Estados Unidos
- Como evidência da fraqueza do Partido Federalista depois da guerra de 1812
- No contexto da esperança de Monroe de que o sistema de partidos acabasse

Para interpretar detalhes à luz da perspectiva geral, você deve tê-la em mente o tempo todo enquanto estiver ouvindo. Isso pode ser difícil porque você também está tentando acompanhar a aula e tomar notas. Portanto, em vez disso, tente se lembrar periodicamente do quadro geral. Por exemplo, imagine que você aprendeu sobre vetores em uma aula anterior e que, agora, a professora está apresentando o conceito de adição de vetores. É difícil entender essa nova ideia e ao mesmo tempo pensar sobre como ela se conecta com outros conceitos no curso. Então, tente pensar nisso quando a professora estiver pronta para mudar de assunto. Quando ela perguntar se alguém tem dúvidas, não se questione apenas: "Eu entendi o que ela acabou de dizer?" Questione-se também: **"Eu entendi a relação que existe entre o que ela falou e o tema geral do dia?"** Se não for óbvio, pergunte.

> *Em uma frase:* Espere que as aulas sejam organizadas de forma hierárquica e tente extrair a organização durante a aula.

DICA 2

Prepare-se para ter trabalho ao ouvir

Muitas vezes, nos enganamos achando que assistir a uma aula é fácil, porque só precisamos ouvir. Na verdade, as aulas tradicionais têm má fama entre alguns educadores, pois parecem passivas. Os alunos ficam simplesmente parados, sentados, olhando para o professor. Mas isso não é correto. Na seção anterior, vimos por que **aprender a partir de uma aula tradicional exige raciocínio ativo**: os ouvintes precisam deduzir a organização hierárquica do que estão ouvindo.

Há outras diferenças cruciais entre uma aula e uma conversa típica. Quando estão dando aula, as pessoas usam um vocabulário menos trivial e comunicam ideias mais complicadas do que aquelas que abordamos ao falar com um amigo. Além disso, nossos amigos costumam perceber se estão ou não se fazendo entender. Podem fazer uma pausa ou dizer "Né?", nossa deixa para mostrar que estamos compreendendo, assentir ou dizer "É". Professores fazem pausas para perguntas com muito menos frequência.

Há quase 2 mil anos, Plutarco, o biógrafo grego, escreveu sobre a dificuldade de escutar:

> Há outros que pensam que o orador tem uma função a cumprir e o ouvinte, não. Acham que é mais do que justo que o orador chegue com seu discurso cuidadosamente pensado e preparado, enquanto os ouvintes, sem considerar ou refletir sobre as próprias obrigações, entram apressados e se sentam como se estivessem comparecendo a um jantar, para se divertir enquanto os outros trabalham. Porém, até mesmo um cortês convidado tem uma função a exercer em um jantar, e mais ainda um ouvinte, pois ele é um participante do discurso e um colega de trabalho do orador.

Nos últimos 30 anos, lecionei disciplinas extensas com aulas em formato de palestra, e faz 15 anos que dou palestras para grupos de adultos em escolas e empresas. Jovens e adultos têm o comportamento bem parecido quando não estão envolvidos com a aula. Eles se sentam de qualquer jeito. Os olhos parecem vazios e focam vagarosamente quando começo a falar. Não é que estejam cansados, ansiosos ou distraídos por problemas pessoais: eles estão agindo de forma *passiva*. Tratam a aula como se fosse um filme ou um show.

Não é difícil compreender por que alguém pode se sentir parte de uma plateia ao se encontrar em uma imensa sala de aula com centenas de outros estudantes. É natural que a pessoa espere ser entretida, mas nos damos muito melhor quando chegamos a cada aula preparados psicologicamente para fazer certo esforço mental.

> *Em uma frase:* Aprender ouvindo é trabalhoso, portanto compareça a cada aula com essa expectativa.

DICA 3

Se receber anotações, use-as para checar as suas, e não para substituí-las

Imagine que o orador ofereça cópias das anotações dele, um resumo ou cópias apenas de gráficos. Como você deve usá-las? Você pode se aproximar da resposta a essa pergunta respondendo a outra: por que fazer anotações, afinal?

Pesquisadores apresentaram essa questão a algumas pessoas, que apontaram duas funções que você já deve supor. Em primeiro lugar, escrever ajuda a memorizar. Em segundo, ler as próprias notas um tempo depois refresca a memória. Pesquisas mostram que as anotações de fato servem a esses dois propósitos.

Agora pense em como cada função é afetada quando recebemos anotações do professor. É razoável pensar que essas anotações são mais completas e precisas que as suas. De fato, é provável que elas contenham todas as conexões profundas que, como expliquei, são difíceis de captar enquanto ouvimos. Portanto, devem servir bem à função de refrescar a memória. Mas você vai deixar de obter o reforço mnemônico que vem de anotar as coisas por conta própria. Quem fez as anotações foi o professor, não você.

Nossa hipótese – de que usar as anotações do professor tanto ajuda quanto atrapalha – condiz com o que os pesquisadores descobriram. Não há uma vantagem evidente entre alunos que tomam notas e os que as recebem. Talvez seja por isso que alguns professores não dividem suas anotações: não veem motivo para tal.

Porém, vamos supor que você receba anotações, um resumo ou uma apresentação de slides. O que fazer com isso? Apesar de não haver uma resposta clara e embasada em pesquisas, é possível dar um palpite razoável com base nos dois propósitos de tomar notas.

Ainda é desejável obter os benefícios que vêm do ato de anotar as coisas por conta própria. Então, **faça anotações, mesmo sabendo que vai receber anotações depois.** E se elas forem enviadas antes da aula, não as leve com você no intuito de acompanhá-las e acrescentar suas próprias observações. Você não vai obter o mesmo reforço de memória, e tentar assistir à aula enquanto procura alinhá-la com o resumo escrito pode ser confuso. Isso também se aplica a apresentações de PowerPoint: não as use como base das suas anotações.

Se receber anotações ou um resumo antes da aula, dê uma lida. Não é necessário gastar muito tempo fazendo isso. Apenas **identifique os dois níveis mais altos da organização hierárquica da aula**: qual é o tema geral e quais são os principais subpontos?

Saber essas informações com antecedência é uma grande vantagem para a sua compreensão e suas anotações. Escreva o tema e os pontos principais no início das suas notas sobre a aula para poder consultá-los facilmente. Assim, conforme a aula for progredindo, você vai saber em que ponto da estrutura geral a aula está e vai poder marcar os tópicos à medida que avançar.

O ideal é **relacionar suas anotações com as do professor mais tarde**. Claro que essa será sua única opção se as anotações forem disponibilizadas apenas após a aula. No entanto, mesmo que as receba antes, é só depois que elas vão ser mais úteis. O processo de trabalhar com suas anotações depois de escrevê-las é tão importante que o capítulo 4 inteiro será dedicado a ele.

> *Em uma frase:* Se o orador oferecer anotações ou um resumo, use-os para ajudar na sua compreensão antes ou depois da aula, mas não os considere um substituto para suas próprias anotações.

DICA 4

Reflita sobre quando ler a bibliografia obrigatória

Muitas vezes, há textos de leitura obrigatória que você deve ler antes de determinada aula. A lógica de "ler primeiro, ouvir depois" parece correta; você vai entender melhor a aula se já souber algo sobre o assunto. Lembre que, ao falar ou escrever, as pessoas tendem a excluir informações essenciais para a compreensão do público, presumindo que os ouvintes ou leitores já têm aqueles dados na memória. Vimos isso no exemplo com os filmes de Shirley Temple; a professora supôs que os alunos já sabiam que a Grande Depressão havia ocorrido na década de 1930 e que, portanto, concluiriam que as circunstâncias econômicas predispuseram as pessoas a gostar daquele tipo de filme. Nosso entendimento é maior quando já sabemos algo sobre o assunto, então ler os textos obrigatórios com antecedência nos ajuda a compreender a aula.

Mas acontece que o contrário é igualmente verdadeiro. Se fizer a leitura após a assistir à aula, você entenderá melhor os textos.

Tomar a decisão correta – leitura ou aula primeiro – depende bastante do que o professor supõe que você já sabe ao entrar na sala de aula. Por um lado, se você ler os textos cuidadosamente primeiro e depois o orador explicar todo o conteúdo que você leu, mas de forma mais detalhada que o livro, é óbvio que não havia motivo para fazer a leitura antes. Por outro, se você não ler e o professor presumir que os alunos sabem aquele conteúdo e for além dele, você com certeza vai ficar confuso.

O segredo para responder à pergunta "Devo fazer a leitura antes ou depois da aula?" é saber o que o professor supõe que você terá extraído da leitura antes de comparecer à aula. Você pode simplesmente perguntar o que ele espera. É provável que ele diga que você deve fazer a leitura antes da aula. Ainda assim, pode ser que ele *não ensine* de acordo com essa orientação.

Por exemplo, quando eu estava na faculdade, fiz uma disciplina sobre poesia épica: lemos a *Ilíada*, a *Odisseia*, *A canção de Rolando* e várias outras obras. Achei todas bem difíceis de entender, e não estou falando de *entender* em um sentido profundo. Quero dizer que tive dificuldade em compreender o que estava acontecendo no poema. Era para lermos umas 50 páginas antes de cada aula, em que o professor se concentrava em informações históricas e culturais que ajudavam a contextualizar aquele trecho.

Na terceira semana, percebi que o professor começava cada aula com um apanhado da leitura. Ele resumia em três minutos os acontecimentos básicos. Então, comecei a ler os textos depois das aulas. Ter em mente um esqueleto da história facilitava muito a compreensão do poema. E não ter feito a leitura com antecedência não me afetava muito, uma vez que, graças ao resumo, eu conseguia mais ou menos entender o contexto histórico e cultural.

Se você acha as aulas de um professor fáceis de entender, mas tem dificuldades ao ler a bibliografia obrigatória, tente inverter a ordem e veja se ajuda.

Em uma frase: É mais fácil compreender um material na segunda vez que você tem contato com ele, seja um texto ou uma aula. Planeje quando ler e ouvir de acordo com o que for melhor para você.

DICA 5

Supere sua relutância em tirar dúvidas

No início deste capítulo, descrevi como uma falha em compreender algo pode passar despercebida. Mas há outras situações em que você percebe claramente que não entendeu. Se isso ocorrer durante uma aula, a solução é bem simples: levante a mão e diga "Não entendi". Para muitos, é simples, mas há quem relute em fazer perguntas, em geral pelos seguintes motivos: (1) "Não quero ser irritante", (2) "Não quero parecer burro" ou (3) "Sou tímido".

Se você não quer ser irritante, ótimo! Os professores também não querem que você seja. E sua cautela em fazer perguntas não é tolice. Apesar de os professores dizerem sempre que "Todas as perguntas são bem-vindas!", essa afirmação é falsa. Perguntas irritantes não são bem-vindas, e algumas perguntas são mesmo irritantes. Você vai ficar menos relutante em fazer seus questionamentos se souber quais são elas.

Perguntas que pessoas fazem só para aparecer. "Professor Willingham, o senhor não acha que o que está dizendo sobre a história da Europa no século XIX tem ligação com a anatomia dos musaranhos, sobre os quais, a propósito, eu andei estudando?" Não, o que estou dizendo não tem nada a ver com esse assunto, e você só perguntou isso porque tem algo que *você* quer dizer a respeito, e todo mundo sabe. Não use minha aula como plataforma para mostrar o que sabe, com uma "pergunta" como disfarce.

Perguntas que fazem o orador divagar não são necessariamente irritantes, mas incomodam algumas pessoas. "Professor Willingham, o senhor não acha que o que está dizendo sobre a história da Europa no século XIX pode ter a ver com o colapso iminente da aristocracia?" Ao contrário da pergunta sobre os musaranhos, essa questão faz sentido à luz do assunto. Portanto, o aluno não deve estar apenas querendo aparecer. Mesmo assim, essa pergunta vai fazer alguns ouvintes revirarem os olhos, e entendo o porquê. Eles estão pensando: "Você está gastando tempo com um tema que o professor não achou importante o suficiente para incluir na aula. Que bom que você está interessado (pelo menos alguém está), mas por que todo mundo tem que ficar escutando enquanto você se deleita com a sua empolgação?" A maioria não pensa assim e reconhece que a curiosidade deve ser (no mínimo) tolerada em um contexto de aprendizado. No entanto, se você tem muito medo de irritar algumas pessoas, tudo bem, não faça perguntas sobre territórios inexplorados. Fale com o professor depois da aula.

O tipo de pergunta que nunca irrita os outros é o mais comum: perguntas de esclarecimento. Você perde uma definição e pede que seja repetida, ou sabe que eu disse que havia três motivos para algo, mas só entendeu dois deles. Seus colegas que entenderam tudo sabem que todo mundo deixa escapar algo aqui e ali, e, mesmo que você esteja "atrasando a aula", são só 10 segundos.

E se o professor tiver acabado de passar 15 minutos explicando algo complicado – como a regra do octeto em uma aula de química – e você perceber que não conseguiu entender absolutamente nada? Será que é aceitável pedir a ele que explique tudo de novo? Talvez você tenha medo de que todos tenham entendido, de forma que pedir um esclarecimento fará você parecer burro. É diferente de uma pergunta do tipo "Não ouvi o que você acabou de dizer", pois requer compreensão. Você não está dizendo "Não ouvi isso", mas "Eu ouvi, só que meu cérebro de amendoim não conseguiu processar". Além disso, como a explicação foi longa, é razoável não querer desperdiçar o tempo do professor e dos outros alunos.

Seu modo de formular a pergunta pode aliviar um pouco sua preocupação. É melhor não dizer apenas "Hmmm, pode explicar de novo?", mas começar pela parte que você *entendeu*. Isso vai ajudar o professor a focar a explicação (encurtando-a) e, de quebra, mostrar a todos que você não é um caso perdido. Afinal, alguma coisa você entendeu.

Se você é uma pessoa muito tensa, esse conselho pode ajudar, mas é provável que não seja o suficiente. Para nos aprofundarmos um pouco mais nessa questão, pedirei que você saia da própria mente por um momento e assuma o ponto de vista do professor.

Ao pedir um esclarecimento, você não ajuda apenas a si mesmo. **Perguntas servem como feedback para o professor.** Qualquer professor que se preza presta atenção constante na expressão dos alunos, tentando identificar o nível de confusão, mas há um limite. *É melhor receber* feedbacks diretos.

Quanto a desperdiçar tempo de aula para explicar algo novamente: essa decisão não cabe a você. Eu sou o professor e, portanto, decido se é ou não uma perda de tempo. Ao tomar essa decisão, pesarei fatores como o tempo que devo levar para explicar de novo, quantas pessoas além de você parecem confusas e o que mais ainda preciso abordar. Se achar que não vale a pena, vou dizer: "Preciso seguir em frente, podemos voltar a isso depois." Não tome para si a "culpa" por atrasar o grupo. A decisão é do professor.

Por fim, vamos falar do motivo "ser tímido" para não fazer perguntas. Estar preparado para pedir esclarecimentos e admitir a própria ignorância não é apenas uma técnica para obter benefícios imediatos em aulas: **é uma habilidade que você precisa dominar**. Todo trabalho inclui tarefas que vão contra sua personalidade ou suas habilidades. Por exemplo, um extrovertido pode adorar o fato de seu emprego em vendas exigir contato constante com gente nova, mas ele ainda tem trabalhos burocráticos para fazer no escritório toda semana. Mesmo sendo tímido, de vez em quando você vai precisar se fazer ouvir e fazer perguntas para ter certeza de que está entendendo. Dá para imaginar um piloto da aeronáutica que não entende as instruções de uma missão e pensa "Vou parecer burro se eu fizer essa pergunta. Acho que vou improvisar quando estiver no ar"?

Se não gosta de fazer perguntas, não enxergue isso como "parte da sua personalidade" e, portanto, uma característica imutável. Veja como uma habilidade como qualquer outra, que você precisa se esforçar para aprimorar. Se puder, sente-se na primeira fileira da sala, onde não consegue ver os outros, pois talvez assim se sinta menos constrangido. Tente pedir um esclarecimento *curto* sobre uma definição, só para praticar. Se ficar relutante em levantar a mão e tiver uma boa relação com a professora, cogite dizer a ela que você está treinando essa habilidade. Assim, ela pode prestar mais atenção em momentos em que você queira dizer algo. Fazer perguntas pode nunca ser 100% confortável, mas quanto mais você se esforçar, mais fácil vai ficar.

> *Em uma frase:* Saiba quais tipos de pergunta são ou não irritantes e, caso sinta ansiedade até para fazer perguntas inofensivas, encare isso como uma habilidade a dominar.

PARA PROFESSORES

Como um professor pode ajudar seus alunos a entenderem conexões complexas que muitas vezes eles deixam escapar? Naturalmente, ele deve fazer com que essas conexões sejam fáceis de reconhecer, tornando explícito o conteúdo da aula.

Creio que o método mais simples consiste em uma prévia da aula – uso um slide contendo uma lista dos tópicos que vou abordar até o segundo nível da hierarquia que mencionei. Levo 30 segundos falando sobre ele e, cada vez que passo para o tópico seguinte, retorno ao slide para mostrar onde estamos. Pesquisas mostram que sinais verbais também ajudam, com ou sem um slide da estrutura. Comece dizendo aos alunos como o conteúdo será organizado. Por exemplo: "A consolidação das empresas de mídia afetou Hollywood de cinco formas." Em seguida, fale sobre cada uma fazendo referência à organização. Por exemplo: "Em terceiro lugar, a consolidação das empresas de mídia afetou Hollywood porque..."

Mas e aquela história de que "escutar requer esforço"? Os parâmetros das pessoas para concluir que entenderam algo são bem baixos e, por isso, elas precisam da sua ajuda para saber se realmente entenderam. Você pode fazer perguntas para a turma inteira testando o que acabou de ensinar, mas os alunos acham esse tipo de prática irritante e, além do mais, elas não estimulam um raciocínio mais profundo. Prefiro apresentar questões para debate que exijam o uso do conceito recém-apresentado e façam os alunos conversarem entre si sobre o tema por 30 segundos. Isso torna óbvio para os alunos se eles entendem o conceito bem o suficiente para empregá-lo.

Entretanto, o fato de reconhecerem que não compreenderam algo pode não ser o bastante para que tirem dúvidas. Eles precisam se sentir confortáveis, e a linguagem corporal e as expressões faciais do professor são pistas importantes a respeito da abertura dele a perguntas. Experimente gravar uma aula e assistir a ela com o som desligado. Seu rosto e seu corpo demonstram receptividade ou impaciência? Se não conseguir avaliar, pergunte a alguém.

Sua reação a perguntas é crucial para determinar o clima da aula, e o melhor teste é quando um aluno deixa óbvio que não estava prestando atenção. Se você demonstrar impaciência, mesmo que de forma indireta, todos entenderão a mensagem: *existem* perguntas idiotas, e aqueles que as fizerem serão punidos. Apenas responda à pergunta da forma mais honesta possível e prossiga com a aula.

Melhor ainda, busque oportunidades para elogiar perguntas. Na verdade, prefiro elogiar o pensamento por trás de uma pergunta a exaltar a pergunta em si, dizendo algo como "Ah, essa é uma reflexão interessante", para mostrar que reconheço o que o aluno pensou. E não há nada de errado em fazer uma pausa depois de uma pergunta, para mostrar que você está pensando sobre ela e a levou a sério.

Uma observação final: se os seus alunos *nunca* tiram dúvidas, você deve refletir sobre sua relação com eles. Eles não estão quietos porque suas explicações são brilhantes e claras, mas sim porque consideram um risco fazer uma pergunta. Pergunte a si mesmo o porquê disso.

Resumo para professores

- Comece suas aulas com uma prévia visual da organização.
- Volte a essa prévia nas transições entre tópicos.
- Reforce essa deixa visual a respeito da transição com deixas verbais.
- Para ajudar os alunos a avaliarem o próprio entendimento, faça perguntas que exijam que eles *empreguem* as informações que acabaram de ouvir.
- Incentive perguntas, mostrando com suas expressões faciais e sua linguagem corporal que elas realmente são bem-vindas.
- Quando adequado, elogie a pergunta feita.

CAPÍTULO 2

Como fazer anotações durante uma aula

Entender uma aula é difícil, e é claro que fazer anotações torna tudo mais complicado ainda – é uma tarefa a mais. Não é de surpreender que as pessoas não sejam muito boas nisso. Pesquisas mostram que, se um professor listar os pontos que acha dignos de nota e, depois, examinar as anotações que os alunos fizeram, ele vai ver que eles captaram apenas entre 25% e 50% desses pontos. Essa porcentagem é a mesma do ensino fundamental à faculdade.

Não é que as pessoas sejam preguiçosas ou burras. Fazer anotações de forma perfeita é impossível, pois as aulas avançam muito rápido. Um humano consegue falar cerca de seis vezes mais rápido do que consegue escrever (120 palavras por minuto contra 20). **Fazer boas anotações requer concessões sábias.**

Os itens 1 e 2 da lista a seguir descrevem os processos mentais necessários para compreender uma aula em formato de palestra. Os itens 3 a 7 descrevem os processos mentais extras necessários na hora de fazer anotações.

Processos mentais necessários para assistir a uma aula
1. Resistir a distrações e manter a atenção na aula.
2. Escutar e entender. É provável que o conteúdo seja novo e complexo.

Processos mentais necessários para fazer anotações

3. Avaliar a importância do conteúdo, para decidir o que incluir ou omitir nas anotações.
4. Decidir como parafrasear as ideias da aula.
5. Fazer as anotações efetivamente (à mão ou digitando).
6. Alternar o olhar entre o caderno (ou computador) e o professor.
7. Coordenar todos os processos listados acima alternando a atenção entre eles. Em outras palavras, decidir quando se concentrar em cada um desses processos mentais e por quanto tempo.

Essa lista evidencia que escutar e tomar notas é parecido com jogar xadrez, assistir a um filme de suspense e cortar legumes ao mesmo tempo. Não há atenção suficiente para tudo e, portanto, um (ou mais) desses processos mentais vai ficar para trás.

Quais processos ficam sem a atenção de que precisam? Em geral, a primeira coisa que tentamos é escrever ou digitar mais rápido (processo 5 da lista). A caligrafia fica um pouco desleixada, ou cometemos erros de digitação, mas tudo bem. É um preço pequeno a pagar para conseguirmos acompanhar a aula.

Mas não conseguimos. E agora? Parafrasear ideias (processo 4) requer bastante atenção. Por isso, quando estão apressadas, as pessoas começam a anotar palavra por palavra do que o professor diz. Assim, não precisam pensar em um jeito de reformulá-las. Porém, se nos concentramos em registrar trechos do que o professor diz, muitas vezes nosso entendimento sobre o que é dito fica mais superficial (processo 2). Essa compreensão rasa significa que não conseguimos avaliar de forma adequada o que devemos ou não anotar (processo 3).

Então, os três processos mentais com mais probabilidade de serem prejudicados pela tentativa de escrever mais rápido têm a ver com a compreensão: entender ideias, avaliar a importância delas e parafraseá-las. Conforme sentimos a pressão de estarmos atrasados em nossas anotações, nosso cérebro tende a escrever mais e entender menos. Podemos até pensar: "Não estou entendendo muito bem nada disso, mas pelo menos estou anotando, então posso compreender melhor depois."

Você deve estar achando que agora vou dizer "Não faça isso! Escreva menos e entenda mais". Na verdade, é um pouco mais complicado que isso.

A quantidade de atenção que devemos dedicar a entender e a tomar notas depende do conteúdo da aula e dos nossos objetivos de aprendizado. Às vezes, aprender significa captar direitinho um monte de detalhes. Por exemplo, imagine que você está no começo de uma aula de física em um laboratório e o assistente do professor está explicando as minúcias do experimento do dia. Há muitos pormenores, mas nenhum deles é complicado. Nesse caso, você deve dar ênfase à rapidez em suas anotações e não precisa se preocupar tanto em entender, já que essa parte é fácil.

Por outro lado, imagine a seguinte situação: você está no ensino médio, e seu professor de história diz aos alunos que vai dar pontos extras se, à noite, eles assistirem a uma palestra sobre a Grande Migração – o êxodo de cerca de 6 milhões de afro-americanos do Sul rural para o Norte urbano dos Estados Unidos, da Primeira Guerra Mundial até os anos 1970. Para ganhar os pontos, os alunos devem, depois da palestra, contar à turma três coisas importantes que aprenderam. Nesse caso, focar em tomar notas com rapidez não faz sentido. Você precisa dedicar a maioria dos seus recursos mentais a escutar, compreender e avaliar a importância do que está ouvindo para que possa selecionar as três ideias mais importantes.

QUANDO VOCÊ ESTIVER FAZENDO ANOTAÇÕES EM UMA AULA

O que o seu cérebro vai fazer: Dedicar cada vez mais atenção à escrita, em uma tentativa desesperada de acompanhar o orador. Vai sobrar pouca atenção para o entendimento do conteúdo.

Como ser mais esperto que o seu cérebro: Seja estratégico ao equilibrar sua atenção entre a escrita e a compreensão. A estratégia certa depende do conteúdo da aula. Se possível, trace-a com antecedência.

Este capítulo vai lhe ensinar a encontrar esse equilíbrio e mostrar alguns truques para garantir que boa parte da sua atenção esteja disponível para que você se dedique a tomar notas.

DICA 6

Prepare-se

O maior obstáculo para que você faça boas anotações é o tempo. Afinal, você está tentando executar várias tarefas ao mesmo tempo. Tudo que pode ser feito antes da aula, em vez de durante, deve ser feito. Prepare-se.

Certifique-se de chegar à aula com todo o material necessário. **Leve uma caneta além de duas reservas**: uma extra para você e a outra para o colega ao lado que esqueceu. Não use lápis. Apesar de serem apagáveis, eles borram. Se for usar um notebook ou um tablet para fazer anotações, lembre-se de carregá-lo.

Organize seus materiais. Se usar um notebook, crie uma pasta específica para anotações. Escaneie materiais impressos que o professor distribuir, mantendo tudo junto no mesmo lugar. Se tomar notas à mão, compre um caderno para cada matéria, de preferência um modelo que tenha um espaço para guardar os papéis que o professor entregar. Se a matéria incluir exercícios ou experimentos de laboratório, mantenha-os separados para que suas anotações sejam sequenciais. Algumas pessoas preferem usar fichários, pois facilitam a reorganização das páginas. A desvantagem é que são um pouco mais pesados. Há quem goste de usar um único fichário para todas as matérias, para não precisar se preocupar com a possibilidade de levar o caderno errado para a aula.

Se você é do tipo que sempre se esquece de algo importante, faça uma lista. Adquira o hábito de pensar "Tenho aula amanhã?" todas as noites. Associe essa pergunta a alguma atividade na sua rotina noturna, como carregar o celular. Se a resposta for sim, junte as coisas de que vai precisar para a aula do dia seguinte. Se você é do tipo que se lembra de juntar o material necessário, mas se esquece de levá-lo, deixe-o perto da porta, para que o veja quando for sair de casa.

Muitos vídeos no YouTube sobre fazer anotações incentivam o uso de marcadores ou notas adesivas. A ideia é usar uma caneta vermelha para definições e um marcador azul para explicações. Esse tipo de coisa não torna as anotações muito mais úteis, e ficar colando notas adesivas no meio de uma página e **trocar de caneta toda hora exige tempo e atenção**. Não vale a pena.

O uso de cores nas anotações é desnecessário, mas com certeza é útil **mantê-las organizadas**. Escreva a data e o tema no topo da página. Deixe uma margem larga em ambos os lados para que você possa acrescentar informações depois. Se estiver escrevendo no computador, abra um arquivo novo para cada dia de anotações. Nomeie os arquivos com as datas neste formato: dia-mês-ano (por exemplo: 18-3-22). Assim, o computador organizará os arquivos em ordem cronológica. (Não dá para contar com a opção de "classificar por data de modificação", porque pode ser que você altere os arquivos no futuro.) Acrescente informações sobre o tema ao nome do arquivo depois. E, por favor, sempre se lembre de utilizar um programa de sincronização para salvar os arquivos automaticamente na nuvem.

Se possível, chegue à aula com pelo menos cinco minutos de antecedência. Isso vai lhe permitir recuperar o fôlego, organizar suas coisas e desligar o celular. Ou, melhor ainda, você pode dar uma olhada no que devia ter lido antes da aula (ou nas anotações da aula anterior) para ir se concentrando no assunto.

Esses detalhes podem parecer insignificantes, mas todos eles têm o objetivo de evitar que você pense sobre qualquer coisa que não seja o que o professor está falando durante a aula. E, se ignorados, esses pequenos detalhes podem acabar se acumulando e trazendo grandes distrações.

Em uma frase: A atenção é um recurso escasso durante uma aula, então minimize a necessidade de se ocupar com tarefas desnecessárias enquanto o professor estiver falando.

DICA 7

Determine com antecedência se planeja entender melhor ou escrever mais

Já enfatizei que quanto mais atenção você precisar dedicar ao entendimento, menor será a quantidade de informações que vai conseguir anotar. Portanto, **reflita sobre o que espera aprender** e pense em quais outros recursos estão disponíveis para ajudá-lo.

Vejamos dois exemplos que representam os extremos opostos desse espectro. Imagine que você é um estudante universitário cursando uma disciplina de escrita criativa. Toda semana, três alunos entregam umas 10 páginas de textos de ficção que escreveram para o restante da turma ler. Mais ou menos 20 minutos da aula são dedicados a um debate sobre esses trabalhos e à avaliação do texto de cada um.

Agora, imagine que você é um estudante do ensino médio cursando uma matéria sobre o governo do Brasil. Você tem uma tarefa de casa: escrever um trabalho de 10 páginas em que deve incluir uma citação de um dos fundadores da nação e compará-la com os princípios da Constituição brasileira. Nenhum dos alunos entendeu o trabalho direito e, por isso, o professor está explicando melhor e dando exemplos do tipo de citação que espera, quais figuras históricas contam como "fundadores" e o que quer dizer com "princípios" da Constituição.

Os dois casos exigem que você escute, e seria proveitoso tomar notas nas duas situações. No entanto, elas requerem coisas bem distintas. Na aula de escrita, suas anotações seriam escassas e bem pessoais: alunos diferentes escolheriam ideias diferentes para anotar. Na aula sobre o governo, você deve anotar *todos* os detalhes e se certificar de que os escreveu corretamente. Qualquer erro pode fazer com que você tenha muito mais trabalho depois.

Portanto, **antes de se sentar para ouvir e fazer anotações, avalie o que é mais importante entre entender e anotar detalhes.** Na maioria das vezes, entender será mais importante que capturar informações, pois os detalhes já estão registrados em algum outro lugar. Você pode obter uma descrição dos fatos lendo um livro, e o objetivo de uma aula é ter alguém para explicar ao vivo. Mas, se a aula parecer mais uma enumeração de fatos, é provável que *não seja possível* consultar as informações em outra fonte e, portanto, é bom que você se prepare para escrever rápido.

Se quiser se concentrar em anotar o máximo de coisas possível, a estratégia é bem simples: escreva com a maior velocidade que conseguir e não se preocupe tanto em compreender profundamente ou usar suas próprias palavras. Esclarecido isso, **nunca escreva algo que não tiver entendido**. Você pode pensar "Não sei bem o que ela quis dizer com 'Inovações tecnológicas costumam ser como uma torta com metade do recheio faltando', mas depois eu descubro ou pergunto a alguém". Isso não vai fazer mais sentido depois. E se você perguntar a alguém "O que ela quis dizer com esse negócio de torta?", é provável que a pessoa responda "Não me lembro de ela ter dito isso". Se puder, tire a dúvida com a professora imediatamente ou deixe um lembrete para perguntar depois (veja a dica 5).

E se você achar que precisa se concentrar na compreensão? Ainda assim é bom escrever rápido, mas tente não usar as palavras do professor. A estratégia mais fácil é **compreender o que foi dito e anotar o que você está pensando, e não o que o professor falou**. Assim, você vai garantir que está prestando atenção no significado do que escreve, além de economizar tempo. Imagine que o professor disse: "Considerando que o presidente Bush estava completamente exaurido no fim da campanha de reeleição, havia uma expectativa por parte da equipe dele... ou talvez não uma expectativa, mas um medo... enfim, a equipe achou que o primeiro trimestre do novo mandato poderia ser desperdiçado e que o período conhecido como 'lua de mel' talvez acabasse antes que ele recobrasse as energias." Você deve escrever: "Campanha exauriu Bush; equipe preocupada com desperdício de capital político."

Parafrasear também tem outro benefício: ajuda a memória, por motivos que explicarei no capítulo 3. Por ora, peço que você acredite em mim.

> *Em uma frase:* Se uma aula for cheia de detalhes, mas fácil de entender, tente anotar o máximo possível; se o conteúdo que importa for mais abstrato, se concentre em entender e anote com moderação, usando suas próprias palavras.

DICA 8

Em geral, é melhor anotar à mão

Fazer anotações no papel ou no computador? Em primeiro lugar, perceba que a pergunta pressupõe que você tenha essa escolha. Às vezes, dispositivos eletrônicos são proibidos em sala, mas em outras são obrigatórios. E há também situações em que usá-los simplesmente não faz sentido – por exemplo, se a aula envolver muitas imagens, será difícil reproduzi-las no computador. Se puder escolher, você deve mais uma vez **avaliar o que é mais importante entre compreender e fazer muitas anotações**.

Vamos começar pela velocidade da escrita. Com alguma experiência, as pessoas são capazes de digitar mais rápido do que conseguem escrever à mão. Essa vantagem pode parecer bem relevante, já que toda hora a velocidade volta como uma questão crucial. Porém, digitar rápido pode fazer você cair na tentação de registrar tudo, já que isso parece possível. Um experimento demonstrou exatamente isto: pessoas que fazem anotações no computador são mais propensas a escrever trechos do que o professor falou, palavra por palavra, que aquelas que escrevem à mão. No entanto, há outros estudos que não chegaram a esse resultado, então não se pode chegar a uma conclusão única. Basicamente, o computador é a escolha certa se o seu objetivo for capturar boa parte da aula em suas anotações, em especial se você conseguir escrever sem usar as mesmas palavras do professor.

Essa possível vantagem, porém, pode ser anulada (ou pior) pela desvantagem da distração. Com um notebook aberto, o e-mail, as redes sociais, as lojas virtuais e outras distrações estão a um clique de distância. Não é tão fácil resistir ao impulso de dar uma olhadinha na internet, e é tolice deixar essa distração ao seu alcance. Alguém que leva para a aula um dispositivo com acesso à internet pensando "É só para fazer anotações" é igual a um alcoólatra que vai a um bar jurando que só vai pedir uns petiscos. Este é um princípio bem geral, e muito sábio, a respeito do comportamento humano: **não dependa da força de vontade se, em vez disso, puder mudar o seu ambiente**.

Como professor, eu adoraria mudar o ambiente para meus alunos – se pudesse – desligando o wi-fi em sala de aula. Perguntei à equipe de TI da Universidade da Virgínia sobre essa possibilidade, mas os técnicos me disseram que, mesmo que eu desligasse o roteador da sala, o campus inteiro continuaria cheio de redes wi-fi. Meus alunos simplesmente usariam a rede da sala ao lado.

Uma alternativa é **colocar o notebook no modo avião**. Assim, é um pouquinho mais difícil acessar a diversão on-line e é menos provável que você se distraia.

Outro problema é que o fato de você usar o computador pode distrair os outros. Alguns de meus alunos reclamam disso. A biologia humana nos atrapalha: quando percebemos algo se mexendo em nossa visão periférica, nosso cérebro é configurado para prestar atenção nesse movimento. Para nossos distantes ancestrais, algo se movendo podia ser uma ameaça que eles precisavam verificar logo. Agora, milênios depois, um colega de classe vê fotos de sapatos em uma loja on-line e seu cérebro reptiliano grita "O QUE É AQUILO?!".

Esse é um problema real, e meus alunos concordam, mas prová-lo em experimentos formais é outra história. Um estudo demonstrou que estudantes assistindo a uma aula gravada (sobre a qual deveriam fazer anotações) se distraíam com alguém navegando na internet à sua frente. Essa pesquisa ganhou atenção na mídia, mas outros pesquisadores não conseguiram replicar seu resultado. Então a extensão desse problema ainda não está clara.

O que venho descrevendo até aqui é uma espécie de microanálise do que pode ou não acontecer se você usar um notebook para tomar notas. Não seria mais simples se os pesquisadores simplesmente comparassem o aprendizado de pessoas que usam o computador com o de quem faz anotações à mão? Um experimento baseado na vida real que comparasse o resultado das provas de estudantes universitários que recorrem a notebooks com o daqueles que usam papel e caneta. Mas *esse* também é um método imperfeito. Afinal, pode ser que as pessoas que usam computadores tenham, em geral, menos motivação para tirar boas notas nas provas. Ou talvez indivíduos que se distraem facilmente gostem mais de usar notebooks... Vai saber?

Em suma, as pesquisas não revelam uma resposta clara para o debate dos notebooks *versus* as anotações à mão. Minha experiência como professor universitário me diz que a tentação da internet é um problema sério. Em questionários anônimos, meus alunos dizem que minhas aulas são interessantes. No entanto, quando um colega docente assistiu a uma aula minha alguns anos atrás, ele me disse que *muitos* dos meus alunos com um notebook diante de si ficaram se distraindo com o mundo on-line. Isso me levou a comparecer a outras aulas em minha universidade e ver que o problema era extremamente comum.

Então, qual é a conclusão? **Se a aula não for cheia de fatos que tornem a rapidez essencial, é melhor anotar à mão. Se a velocidade for crucial, use um notebook, mas desligue o wi-fi antes de a aula começar.** E, se perceber que está se distraindo mesmo assim, troque para o papel e caneta.

> *Em uma frase:* Apesar de as pesquisas sobre o uso de computadores durante as aulas serem inconclusivas, acho a presença da internet uma distração tão grande que, na maioria das vezes, é melhor fazer anotações à mão.

DICA 9

Avalie suas anotações na hora

Faço muitas anotações para mim mesmo, e não só em sala de aula. Tenho ideias em momentos estranhos e, na faculdade, aprendi que as esqueço rápido, mesmo que, naquele momento, elas pareçam revelações brilhantes. Isso foi muito antes do advento dos smartphones, então adquiri o hábito de levar sempre comigo um bloquinho de anotações e um lápis. Sim, as pessoas achavam isso um pouco esquisito, mas eu já era visto como o tipo de pessoa que carregava um caderninho e um lápis para tudo que era lado, então não fazia tanta diferença.

Mas o bloquinho não resolveu o problema, porque eu ainda tinha uma confiança exagerada na minha capacidade de me lembrar das grandes ideias que eu tinha. As anotações que eu fazia eram curtas demais. Lembro uma vez que tive uma inspiração para a introdução da minha monografia enquanto caminhava com uns amigos. Fiz umas anotações rápidas e, quando fui ler mais tarde, vi que tinha escrito: "Não se esqueça do fantoche de dedo." Passei boa parte dos dias seguintes procurando uma conexão entre minha monografia e um fantoche de dedo. Nunca encontrei.

Já disse que muitas vezes faz sentido "escrever o que está pensando" (ver dica 7), mas devemos ter em mente que é o *você do futuro* quem vai ler o que foi escrito. **Faça anotações para o seu eu futuro.** Ele vai precisar de contexto e explicações, o que não é fácil de fornecer quando se está apressado durante uma aula. Mas você também não deve exagerar no contrário, dando detalhes desnecessários. Eu me lembro de uma disciplina na faculdade para a qual comprei a cópia usada de um livro de poemas de John Keats que estava cheio de anotações do dono anterior. Um dos versos de "Ode a um rouxinol" – "Tu não nasceste para a morte, ave imortal!" – trazia as duas últimas palavras circuladas. Perto delas, havia uma observação: "Ave, você é imortal." Fazer esse tipo de anotação pode não ser a melhor forma de usar o seu tempo.

Mas como saber se suas anotações atingem o equilíbrio entre concisão e clareza? **Quando o professor perguntar se alguém tem dúvidas, avalie se suas anotações ainda farão sentido para você mais tarde.** Como eu disse no capítulo 1, esse é um bom momento para verificar sua compreensão. Você enxerga como os muitos fatos da aula se relacionam uns com os outros e constroem um ponto mais amplo? Veja também suas anotações: elas capturam seu entendimento? Tente, no mínimo, achar pensamentos incompletos, abreviações que não fazem sentido e gráficos com um eixo sem legenda. Procure também expressões do tipo "fantoches de dedo" ou referências que pareçam claras agora, mas que talvez sejam indecifráveis amanhã ou depois.

Já enfatizei que você tem duas tarefas quando aprende por meio da escuta: entender o conteúdo da aula naquele momento e tomar notas, para que elas possam refrescar sua memória mais tarde. Quando o professor faz uma pausa e pergunta "Dúvidas?", ele normalmente só está falando da primeira tarefa. Ele quer dizer "Estão entendendo?", e não "Como estão suas anotações?". Verifique-as mesmo assim.

Se não tiver que sair correndo para outro compromisso, você também pode tirar um tempo para **avaliar suas anotações no fim da aula**. É a melhor hora para achar inconsistências nas anotações, pois o que foi dito ainda está fresco na sua mente. Se uma dúvida surgir, talvez o professor ainda esteja lá para saná-la.

> *Em uma frase:* Avalie suas anotações conforme as fizer, para ver se ainda farão sentido depois.

DICA 10

Não use um sistema de anotações

Apesar de serem chamados de "sistemas de anotações", um termo melhor seria "formatos de anotações": eles descrevem como expor ideias. Por exemplo, a técnica de "mapa mental" exige que façamos notas como uma espécie de teia. Em vez de escrever frases linha por linha (como nas anotações tradicionais), cada nota é composta de apenas uma ou duas palavras. Você escreve o assunto principal no meio de uma página em branco e as ideias irradiam do centro para as margens.

Há algumas evidências experimentais de que sistemas de anotações são úteis. No ensino médio e na faculdade, estudantes tomam (e tiram) notas melhores quando aplicam um sistema, seja mapa mental, o método Cornell ou o de tabelas. Ainda assim, não é comprovado que um dos métodos seja melhor que os outros, pois os experimentos quase nunca comparam os sistemas de anotações entre si. Eles apenas examinam se, em vez de oferecer instruções sobre como fazer anotações, não seria melhor não indicar sistema algum. Uma provável explicação para esse padrão de resultados é que a maioria das pessoas não é boa em tomar notas. Assim, quase qualquer coisa que as faça pensar um pouco melhor sobre isso vai ajudá-las.

Não recomendo que você use um sistema de anotações, pois não acredito que eles valham o custo para sua atenção. Usar um formato especial para tomar notas é mais uma preocupação, quando sua mente já está quase sempre sobrecarregada durante uma aula.

Em vez de adotar um sistema formal, aconselho que você faça anotações mais ou menos da forma como já está acostumado. Desse modo, você não precisa se preocupar com isso e pode direcionar sua atenção para entender a aula. **Use expressões e frases, mesmo incompletas, que você consiga entender.** Se ajudar, imagine que está mandando uma mensagem para alguém. Para organizar, use um formato minimalista com o qual se sinta confortável. Quando eu estudava, usava três níveis de subtítulos: letras maiúsculas, números e, depois, traços.

No capítulo 4, vou mostrar como você pode, após a aula, reorganizar suas notas e reescrevê-las para que fiquem mais claras. Para facilitar esse processo, recomendo que **faça anotações em páginas alternadas**. Em outras palavras, deixe uma página em branco para cada página em que escrever. Você vai usá-la para ampliar suas notas e reorganizá-las (se necessário). Recomendo fazer as primeiras anotações na página do lado esquerdo, se sua cultura escreve da esquerda para a direita. Vai parecer mais natural se suas notas iniciais estiverem do lado esquerdo e as anotações sobre elas do lado direito. É um detalhe pequeno, mas que vale a pena. (Naturalmente, se você anotar em um computador, será fácil editar, então isso não será uma questão.)

O único truque de formatação que recomendo é aprender algumas abreviações. Esse é o assunto da dica 11.

> *Em uma frase:* Não use um formato especial para suas anotações, mas deixe espaço suficiente para observações adicionais, escrevendo em uma página sim e em outra, não.

DICA 11

Abrevie

Como vimos, é importante ser rápido ao tomar notas, e escrever com algumas abreviações fáceis de aprender ajuda. Ofereço algumas sugestões na lista a seguir, mas elas não são mágicas nem baseadas em pesquisas. Se você encontrar ou inventar outras que prefira, fique à vontade para usá-las. Se tiver abreviações que costuma fazer em mensagens de texto, use-as. No entanto, não recomendo tentar decorar um monte de abreviações e depois ficar na dúvida de qual usar enquanto anota; isso seria contraproducente. Adicione uma ou duas a seu repertório por semana, ou no ritmo que for confortável para você.

Anos atrás: an at
Porque, por quê, porquê: pq
Com: c/
Sem: s/
Para: p/
Quantidade: qtd
Quanto: qt
Muito: mt
Também: tb
Importante: imp
Mínimo: min
Máximo: max

Versus: vs
Exemplo: ex
Igual, equivalente, o mesmo: =
Mais ou menos o mesmo: ≈
Não igual, diferente: ≠
Maior que: >
Menor que: <
Aumentando, crescendo, melhorando: ↗
Diminuindo, encolhendo, piorando: ↘
Leva a, cria, causa: →
Mudança: Δ
Novamente, repetição: ↺
Nenhum, nunca, não: ∅
Em relação a: er
Número: #
Isto é: i.e.

Procure palavras usadas com frequência e as abrevie com uma letra. A letra E pode significar "energia" em uma aula de física, "estudantes" em uma de pedagogia e "enxofre" em uma de química. Em um curso sobre civilizações antigas, pode ser que você passe o dia todo estudando as culturas da Mesopotâmia no século III a.C.; faz sentido dar um significado específico para a letra M.

Às vezes, é crucial registrar as palavras exatas que o professor usa ou pensar em um bom jeito de parafraseá-lo. Em ambos os casos, sua mente tem que se ocupar em escrever uma sequência de palavras bem grande, e é fácil esquecer o final dessa sequência quando você ainda está anotando o começo, especialmente se o professor ainda estiver falando. Um truque que pode ajudar: escreva as primeiras letras de cada palavra primeiro, deixando espaço para preencher depois. Por exemplo, se ouvir:

Oitenta e sete anos atrás, nossos pais trouxeram para este continente uma nova nação, concebida em liberdade e dedicada à proposta de que "todos os homens são criados iguais".

Você pode escrever:

87 an at n p trou p e cont uma n naç, conc em lib e ded à prop de q tod os h são c =.

Depois, volte e complete as palavras, se baseando nas letras que escreveu.

Imagens e gráficos podem ser seus piores inimigos: eles são complexos e demorados para desenhar. Você pode tirar uma foto com o celular, mas isso também demora e muitas vezes não é bem-visto durante uma aula. Se precisar copiar uma imagem em suas anotações, **tenha certeza de que sabe qual é o *objetivo* dela e escreva essa conclusão com suas palavras**. Dê uma olhada neste gráfico:

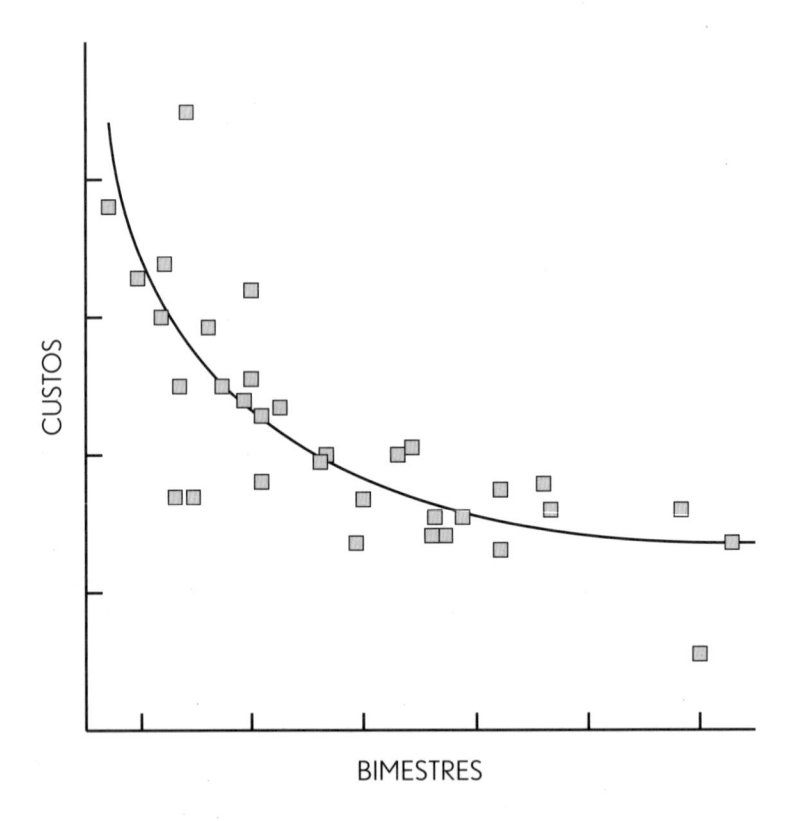

Um professor pode mostrá-lo por estes motivos (ou outros):

1. Esta empresa está fazendo um ótimo trabalho em cortar gastos.
2. Esta empresa, a princípio, fez um ótimo trabalho em cortar gastos, mas as reduções estão arrefecendo.
3. É provável que esta empresa não possa cortar mais gastos, então vai ter que encontrar outras maneiras de aumentar os lucros.

Se tiver certeza da conclusão, você pode desenhar o gráfico de forma a deixá-la clara. Além disso, ter essa clareza serve para você saber se é necessário rotular os eixos ou parte de um eixo. Por exemplo, se o professor quiser destacar que os custos diminuíram em 6 milhões, coloque colchetes nessa parte do gráfico e escreva "6 milhões". Se o professor enfatizar que a redução de custos começou a amortecer na recessão de 2008, marque esse ponto no eixo horizontal. E assim por diante.

Apesar de eu não recomendar o uso de um sistema formal de anotações, pode ser bem útil adicionar comentários às suas notas para ajudar a organizá-las depois. **Use a margem da página para deixar lembretes sobre suas anotações**. Aqui estão algumas ideias para os tipos de lembrete que podem ser úteis e possíveis símbolos de abreviação.

Perdi algo aqui: ?
Estou confuso/não entendi nada: ??
Entendi essa parte, mas não a que se refere a ela: ?→
Estou escrevendo isto, mas não sei se está certo: ok?
Conclusão crucial/importante: *
Minha ideia, não do professor: (M)
Agora minhas notas se referem ao professor de novo: (P)
Acho que isto é uma divagação: (D)

O objetivo da abreviação é ajudar você a registrar mais conteúdo em uma aula que avance rapidamente. Mas e se for uma aula gravada? Esse é o assunto da próxima dica.

> *Em uma frase:* Use suas próprias abreviações para reduzir o esforço mental ao fazer anotações.

DICA 12

Faça uso de aulas gravadas com parcimônia

Alguns professores oferecem aos alunos um resumo da aula ou sua apresentação de PowerPoint. Esses recursos são ao mesmo tempo uma oportunidade e um perigo. Destaquei esse perigo no capítulo 1 (veja a dica 3): é provável que você preste menos atenção durante a aula se achar que pode simplesmente revisar o material que seu professor vai disponibilizar depois.

E se uma filmagem da aula for disponibilizada mais tarde? Ou se, por exemplo, for permitido fazer uma gravação de áudio? A chance de rever a aula depois elimina a pressão de escrever rapidamente?

Você pode até ter a intenção de ver ou ouvir o registro da aula mais tarde para complementar suas anotações, mas é provável que isso não aconteça. **Assistir a um vídeo ou escutar um áudio é como assistir à aula de novo, o que é um grande investimento de tempo.**

Pode parecer que estou chamando você de preguiçoso. A maioria de nós é! Bem, talvez não sejamos preguiçosos, mas com certeza somos ocupados. Tenho o hábito de perguntar a meus alunos se eles ouvem as aulas que gravam. A maioria não ouve, e o motivo citado faz total sentido: eles imaginam que vão usar a gravação como uma cópia de segurança – vão revisitar as partes da aula que não entenderam bem –, mas depois percebem que é muito mais fácil pedir uma explicação a um colega (ou a mim). É difícil encontrar as partes relevantes da gravação e, mesmo quando as acham, os alunos não entendem melhor ao ouvir de novo. Eles precisam de outra explicação, outro exemplo ou outra analogia.

A disponibilidade de uma gravação pode fazer você cair na tentação de faltar a uma aula se estiver ocupado com outras coisas. Nos últimos 10 anos, houve muitas pesquisas comparando a efetividade de aprender com um professor ao vivo com estudar assistindo a vídeos. Muitas das pesquisas são de baixa qualidade, mas o que temos indica que **as aulas ao vivo são melhores**. Dá para imaginar alguns motivos para isso. Apesar de a ideia de assistir a uma aula de pijama parecer divertida, em casa é provavelmente mais fácil se distrair vendo um vídeo. Você pode deixar o vídeo rolando enquanto vai buscar um lanchinho na cozinha, ou talvez ache que pode só ouvir o áudio enquanto navega no Reddit em outra aba. Além disso, não é possível tirar dúvidas com um vídeo, nem se beneficiar das perguntas que os outros fazem. Sim, eu sei que em algumas plataformas você *pode* fazer perguntas e ver as dúvidas dos outros. Mas às vezes é complicado acessá-las, ou alguém fez uma pergunta e o professor não respondeu ainda, e aí você tem que lembrar de verificar de novo mais tarde. Como destaquei, somos todos um pouco mais ocupados do que pensamos.

A conclusão é que você deve **encarar a gravação de uma aula como um recurso emergencial** ou uma apólice de seguro. O ideal é que você se programe para não precisar usá-la, pois ela é um substituto inconveniente e inferior à aula em si.

> *Em uma frase:* Gravações em vídeo ou áudio fazem você achar que não precisa se preocupar em fazer anotações para captar os detalhes da aula, mas não caia nessa; é bem provável que você não use a gravação.

PARA PROFESSORES

Já enfatizei que a desconexão entre escutar e escrever tem a ver com a rapidez. O conselho mais óbvio para os professores é falar mais devagar. Vale a pena perguntar a alguém sobre o ritmo das suas aulas; é difícil fazer uma autoavaliação, ainda mais quando sua mente está ocupada em apresentar o conteúdo.

Você também pode ajudar seus alunos dizendo o que é possível omitir das anotações e o que é essencial. Para o essencial, *pare de falar* e dê tempo para que eles registrem o que você acabou de dizer. Da mesma forma, se quiser que eles verifiquem as anotações para ver se estão completas e são compreensíveis, faça pausas periódicas com esse objetivo.

Mesmo que não forneça cópias dos seus slides para os alunos, pense em disponibilizar cópias de imagens complexas, para que eles não tenham que desperdiçar tempo copiando-as freneticamente. Coloque uma marca específica (por exemplo, um ponto vermelho) em cada figura que você vai disponibilizar depois, para que os estudantes saibam que não precisam copiar.

Quando se trata de slides, é provável que seus alunos copiem o que está escrito neles, palavra por palavra. Eles usam a "presença no slide" como um indicador da importância daquele conteúdo. Em geral, isso significa que você deve pôr menos texto nos slides, para que seus alunos copiem menos e pensem mais. Por outro lado, se a sua intenção for fazer com que eles anotem algo palavra por palavra – uma definição, por exemplo –, inclua isso no slide.

Sugeri que os estudantes tomem notas à mão baseado em minha própria experiência de que o mundo on-line é tentador demais para muita gente. Será que, para simplificar as coisas, é melhor você fazer essa escolha por eles e banir os dispositivos eletrônicos? Aqui estão algumas reflexões que podem ajudar você a tomar essa difícil decisão.

Em primeiro lugar, acho que é, sim, útil estabelecer essa regra. Alguns professores permitem notebooks, com a ressalva de que só podem ser usados para tarefas relevantes ao aprendizado. Mas isso torna o professor responsável por monitorar o cumprimento dessa regra, o que distrai todo mundo.

Em segundo lugar, avalie se suas aulas costumam ser do tipo que é cheio de fatos e tem o ritmo rápido, de forma que seus alunos devam preferir a velocidade proporcionada pela digitação, ou se são mais lentas e contemplativas.

Em terceiro lugar, pergunte aos alunos o que eles pensam sobre essa questão. Costumo obter respostas mais completas quando faço essa pergunta no fim do semestre – isto é, pergunto a eles qual deve ser a regra em minhas aulas para futuros alunos; é mais fácil escolher com sabedoria para os outros que para si mesmo.

Em quarto lugar, se você estiver pensando em banir os notebooks, lembre-se de que alguns estudantes os usam por terem algum problema de coordenação motora ou alguma deficiência. Para evitar possíveis constrangimentos, diga que os alunos que preferirem usar um computador por qualquer motivo podem conversar com você a respeito.

Por fim, você deve oferecer anotações sobre suas aulas? Mais uma vez, recomendo que reflita sobre o equilíbrio entre as duas funções do ato de tomar notas. Disponibilizar anotações é uma boa forma de assegurar que os alunos terão um panorama das ideias apresentadas, mas pode ser que alguns deles não prestem atenção, pensando: "Ah, posso dar uma olhada nas anotações do professor depois." É melhor disponibilizar apenas um esqueleto. Algo assim é de grande ajuda para os estudantes entenderem a estrutura da aula, mas não completo a ponto de fazer com que eles caiam na tentação de se distrair.

Resumo para professores

- Fale mais devagar.
- Sinalize quando algo deve ser anotado e faça uma pausa para que os alunos tenham tempo de escrever.
- Distribua cópias de imagens e gráficos e avise que não precisam ser copiados.
- Tenha em mente que os alunos vão copiar o que está nos slides, mesmo que não seja necessário.
- Proibir o uso de notebooks pode fazer sentido em certas circunstâncias, mas há muitos fatores a se levar em consideração, como as normas da instituição de ensino, as informações da aula, a postura dos alunos e o que eles deverão fazer com o conteúdo.

CAPÍTULO 3

Como aprender com atividades práticas, demonstrações e em laboratório

Professores costumam falar bastante, porque essa é uma forma eficaz de transmitir informações. Mas bons oradores sabem que os alunos só são capazes de escutar até certo ponto. A aula pode ser a melhor do mundo; depois de um tempo, os estudantes vão querer se mexer um pouco ou até falar algo. Portanto, um bom educador intercala outras atividades na aula – uma demonstração, talvez, ou uma discussão em pequenos grupos. Em outras situações, o professor fala bem pouco, e a maior parte da aula consiste em aprender fazendo, como em um laboratório de biologia do ensino médio.

Quando alguém dá uma aula, é bastante óbvio o que você deve aprender. As pessoas dão aulas para transmitir informações: fatos e jeitos de fazer coisas. Mas as atividades podem ter diferentes propósitos de aprendizado. É importante ter clareza a respeito desses propósitos, porque você deve adotar estratégias distintas de acordo com o que pretende aprender. Neste capítulo, vou mostrar como adquirir conhecimento com diferentes tipos de atividades.

Para começar, vamos pensar sobre os três principais objetivos das atividades de aprendizado.

Os propósitos das atividades de aprendizado

Em primeiro lugar, algumas atividades são destinadas a ensinar um **processo** – ou seja, a melhor forma de fazer algo. Aristóteles tinha esse propósito em mente quando disse: "Homens se tornam construtores quando constroem e se tornam tocadores de lira quando tocam lira." O processo é algo que você deve aprender durante uma aula de guitarra, ou quando alguém o ensina a dissecar um cérebro em um laboratório.

Em segundo lugar, uma atividade pode ser realizada pela **experiência**, porque fazer algo é a melhor, ou única, forma de aprender certas coisas. Eu posso lhe *dizer* que as grandes alturas das catedrais inspiram admiração nos fiéis, mas é impossível que minhas descrições evoquem o mesmo sentimento de estar nesse lugar enorme e silencioso pessoalmente. Não é possível aprender certas coisas – por exemplo, a experiência de trabalhar em um hospital psiquiátrico – nas aulas ou nos livros; você precisa vivenciá-las.

Por fim, às vezes uma atividade prática tem como objetivo ajudar na **compreensão** de algo, em especial quando esse algo é um conceito difícil de traduzir em palavras. Por exemplo, ao ensinar sobre círculos, um professor do ensino fundamental pode mandar os alunos formarem uma fila no pátio, escolher uma pessoa em uma das pontas como a "origem" e mandar a fila andar ao redor da origem em anéis concêntricos. Os alunos podem decorar a fórmula da circunferência de um círculo ($2\pi r$), mas vão entender melhor por que a fórmula funciona se virem os colegas próximos à origem dando passos minúsculos, enquanto aqueles longe dela devem correr – conforme r aumenta, a circunferência do círculo também aumenta.

E, assim, podemos ver o problema em aprender com atividades: com frequência, o propósito não fica claro para os alunos. Quando criam a circunferência de um círculo no pátio, os estudantes podem perceber que o objetivo da atividade é ajudá-los a compreender $2\pi r$, mas também podem achar que o propósito é o processo, um exercício de trabalho em equipe e cooperação. Ou até que a meta é a experiência em si: sair ao sol e movimentar o corpo.

Além de entender o que deve ser aprendido, saber no que se concentrar é outro problema ao se participar de atividades. Naturalmente, se não prestar atenção, você não conseguirá aprender. Se um aluno estiver preocupado com a chance de sujar o tênis dele na grama enquanto faz o círculo no pátio, ele não vai entender o objetivo da atividade. Mas a relação entre atenção e aprendizado é ainda mais sutil que isso, e precisamos ter clareza sobre ela para garantir que você saiba como aprender com a prática.

Como o aprendizado segue a atenção

É claro que, se não prestar atenção no momento em que deveria estar aprendendo algo, você não vai aprender. Mas, mesmo que se concentre, você dificilmente conseguirá prestar atenção em *todos os aspectos* do que está sendo ensinado e, mais tarde, só se lembrará da parte que focou.

Um exemplo: imagine que uma família se mudou para a casa ao lado da minha, e eu penso "Vou levar para eles uma cesta de coisas para lhes dar as boas-vindas". Quero incluir na cesta meio quilo de um bom café, então planejo comprá-lo na volta do trabalho. À noite, passando pelo mercado, penso "Preciso comprar algo?", concluo que não e continuo dirigindo. Quando chego à minha rua, vejo a nova vizinha verificando a caixa de correio e penso imediatamente: "Droga! Esqueci o café!"

Como é que ver minha vizinha me fez lembrar, mas passar pelo mercado não, sendo que é lá que sempre compro café? Esse tipo de coisa pode acontecer quando há uma discrepância entre a forma como busco uma lembrança e a maneira como a lembrança entrou no meu cérebro.

Quando acaba o café, penso nisso como um déficit; há uma lista de coisas que sempre devo ter em estoque e, quando falta algo, faço uma nota mental para corrigir esse déficit. Isso é diferente de pensar sobre o café como parte de um presente de boas-vindas à vizinhança. Examinei minha memória com a pergunta "Tem algo faltando em casa?". No entanto, naquela manhã, eu não havia pensado no café no sentido de algo que estava em déficit na despensa, mas sim como um presente para os meus vizinhos.

A forma exata de pensar sobre as coisas é crucial para determinar o que vai ficar na memória. Talvez você ache que, se pensar sobre uma cadeira, depois vai se lembrar de ter pensado em uma cadeira. Parece óbvio, mas acabamos de ver que isso não é verdade. Você pode pensar em uma cadeira como um objeto em que se sentar, um móvel com quatro pernas, um sinal de status (se ela estiver na cabeceira da mesa) ou uma arma em uma briga de bar. *Como* você pensa a respeito dela determina do que você vai se lembrar depois. Já vi essa ideia descrita desta forma: **"A memória é o resíduo do pensamento."**

Esse princípio é especialmente importante quando estamos falando do aprendizado durante atividades. Algo tão simples quanto um café ou uma cadeira tem muitas características diferentes, e, como vimos, só decoramos aquilo em que prestamos atenção. Portanto, selecionar as características corretas da atividade em que você deseja se concentrar é essencial, pois determinará o que você vai aprender.

Atenção, memória e aprender fazendo

É bem fácil saber no que prestar atenção quando aprendemos através da escuta. Devemos nos concentrar no professor, e ele dirá se quer que pensemos na cadeira como um móvel com quatro pernas, como algo que pode fazer as vezes de uma pequena escada ou outra coisa.

Quando aprendemos por meio da prática, o ideal é que o professor dê o mesmo tipo de instrução: "Quero que vocês façam *isso* e, enquanto o fazem, quero que percebam *aquilo*." No entanto, muitas vezes os professores não dão essa orientação, pois não entendem que isso ajuda. Quando você sabe algo, é difícil conceber o que não é claro ou fácil de entender para quem não sabe. Esse problema é conhecido como "a maldição do conhecimento". Se já brincou de mímica, você sabe do que estou falando. Para você, é tão *óbvio* que seus gestos representam alguém preparando uma refeição que nem passa pela sua cabeça que eles possam ser compatíveis com outra interpretação, como alguém fazendo uma cirurgia.

Quando uma professora pede aos alunos que façam música usando copos com diferentes quantidades de água, é óbvio para ela que o tom produzido por cada copo está relacionado ao nível do líquido. Portanto, ela pensa que essa atividade não requer qualquer explicação prévia – na verdade, acha que dizer aos alunos o que esperar poderia diminuir o poder da atividade, como se explicasse uma piada.

> **QUANDO VOCÊ APRENDER FAZENDO**
>
> **O que o seu cérebro vai fazer:** Só vai gravar na memória aquilo em que você prestar atenção diretamente, e, quando você aprende fazendo, há mais de um alvo possível para a sua atenção.
>
> **Como ser mais esperto que o seu cérebro:** Decida, da forma mais estratégica que conseguir, para onde vai direcionar sua atenção antes de a atividade começar.

Então, o que fazer? Se você receber instruções para saber no que prestar atenção, ótimo. Se não, dê o seu melhor palpite. Este capítulo ensinará como adivinhar com sabedoria.

DICA 13

Esteja presente e se dedique

Se quiser aprender algo com uma atividade, **você precisa participar de verdade**. Em uma aula particular de violão, por exemplo, você não pode ficar sem fazer nada. Mas, se a atividade for uma discussão em grupo ou uma pesquisa de campo, é bem mais fácil se esquivar. Se o professor acreditasse que dava para aprender algo apenas observando outras pessoas em ação ou lendo a respeito daquele conteúdo, então é isso que ele teria mandado você fazer; seria mais fácil para todo mundo. Você só participa da atividade porque não existe jeito melhor de aprender aquilo. Portanto, participe.

No mesmo sentido, **faça o trabalho de preparação** que se espera de você. Se lhe pedirem que leia algo com antecedência, que leve algum material para a atividade, que experimente algo ou treine alguma coisa que já fez, siga as orientações. Ignorar uma instrução significa que você não vai estar completamente preparado, e pode ser que você se sinta desconfortável durante a atividade e acabe perdendo o foco.

Essas são recomendações bastante óbvias. Menos óbvia, mas igualmente importante, é uma implicação dos estudos sobre memória que mencionei: se você não estiver presente, vai perder não só a oportunidade de compreender, mas também de fazer suas próprias anotações. **As anotações que você pegar de alguém não serão iguais às que você faria.** Notas são deixas que fazem com que sua memória retorne ao entendimento que você teve durante a aula, e já vimos como essas deixas podem ser específicas; café de "déficit de estoque" é diferente de café de "presente para vizinhos". Se não puder participar de uma atividade e tiver a intenção de pedir um relato ou dar uma olhada nas anotações de um colega, você vai ver as deixas *dele* para as lembranças *dele*.

"Esteja presente" também significa "Tenha certeza de que não vai se distrair ou precisar sair no meio da atividade". Se usar óculos, leve-os. Tenha uma caneta reserva. Carregue seu notebook. Não vá com fome. Se for friorento, leve um casaco. Vá ao banheiro antes da atividade. Se for fumante, procure fumar pouco antes do início. Não saia para atender a uma ligação ou responder a uma mensagem.

Uma atividade pode parecer uma pausa, uma folga dos dias de aprendizado duro, em que se espera que você aprenda. Não caia nessa. Esteja presente e se dedique.

Em uma frase: As atividades trazem uma boa mudança de ritmo, mas lembre-se: você está lá para aprender; portanto, vá preparado e mantenha a concentração.

DICA 14

Se a atividade for breve e oferecer uma experiência surpreendente e interessante, é provável que seja uma analogia

Às vezes, o professor manda você fazer algo com a intenção de ajudá-lo a entender uma ideia, em especial quando se trata de um conceito difícil de explicar apenas com palavras e imagens. Talvez a ideia faça mais sentido se for vista em ação ou se você tiver a oportunidade de explorá-la e manipulá-la por conta própria, em vez de apenas ouvir a respeito dela. Por exemplo, não é fácil descrever a vasta gama de significados do sinal de igual na matemática. Portanto, um professor pode mandar as crianças usarem uma balança de pratos com algarismos, cada qual com um peso proporcional ao seu valor. Dessa forma, os alunos conseguem ver quais valores equilibram a balança, quais mudanças mantêm ou desestabilizam o equilíbrio e assim por diante. Em uma aula de física, os estudantes podem fazer um experimento com uma roda de bicicleta com cabos presos aos eixos para ajudar a entender o momento angular: o que muda conforme a velocidade da roda aumenta?

Ou pense no seguinte exemplo: uma professora do ensino médio pede aos alunos que escrevam sua própria versão da Declaração de Independência dos Estados Unidos, uma carta das 13 colônias para o rei Jorge III. A carta deve ter precisão histórica, mas precisa ser escrita no estilo de uma carta de término de namoro. Qual é o objetivo dessa atividade? A carta de término é uma analogia. Uma analogia compara *algo que você já entende* com *algo que está tentando entender*. Os secundaristas já compreendem que uma carta de término de namoro precisa ter três elementos: um casal, um integrante do casal que quer terminar o relacionamento e uma explicação dele para a outra pessoa. Os alunos também sabem que as colônias e a Grã-Bretanha tinham um relacionamento e que as colônias decidiram acabar com ele. Mas é quase certo que eles pensem sobre a Declaração de Independência dos Estados Unidos como um documento histórico sagrado, ou talvez apenas como "A coisa que começou a Revolução Americana", sem pensar sobre a função dela. Assim como uma carta de término de namoro comunica "Quero acabar com essa relação, e aqui está o porquê", a Declaração comunica "Estamos infelizes e acabou, Grã-Bretanha, e aqui está o porquê".

O segredo para aprender com uma analogia é prestar atenção nas características certas, porque toda analogia tem aspectos que importam e outros irrelevantes. Quando alguém fala que "advogados são tubarões", quer dizer que ambos são durões, impiedosos e botam medo, mas não que os advogados têm barbatanas. Da mesma forma, em uma carta de término de namoro, muitas vezes o autor toma parte da culpa para si como uma forma de suavizar o impacto. Essa parte da analogia não se aplica à Declaração: os colonos achavam que a culpa era toda do rei Jorge III.

Quando a atividade for uma analogia, **concentre-se no mapeamento**. O mapeamento é a junção das características da *coisa que você já entende* com as *daquilo que está tentando entender*. Nesse caso, é pensar: "A pessoa que está terminando o relacionamento são as 13 colônias. A pessoa que está levando um pé na bunda é a Grã-Bretanha. A carta de término é a Declaração de Independência."

Se tiver dúvidas em relação ao mapeamento, pergunte. Como já comentei, os professores costumam querer que você vivencie a atividade antes de começarem a explicá-la, imaginando que parte do processo de aprendizado é explorar e refletir um pouco. Até aí tudo bem, mas você não quer que o momento do aprendizado acabe antes de entender o sentido dele. Se houver alguma leitura ou outra tarefa que você deveria fazer a fim de se preparar para a atividade, relembrar isso pode ajudar a compreender o mapeamento.

Esta é provavelmente a coisa mais importante para ter em mente durante esse tipo de atividade de aprendizado: **não se distraia**. Atividades de aprendizado devem manter os alunos envolvidos, mas, às vezes, é divertido pensar sobre partes irrelevantes da analogia. Por exemplo, você pode imaginar que os estudantes se empolgariam escrevendo a carta de término das 13 colônias e passariam um tempão pensando em piadas de comédias românticas a que já assistiram. Ouvi falar de uma atividade de matemática para o ensino fundamental em que o professor empurra as mesas para o fundo da sala e usa fita adesiva para desenhar um plano cartesiano no chão. Então, ele escreve uma equação linear no quadro e os alunos criam uma linha no plano. Cada estudante representa um ponto na linha, e eles pisam no plano com a mão no ombro do próximo "ponto" na linha. Entendo que o professor tenha querido que eles visualizassem melhor a linha (em comparação com um traço desenhado no papel ou em uma tela de computador), mas é possível que alguns desses alunos tenham se concentrado na parte de botar a mão no ombro um do outro.

A intenção de promover atividades é acrescentar um pouco de graça ao aprendizado. Vá em frente e se divirta. Mas tente descobrir qual é o propósito da atividade antes que ela termine.

> *Em uma frase:* Uma atividade breve que faz você dizer "Legal!" provavelmente tem o objetivo de ilustrar alguma ideia abstrata que foi abordada em aula; portanto, certifique-se de entender como a atividade explica essa ideia.

DICA 15

Se a atividade vier com um passo a passo, você deve aprender habilidades ou conceitos

Algumas atividades vêm com um roteiro, um passo a passo a ser seguido. Por exemplo, anos atrás, a Universidade da Virgínia desenvolveu uma plataforma on-line em que os docentes podiam ver os candidatos ao seu programa de pós-graduação. Assisti a uma sessão de treinamento de algumas horas para aprender a usar o novo sistema e, apesar de o instrutor ter falado algumas coisas antes da parte prática, passei a maior parte do tempo no meu computador, mexendo no sistema. Mas não fui largado à própria sorte para fuçar e testar a ferramenta. Havia uma sequência de passos a seguir. Recebi um roteiro. Muitas aulas em laboratório seguem o mesmo esquema: os alunos conduzem um experimento e recebem um passo a passo para executá-lo.

Qual é o objetivo disso? **Um deles é tornar o aprendizado mais memorizável.** Teoricamente, eu poderia ter aprendido a mexer no novo sistema decorando um manual. Mas seguir os passos exemplifica, novamente, que "a memória é o resíduo do pensamento": é melhor guardarmos a informação na memória no mesmo formato em que pretendemos tirá-la de lá. Creio que isso também se aplica a laboratórios. Parte do propósito é aprender técnicas e métodos, tais como o uso de um potenciômetro ou o cultivo de bactérias. É possível aprender lendo, mas é mais rápido aprender fazendo.

Por vezes, uma atividade planejada tem um objetivo diferente, que é **ensinar técnicas avançadas de pensamento**. Espera-se que você aprenda algo além das especificidades da atividade em si. Por exemplo, em uma aula de laboratório, o professor pode querer que os alunos aprendam algo sobre o método científico. No entanto, pensar como um cientista é complicado. É por isso que há um roteiro. Se alguém apenas desse às pessoas substâncias químicas e equipamento e dissesse "Descubram o que acontece se tentarem recristalizar o ácido benzoico em ácido acético", elas não aprenderiam muita coisa. É necessário explicar a elas a ideia de criar uma hipótese, realizar um experimento para testar essa hipótese e interpretar os resultados à luz dela.

Então, como aproveitar ao máximo a sua experiência de aprendizado com uma atividade desse tipo?

Em primeiro lugar, evite armadilhas de pensamento comuns. A mais típica é se concentrar no resultado, e não no processo. Afinal, você recebeu um roteiro, então é compreensível pensar que fazer um bom trabalho significa seguir os passos um por um. Se eu seguir o roteiro corretamente, atingirei o resultado esperado, certo? Então, o meu ácido benzoico está recristalizando? Essa é a prioridade certa quando se está seguindo os passos de um tutorial no YouTube para consertar a máquina de lavar. Mas o verdadeiro objetivo de dissecar um sapo na aula de biologia não é criar um sapo dissecado; é aprender sobre o sapo. Portanto, concentre-se no que está fazendo.

Outra armadilha é não raciocinar muito. A atividade vem com um roteiro, então você segue as instruções sem pensar no porquê de cada uma.

No que você *deve* focar? **O principal objetivo de uma atividade é ou aprender uma técnica que requer prática física ou se envolver em es-**

tratégias avançadas de raciocínio, como o método científico. Esses dois propósitos são, claramente, bem diferentes – um tem a ver com os detalhes, e o outro, com a visão geral. Por isso, é essencial saber o que se deve tirar de uma atividade. Mais uma vez, o óbvio a se fazer é perguntar ao professor. (Se ele responder "ambos", significa que você está nas mãos de um amador. Não dá para aprender duas coisas complicadas de uma vez só.) Se ele se recusar a responder, talvez dê para ter uma boa ideia olhando o roteiro: se os passos incluírem muitos detalhes sobre *como* executá-los, é uma atividade de técnica. Se incluírem perguntas e/ou instruções que poderiam se aplicar a várias tarefas diferentes, é uma atividade de visão geral. De acordo com essas pistas, decida no que se concentrar.

> *Em uma frase:* Se receber instruções detalhadas, é provável que você deva aprender a execução precisa do passo a passo em si ou alguma ideia bem avançada e abstrata que os passos ilustram. Descubra qual é o caso.

DICA 16

Para projetos, escolha o problema com cuidado, peça feedback ao longo do caminho e reflita quando terminar

Quando você é estudante, às vezes "aprender fazendo" significa resolver um problema em aberto – ou seja, uma questão que não tem apenas uma solução. Não estou me referindo a um problema que leva meia hora para resolver com caneta e papel, mas sim a um projeto no qual você trabalha por semanas e que costuma resultar em um produto tangível. Por exemplo, uma estudante que está quase terminando um curso de ciências contábeis pode receber a seguinte tarefa: "Encontre um pequeno negócio na sua cidade e ajude a implementar nele um sistema para o estoque, os impostos ou a folha de pagamento." Tenho três sugestões para que você aprenda ao máximo quando realizar um projeto desse tipo.

Primeiro, **escolha seu projeto baseado no que quer aprender, e não nos resultados que deseja atingir**. É difícil não ser bastante concreto quando se está discutindo ideias de projeto, já que sua proposta tem que ser concreta. Então você pensa "Será que consigo fazer uma lagarta robótica?", "Vi um vídeo do Jimmy Kimmel fazendo um foguete usando uma lata de Pringles" ou "Estou com muita vontade de usar essa impressora 3D". Pode ser que você escolha um projeto que resulte em um produto legal, mas que seja chato de executar. E se o problema de robótica acabar consistindo apenas em unir peças de fácil encaixe? Também pode acontecer de você estar interessado no bem-estar animal e, portanto, resolver fazer um vídeo para aumentar a conscientização sobre os experimentos com animais na indústria de cosméticos, mas acabar tendo que passar a maior parte do tempo aprendendo a editar vídeos. **Por isso, quando escolher seu projeto, tenha em mente o processo: ele vai dar ênfase aos elementos sobre os quais você quer aprender?**

Quando pensar sobre seus objetivos de aprendizado, lembre-se de que você talvez não precise se restringir a fatos e habilidades acadêmicas tradicionais. (É claro que deve consultar seu professor a respeito disso.) Talvez você queira aprender a administrar melhor o seu tempo, então escolha um projeto que vai acrescentar demandas frequentes e inflexíveis à sua agenda, tal como criar e cuidar de um ambiente aquático complexo. Ou talvez você já tenha tido problemas trabalhando com outras pessoas e queira desenvolver suas habilidades de trabalho em equipe. Inclua esse objetivo no seu projeto; talvez você possa ser voluntário em uma instituição de caridade local.

Em segundo lugar, **quando estiver no meio de seu projeto, certifique-se de receber feedbacks**. É difícil criticar o próprio trabalho. Você pode até saber que algo está dando errado, mas não entender o porquê. Muitas vezes, meus alunos acham que devem realizar e entregar o projeto sem qualquer assistência ou orientação ao longo do processo. Você deve buscar ajuda do professor e de outros que possam contribuir. A utilidade dos feedbacks é mais um motivo (se é que você precisa de mais um) para aderir ao cronograma: não dá para pedir feedbacks de última hora, muito menos levá-los em consideração para corrigir qualquer coisa. (Falarei mais sobre planejamento no capítulo 10.)

Em terceiro lugar, quando terminar o projeto, **reflita**. Ao fazer isso, tenha em mente o seu objetivo de aprendizado. Você aprendeu o que queria? Adquiriu algum conhecimento inesperado? Aconselho que faça uma anotação ou outra durante essa reflexão. Na hora, pode parecer que você não vai esquecer as lições que aprendeu, mas não conte com isso. Na melhor das hipóteses, você vai usar o que aprendeu para tornar seu próximo projeto a melhor experiência de aprendizado possível. Refletir a respeito do projeto logo após finalizá-lo e registrar suas reflexões pode fazer a diferença.

> *Em uma frase:* Escolha seu projeto com base no que quer aprender, e não no que deseja produzir; busque feedbacks e críticas ao longo do processo e, ao fim, tire um tempo para refletir sobre a experiência.

DICA 17

Quando o propósito for a atividade em si, saiba a diferença entre experiência e prática

Às vezes, você precisa *fazer* para aprender, porque o "fazer" é justamente o que deve ser aprendido, de forma que ouvir uma aula ou ler um texto não vai adiantar. Praticar atletismo e tocar instrumentos musicais são exemplos óbvios, mas essa categoria também inclui:

- Escrever com clareza
- Interagir
- Trabalhar bem em equipe
- Fazer um discurso
- Liderar um grupo

Essas habilidades envolvem vários componentes e, por isso, levam anos para serem dominadas. Elas são totalmente diferentes das capacidades simples mencionadas na dica 15, que podem ser aprendidas em algumas horas – algo como operar um micrótomo ou medir a pressão arterial de alguém.

Aristóteles estava certo quando disse que o *fazer* é vital – um tocador de lira precisa tocar lira –, mas não é tão simples assim. Já *fiz* bastante coisa por décadas sem melhorar: dirigir um carro, por exemplo, assar um bolo, digitar. Como é possível que eu continue fazendo essas coisas sem melhorar? É simples: **experiência não é o mesmo que prática**.

A razão pela qual você executa uma atividade costuma determinar o que você pensa enquanto a realiza, e isso vai definir se você vai aprender ou não durante esse processo. Dirijo meu carro para chegar a lugares, e meu amigo Adam toca violão para entreter os amigos. Mas esses propósitos – atingir um resultado prático ou proporcionar entretenimento – *não* levam ao aprimoramento de habilidades complexas. Quando faço um bolo, não tento melhorar como confeiteiro. Fico satisfeito com os resultados obtidos, então não penso em me aprimorar. E, como você já sabe, o que pensamos tem bastante influência sobre o que aprendemos.

Psicólogos que estudam habilidades complexas desenvolveram princípios mais específicos de "Pense a respeito do que está fazendo" para que você se aprimore ao máximo:

1. Você precisa **se concentrar em um aspecto da habilidade por vez**. Habilidades complexas têm muitos componentes, e não dá para pensar sobre todos eles ao mesmo tempo. Não é possível treinar "escrever bem", mas você pode praticar "escolher palavras expressivas" ou "variar estruturas de frases".
2. Como devemos escolher que aspecto da habilidade trabalhar? Para algumas habilidades, há uma ordem estabelecida: para aprender a tocar piano, você começa com escalas e divisões de compasso simples. Para outras, **comece com o aspecto que acredita ser fundamental, mas que você não domina**. Trabalhe nisso até ficar bom e prossiga para o próximo componente de sua incompetência.
3. Como saber no que você é ruim? Pode ser óbvio – quando jogo golfe, a bola vai várias vezes para o lado errado –, mas talvez o *motivo* não

seja claro. **Críticas e feedbacks são essenciais**, não apenas relativos ao resultado, mas também para saber o que você está fazendo de errado. Você pode até obter críticas boas o suficiente observando a si mesmo, mas é mais provável que precise de alguém mais habilidoso que você para observá-lo e dizer o que há de errado.
4. Receber um feedback que confirma seu pensamento de "Pois é, sou terrível nessa parte" não é o bastante. Você precisa **criar e experimentar novas maneiras** de fazer aquilo. Até agora, quando se via repetindo a mesma palavra em uma redação, você costumava abrir seu dicionário de sinônimos e escolher outro termo. No entanto, as pessoas passaram a comentar que há algo estranho nas palavras que você escolhe para substituir. Sua estratégia para aprimorar sua escolha de palavras não está funcionando, então o que tentar agora?
5. Você precisa **se concentrar no que está fazendo**. Pode parecer um conselho descartável, mas talvez seja a diferença mais importante entre praticar algo intencionalmente e apenas fazê-lo. A experiência nos permite fazer as coisas sem muito esforço; você já as executou tantas vezes que entra no piloto automático e parece quase não pensar sobre o processo. Mas, quando pratica, você se concentra em um aspecto da habilidade, experimenta novos métodos e monitora os resultados. Isso exige muito trabalho mental. De fato, se a prática não deixá-lo cansado, você deve estar fazendo algo errado.
6. Você precisa **ter um planejamento a longo prazo**. É necessário muito tempo para dominar habilidades complexas. Quanto treino será necessário depende da habilidade que você está aprendendo e da eficiência das suas sessões de prática, mas você deve pensar em anos, e não em semanas ou meses.

Você pode achar essa lista um pouco deprimente, tendo em vista que acabei de dizer que ficar bom em algo é muito trabalhoso e leva um tempão. No capítulo 10, vou dar algumas dicas para você ficar mais motivado, mas leve em conta também que há um prêmio incrível ao fim dessa longa e dura estrada. E, é claro, há prazer em alcançar pequenas metas ao longo do caminho.

> *Em uma frase:* Se o propósito da atividade for melhorar o seu desempenho nela, apenas executá-la repetidamente não é o suficiente; o aprimoramento requer a prática intencional.

DICA 18

Se o principal objetivo da atividade for a experiência, planeje o que vai observar

Algumas atividades são insubstituíveis para o aprendizado. Acompanhar a polícia em uma ronda noturna, visitar uma ala psiquiátrica, observar um pelotão sob fogo inimigo: todos são exemplos de atividades sobre as quais você poderia ler exaustivamente e, ainda assim, não entender bem até participar para valer. São experiências que podem mudar sua vida.

A profundidade da vivência dá a esse tipo de aprendizado o seu encanto, mas pode ser também sua desvantagem. O ambiente pode ser tão envolvente que você o observa como se estivesse no cinema. Mais tarde, é difícil dizer muita coisa sobre o que viu e aprendeu, além do fato de que foi emocionante.

Você pode minimizar as chances de isso acontecer **traçando um plano antecipado do que espera aprender**. Se for acompanhar uma advogada enquanto ela conversa com clientes que estão aguardando julgamento presos, você pode se concentrar na forma como ela fala com eles sobre o futuro. Se estiver observando um médico, você pode prestar atenção na maneira como ele explica conceitos complicados a pessoas leigas.

Se uma experiência de aprendizado fizer parte da sua formação, é provável que haja uma tarefa ligada a ela. Vão pedir que você escreva sobre seus pensamentos ou responda perguntas específicas sobre suas experiências. Nesse caso, **a tarefa deve influenciar o que você vai observar**. Pense sobre ela antes para se certificar de que vai conseguir executá-la com base na sua experiência.

Muitas vezes a tarefa é vaga, algo como "Escreva um texto de duas páginas detalhando sua vivência". Nesse caso, tente fazer isto: escreva seus pensamentos antes de ir. O que espera ver? O que espera sentir? Esse lugar faz você se lembrar de algo? Acha que vai querer ir lá de novo? Como imagina que as pessoas lá se comportam? O que elas vão fazer? Recomendo, ainda, escolher algo em que concentrar suas observações – as pessoas, o lugar, qualquer coisa –, mas essas previsões farão com que seja mais fácil redigir um texto bem-elaborado. Você pode escrever sobre o contraste entre suas expectativas e a realidade.

> *Em uma frase:* Se o propósito da atividade é ter uma experiência sobre a qual não se pode aprender de outro jeito, planeje o que vai observar, pois a vivência pode ser tão envolvente que, se não fizer isso, talvez você aprenda pouco.

DICA 19

Não se esqueça de fazer anotações durante a experiência

Infelizmente, a vantagem das atividades de aprendizado – elas são interessantes! – também diminui a probabilidade de que você faça anotações. Pode ser que fique tão envolvido no que está fazendo que se esqueça de anotar seus pensamentos. Mesmo que se lembre de que deve tomar notas, pode parecer desnecessário fazer isso, pois a atividade parece inesquecível.

É mais provável que você se lembre de parte do que aconteceu e da sua reação emocional à experiência. Mas pode ser que esqueça as reflexões e ideias que teve. Se observar uma sala de aula de pré-escola, por exemplo, você vai lembrar que uma garotinha bateu em um menino que tinha derrubado sem querer a torre de blocos que ela estava construindo e que, em seguida, os dois deram um chilique. Você pode lembrar que ela era a mesma garotinha que não conseguia esperar todo mundo receber um biscoito (como ela devia fazer) antes de começar a comer. Mas vai esquecer que pensou que esses dois problemas podiam estar conectados e que tinha a intenção de perguntar a seu professor sobre isso. (Ambos são exemplos da dificuldade em controlar impulsos.)

Faça anotações – se possível, durante a atividade. Caso não consiga, tente fazer isso logo após a experiência. Lembre-se da função das notas para a sua memória: aguçar a concentração e se forçar a verbalizar o que está aprendendo. É provável que você seja testado a respeito do conteúdo que deve aprender durante a atividade ou que tenha que escrever sobre o assunto. Portanto, precisa fazer anotações para se lembrar do que aprendeu.

As dicas 14 a 18 enfatizaram o fato de que os professores escolhem atividades de aprendizado com propósitos diferentes e que cada objetivo deve guiar sua atenção durante a atividade. É provável que você precise fazer anotações depressa durante a experiência, então é bom **escrever o propósito da atividade no topo da página**. Isso vai ajudar você a se lembrar de prestar atenção e tomar notas sobre aquele aspecto específico da atividade. E, se achar que pode se esquecer de fazer anotações, uma opção é programar o celular para vibrar a cada 10 ou 15 minutos, como lembrete.

Em uma frase: Fazer anotações durante uma atividade de aprendizado pode parecer constrangedor e desnecessário, mas você deve fazer mesmo assim, seja durante a experiência ou logo depois dela; as leis do esquecimento também se aplicam a esse formato de aprendizado.

DICA 20

Veja as coisas do ponto de vista do professor

Realizar atividades de aprendizado em sala de aula deixa muitos professores nervosos, e há alguns motivos para isso. Em primeiro lugar, o professor sente que está abrindo mão do controle. Em uma aula normal, ele sabe que está *ensinando*. Está lá na frente, passando informações. No entanto, quando dá aos alunos alguma coisa para fazer, ele espera que aprendam algo, mas não pode ter certeza de que isso vai acontecer. Mais que isso, muitas vezes o professor nem sabe se os alunos estão fazendo a tarefa que passou.

Em segundo lugar, é difícil criar atividades interessantes. Os estudantes precisam achar a atividade estimulante e desafiadora, mas não muito difícil, e têm que aprender algo com ela. Até mesmo atividades que foram bem-sucedidas em uma turma podem não funcionar em outras, pois os alunos talvez tenham conhecimentos ou interesses diferentes. Na verdade, na maior parte do tempo, os professores não fazem ideia do que aconteceu. Só sabem que a turma das 9h30 arrasou e a das 14h30 se lascou.

Em terceiro lugar, o professor fica ansioso durante as atividades porque precisa equilibrar várias demandas por atenção. Ele tenta monitorar o progresso de todo mundo, ajudar indivíduos (ou grupos), ficar de olho no relógio e avaliar se as coisas estão indo conforme o planejado ou se vai ser preciso incrementar a atividade com uma explicação.

Como estudante, você vai tirar mais proveito da experiência se a aula correr bem, e há formas de colaborar para que isso aconteça, além dos conselhos óbvios de prestar atenção e realmente tentar realizar a tarefa.

Primeiro, **seja compreensivo se o professor parecer preocupado em verificar se você está ou não fazendo a atividade proposta**. Pode parecer que ele não confia em você, mas a verdade é que só está nervoso. Ele quer que as coisas corram bem e, em muitas atividades, é difícil saber se você está envolvido ou não.

Em segundo lugar, **se o professor se esquecer de dizer qual é o propósito da atividade, pergunte educadamente. É claro que a forma de questionar isso importa. "Ei, qual é o objetivo disso?" pode soar hostil, então tente algo como "Devemos prestar atenção especial em algo?".

Em terceiro lugar, **comunique ao professor se você sente que está aprendendo**. Se a sua preocupação for não dar a entender que você está avaliando o professor, aqui está uma forma simples de trazer o assunto à tona. Diga a ele (1) o que você fez (para que saiba que está tentando) e (2) o que acha que significa (para que ele saiba o que está pensando). Algo como "Eu fiz *isso*, depois *aquilo* e, em seguida, *isso aqui* aconteceu. Então, com base nisso tudo, acho que devo concluir *isto*. Faz sentido?". Em outras palavras, não diga apenas "Não entendi". Deixe o professor decidir se você entendeu ou não. Esse tipo de comentário é muito importante para quem está ensinando, uma vez que, se um monte de gente não tiver compreendido, ele pode dar uma orientação mais explícita ou abandonar a atividade de vez e tentar algo diferente.

> *Em uma frase:* Conduzir atividades de aprendizado deixa os professores nervosos; você pode contribuir para uma atividade correr bem se comentar sobre como as coisas estão indo e como o professor pode ajudar.

PARA PROFESSORES

Há um tema que permeia todo este capítulo: diga aos alunos o que eles devem aprender com as atividades que você propõe e dê instruções sobre como executá-las. Essa é a forma mais fácil e eficaz de fazer com que a atividade tenha o máximo de valor possível para os estudantes.

Vejamos o que essa orientação pode incluir. Mais cedo, aconselhei os alunos a "estarem presentes", e parte disso inclui ler os textos ou fazer quaisquer outras atividades preparatórias que você recomendar – mas é natural que eles nem sempre façam isso. Você pode fazer um questionário (ou outra avaliação) que incentive a preparação. Em geral, faço um teste fácil – "Apenas mostre que entendeu o ponto principal" – e com pouco peso na nota para não estressar os alunos. No entanto, se o aluno nunca fizer as leituras antecipadas, ele vai deixar de ganhar muitos pontos.

Quando se trata de uma atividade com roteiro – como um experimento em laboratório –, é essencial falar com os alunos sobre o objetivo de aprendizado. Se eles não precisarem se concentrar em fazer a atividade "dar certo", *no que* devem focar? Eles só vão saber que estão aprendendo a coisa certa se souberem qual é a meta *e* se você lhes disser como podem avaliar que estão "captando a mensagem".

Além disso, certifique-se de que os materiais que você providenciar sirvam de apoio para o objetivo que traçou. Se as instruções forem confusas ou pouco claras, é natural que os alunos dediquem bastante atenção ao método; afinal, estão tentando descobrir o que fazer. Se quiser que eles pensem na visão geral, você precisa garantir que eles já entendam os detalhes ou que as instruções os guiem da forma correta.

Para projetos, tenha em mente que, em geral, os estudantes não têm muita experiência com esse tipo de atividade. Eles são novatos em aspectos como estabelecer um objetivo, planejar e elaborar um cronograma, reagir a problemas inesperados, etc. É provável que você deva enxergar o planejamento e a execução de projetos como uma parte grande do que está ensinando. É preciso mostrar aos alunos como dividir um projeto em partes administráveis, e eles vão precisar de feedbacks e avaliações a cada passo.

Isso também se aplica a projetos coletivos. A maioria dos alunos tem pouca experiência trabalhando em grupo e, portanto, não sabe o que é preciso para ser um bom integrante de equipe. Não é de surpreender, então, que eles costumem ficar preocupados com o fato de suas notas estarem, em parte, nas mãos dos colegas e que tenham medo de que acabem tendo que fazer o trabalho dos outros. Há alguns anos, um meme popular nas redes sociais mostrava um gráfico de pizza intitulado "O que os trabalhos em grupo me ensinaram", com uma minúscula fatia rotulada "A matéria", outra pequena seção intitulada "Trabalho em equipe" e a maior fatia do círculo "Como eu odeio outras pessoas".

Para abrandar as preocupações dos alunos em relação às notas, recomendo usar algum mecanismo formal de responsabilização. Aqui está meu método: ao fim do projeto, os estudantes dão notas uns aos outros (e a si mesmos) em relação (1) à dificuldade da tarefa, (2) à dedicação da pessoa e (3) à qualidade de suas contribuições para o trabalho. Digo a eles que essas avaliações podem afetar as notas individuais, e isso parece fazer com que levem suas responsabilidades mais a sério.

Atividades são ótimas: os alunos ficam envolvidos, e há coisas que se aprendem melhor através delas. Mas não caia na falácia de que o simples fato de que os alunos farão algo (e você não precisará dar uma aula) significa menos trabalho para você. Pela minha experiência, preparar uma atividade, guiar os alunos na execução dela e avaliar a efetividade da experiência exige muito mais trabalho que uma aula normal.

Resumo para professores

- Diga aos alunos o que devem aprender com a atividade. Enfatize aquilo em que mais precisam prestar atenção.
- Se a atividade exigir preparação, pense na possibilidade de criar um questionário antes de partir para a prática ou em outra forma de avaliar a preparação dos alunos.
- Se os estudantes se preocuparem em fazer a atividade "do jeito certo" e você não quiser que eles se concentrem nisso, dê instruções explícitas *e* um meio concreto de eles saberem se a atividade está dando certo. Ou convença-os de que o resultado não é o que importa.
- Se criar um projeto, presuma que você vai ter que ensinar aos alunos como gerenciar esse tipo de atividade.
- Se passar um trabalho em grupo, presuma que você vai ter que ensinar aos estudantes como trabalhar em equipe. E também que vai precisar aplacar medos de que alguns integrantes não façam a parte que lhes cabe.

CAPÍTULO 4

Como reorganizar suas anotações

Uma pesquisa de 2007 com estudantes universitários mostrou que quase metade deles concorda com a seguinte afirmação: "Minhas anotações são desorganizadas e difíceis de entender." Pela minha experiência, isso deve significar que a outra metade nem percebe que suas anotações são desorganizadas.

Estou brincando, mas nem tanto. Mesmo que você siga com cuidado os conselhos que dei nos últimos dois capítulos, é provável que suas anotações sejam apenas boas o suficiente, pois, como venho enfatizando, tomar notas é uma tarefa mental difícil. É preciso revisitar as anotações para torná-las mais úteis.

Lembre-se de que, no capítulo 1, expliquei que os alunos costumam achar que fatos inéditos e definições são coisas que devem ser registradas. Eles também captam temas gerais – uma vez que estes são repetidos várias vezes –, mas frequentemente perdem *as conexões* entre fatos e ideias.

No mesmo capítulo, também expliquei por que uma boa organização é tão importante para a compreensão, então é óbvio que um dos motivos para revisitar suas anotações é se assegurar de que você entenda tudo. Mas há outra consequência importante da boa organização: ela torna o conteúdo muito mais fácil de memorizar.

Uma boa organização ajuda a memória

Um experimento clássico ilustra a importância da boa organização para a memória. Foi dito a um grupo de pessoas que elas veriam 26 palavras que deveriam tentar decorar. Metade dos participantes viu as palavras organizadas de forma lógica, como um diagrama de árvore, similar à figura a seguir.

```
                    VERTEBRADOS
                   /            \
          SANGUE QUENTE      SANGUE FRIO
          /        \          /        \
    MAMÍFEROS    AVES      PEIXES     RÉPTEIS
      Leão      Falcão     Salmão      Cobra
      Vaca      Pardal    Barrigudinho Crocodilo
      Baleia    Papagaio   Tubarão     Camaleão
```

A outra metade dos participantes viu o mesmo conjunto de palavras, também organizado em árvore, mas com as posições trocadas para que a organização não fizesse sentido.

Todos foram instruídos a decorar as palavras sem se preocupar com a organização delas. Ainda assim, aqueles que viram a versão organizada lembraram de 65% dos termos, ao passo que aqueles que viram a versão desorganizada decoraram apenas 18%. **A organização cria ligações entre os componentes do que você está tentando memorizar**.

Aqui está outro exemplo. Imagine que eu pedisse a você que decorasse esta lista de palavras:

Maçã, ursos, cachorros, primeiro, folhas, macho, depois, telefone, pilotos, fumar

A tarefa seria muito mais fácil se você as organizasse em uma frase, mesmo que não fizesse muito sentido.

Primeiro, cachorros fumam folhas de maçã; depois, pilotos telefonam para ursos machos.

Se você conseguir se lembrar de "pilotos", isso já é uma pista para o que os pilotos fazem: telefonar. E, se você se lembrar disso, tem uma pista que vai levá-lo para quem eles telefonam: ursos. E por aí vai.

Se reorganizar as anotações depois da aula é uma ótima ideia, então por que ninguém faz isso? Em parte, porque a evolução nos deixou parciais em relação ao que é digno de atenção. O cérebro pensa que você deve se dedicar a assuntos novos. Coisas conhecidas são seguras – se não foram uma ameaça no passado, é provável que não sejam no futuro. Assim, **não vemos necessidade de prestar atenção no que já sabemos**. Sabemos o que é a coisa conhecida e temos consciência de que ela não nos fará mal; portanto, nosso cérebro quer seguir adiante. É por isso que você logo fica impaciente quando olha as anotações da aula que teve mais cedo. "Sim, sim", você pensa, "sei disso tudo". Seu cérebro lhe diz para ir atrás de novas informações. Mas nesse caso os alunos se beneficiariam de não dar ouvidos ao impulso cerebral de buscar o que é novo.

QUANDO FOR REORGANIZAR SUAS ANOTAÇÕES

O que o seu cérebro vai fazer: Concluir que não há motivo para revisar e reorganizar suas notas, pois o conteúdo parece familiar.

Como ser mais esperto que o seu cérebro: Ignore-o; você sabe que tanto o conteúdo quanto a organização das anotações estão incompletos.

Muitas vezes, as pessoas consideram reorganizar as anotações uma perda de tempo; parece uma introdução ao trabalho real, que é estudar. Mas **reorganizar suas notas não apenas facilita o estudo. O processo de reorganização em si já é estudar.** Reorganizar força você a manipular informações e pensar sobre o significado delas. E, como vimos no capítulo 3, você se lembra do que pensa.

Mas como é que você deve reorganizar suas notas? Vamos dar uma olhada.

DICA 21

Encontre conexões entre elementos das duas anotações

No capítulo 1, ressaltei a possibilidade de você não perceber a estrutura profunda de uma aula enquanto a estiver ouvindo; ideias que têm alguma conexão (B foi causado por A, ou A é um exemplo de B) podem ser apresentadas em momentos diferentes, e você talvez não perceba a relação entre elas mesmo que a esteja procurando. Neste capítulo, destaquei que valorizar a organização do material não apenas é essencial para entendê-lo por completo, mas também ajuda a memorizá-lo. Você deve se certificar de que captou todos os aspectos dessa organização. **O melhor jeito de fazer isso é recriar de forma explícita a estrutura lógica da aula.**

Tipicamente, essa estrutura cria uma hierarquia: o tópico principal da aula com três a sete subtópicos, cada qual com evidências que o apoiam. Por exemplo, em uma aula com o tema "O mito do Oeste norte-americano surgiu no fim do século XIX" há três subtópicos principais, cada um correspondendo a uma falsa crença dos estadunidenses do Leste: (1) eles viam o Oeste como uma terra estrangeira, apesar de ter grandes vínculos comerciais e de comunicação com o Leste; (2) pensavam que a população do Oeste era majoritariamente branca, apesar de a imigração lá ter sido bastante diversa e (3) acreditavam que o Oeste tinha sido construído por indivíduos inabaláveis sem o apoio das cidades, da eletricidade ou da indústria, sendo que as três desempenharam um papel importante na região. Cada subtópico tem exemplos, referências às conclusões tiradas de outras aulas, explicações, etc.

É uma boa ideia **desenhar um diagrama de árvore** em vez de só pensar sobre a organização. Tentar visualizar tudo mentalmente pode ser desgastante – é informação demais, e você vai esquecer fatos e se confundir. Coloque a ideia no papel ou no computador usando caixas para representar afirmações como "O mito do Oeste norte-americano surgiu no fim do século XIX". Use linhas para conectar frases relacionadas. Por exemplo, a afirmação "Pensavam que a população do Oeste era majoritariamente branca" está conectada à anterior ("O mito do Oeste norte-americano surgiu no fim do século XIX"), pois é um exemplo do tema mais amplo.

Recomendo que você pense em duas coisas quando estiver tentando organizar as caixas e linhas que vão compor uma hierarquia desse tipo. Primeiro, **as frases nas caixas devem ser específicas**. Por exemplo, o tema da aula não é "O Oeste norte-americano"; é muito mais específico. As pessoas tendem a recorrer a generalizações quando aprendem algo novo, em parte porque se sentem mais seguras sendo vagas. Por exemplo, se eu peço a meus alunos que façam um resumo de um artigo, muitas vezes a primeira coisa que eles escrevem é "Introdução". Pela minha experiência, os alunos acham que generalidades soam mais acadêmicas, mais eruditas. Na verdade, é o contrário. Seu professor vai apresentar o conteúdo com um ponto de vista específico. Você não vai receber uma série de fatos desconexos, mas uma cadeia de argumentos que leva a uma conclusão.

Em segundo lugar, quando elaborar a hierarquia, **especifique por que está conectando certas frases**. Recomendo que você rotule as linhas que conectam as caixas. Algumas conexões típicas seriam:

- Evidência
- Exemplo
- Aprofundamento
- Causa
- Consequência lógica

Reorganizar suas anotações tem ainda mais uma vantagem. Pode ser difícil enxergar as conexões entre as aulas de um professor e as leituras adicionais. Como mencionei no capítulo 1, em geral, os professores querem encontrar um equilíbrio entre oferecer um conteúdo totalmente inédito (o que pode confundir os alunos) e reafirmar o que está nas leituras (o que pode parecer inútil e tedioso). Assim, costuma haver uma sobreposição, mas só até certo ponto. Depois que terminar de reorganizar suas notas, você terá uma visão panorâmica da aula; essa é a hora de **refletir sobre qual é a relação da aula com as leituras**. (Falarei sobre como aproveitar ao máximo as leituras – e sobre como fazer anotações sobre elas – no capítulo 5.)

Em uma frase: Você tentou entender como as ideias de uma aula estavam organizadas enquanto fazia anotações, mas é provável que esse esforço não tenha sido o bastante; depois da aula, desenhe um diagrama que ilustre como as ideias principais da aula se relacionam umas com as outras.

DICA 22

Procure falhas nas suas anotações

Após elaborar um diagrama de árvore para representar a lógica da aula, você estará mais preparado para **identificar o que está faltando nas suas anotações**. É óbvio que é melhor tentar lembrar as partes que faltam o quanto antes. O ideal, então, é reorganizar as notas no mesmo dia em que as fizer.

As lacunas que você deve identificar podem ser divididas em duas categorias: **fatos** e **conexões**. Durante a aula, você já terá feito algumas anotações para si mesmo quando tiver perdido algo que o professor falou ou não tiver compreendido a conclusão de uma explicação longa. Você não vai saber tudo o que perdeu, mas isso já é um começo.

Elaborar o diagrama da aula pode evidenciar outras informações que faltam. Por exemplo, talvez você tenha registrado um fato nas anotações, mas não faça ideia do motivo por que ele foi mencionado – está ilhado, desconectado de todo o resto. No meio de uma aula sobre o profeta Elias, uma passagem da Bíblia, está a definição de um "uádi", junto com uma explicação de como um uádi é formado. Você prontamente a anotou, mas não sabe por que o professor mencionou isso.

Além de conexões, procure conteúdos ausentes. Se suas anotações disserem "5 tipos de mapa normalmente usados p/ agrimensura", seria bom ter os cinco listados, e não apenas quatro. Procure, também, o número de argumentos de apoio para generalizações feitas pelo professor. Imagine que suas notas digam: "Queda do Império Romano freq. datada 476 pq imperador deposto – FALSO. Vida cult. e econ. cont." Tudo bem, a vida cultural e econômica continuou após a deposição do imperador. Mas isso é só uma das evidências de que estabelecer o ano 476 como o da Queda do Império Romano é incorreto. Você deve suspeitar das suas anotações se elas citarem apenas uma fonte de apoio para uma declaração tão ampla; é provável que o professor tenha apresentado outras.

Escreva perguntas sobre suas anotações em notas adesivas e as cole de forma que sobressaiam nas páginas do caderno. Antes, sugeri que você escrevesse em página sim, página não (veja a dica 10). O objetivo é ter bastante espaço em branco para acrescentar as informações que faltarem perto de onde elas estavam na aula – informações que você pode obter depois de responder às perguntas nas notas adesivas.

Se tiver feito anotações digitais, você pode escrever suas perguntas diretamente nelas, bem onde percebeu que faltava algo. Para fazer com que seja mais fácil encontrá-las depois, adicione as letras PV ao fim de cada pergunta, pois assim poderá apenas buscar PV no arquivo. (PV representa "por vir", mas também é usado porque essa sequência de letras aparece em poucas palavras e, portanto, é fácil de pesquisar. Escolha outro par de letras se estiver estudando sobre o Partido Verde.)

Como obter respostas para essas perguntas? As leituras recomendadas pelo professor podem ser uma fonte, mas ele próprio talvez mencione detalhes que não aparecem nesses textos. **Cuidado com fontes não recomendadas pelo professor**, pois pode ser que não haja um consenso sobre os "fatos" que você está procurando. A definição de *músculo psoas* será igual em quase todas as fontes, mas as respostas para "Por que o ano 476 é a data incorreta para a Queda do Império Romano?" não serão.

Seu próximo passo deve ser consultar outras pessoas que fizeram anotações durante a aula. Se estiver preocupado sobre como falar com seus colegas, continue lendo.

> *Em uma frase:* Utilize a organização da aula que deduziu para identificar o que falta em suas anotações, tanto fatos quanto conexões.

DICA 23

Pense em fazer anotações como um esporte em equipe

Imagino que seja óbvio que um grupo de estudos pode ser útil para aprimorar suas anotações: você pode **comparar a organização** que determinou (veja a dica 21) com as dos outros e decidir se pode melhorar a sua. Você também pode **preencher lacunas factuais** que identificou nas suas notas (veja a dica 22). Em uma aula, cada aluno pode perder 50% do conteúdo, mas cada um vai deixar passar coisas diferentes. Aqui estão algumas dicas sobre como organizar um grupo de estudos.

Encontros semanais costumam fazer sentido, pois uma semana de aulas gera um volume de anotações que pode ser abordado em uma única sessão de estudos. Além disso, se tentarem ir marcando as reuniões conforme o necessário, pode ser difícil encontrar um horário em que todos possam se encontrar.

Três a seis pessoas é um bom tamanho para um grupo. O ideal é que haja alguma diversidade de perspectivas, mas, com um número muito grande de participantes, você talvez observe o que os psicólogos chamam de "difusão de responsabilidade". Isso acontece quando as pessoas não fazem o que deve ser feito porque, como o grupo é grande, acham que o outro vai se encarregar daquilo.

Identificar possíveis integrantes do grupo é fácil se você já conhece alguns colegas de turma. Se não, há algumas opções. Você pode, é claro, simplesmente abordar pessoas, ou talvez haja uma lousa eletrônica na qual a turma possa escrever mensagens para angariar interesse em um grupo de estudos. Também pode pedir ao professor que anuncie que os interessados devem permanecer em sala alguns minutos após a aula para organizar o grupo.

Identificar pessoas com as quais você *goste* de trabalhar é outra questão, e é claro que alguns indivíduos funcionam melhor que outros em conjunto. Quando o assunto é integrantes do grupo que não cumprem os compromissos (não aparecem, não se preparam ou ignoram os recados), a preguiça é bem pior que a incompetência. As pessoas perdoam quem não contribui muito, mas parece estar se esforçando. Mas, se alguém der a impressão de que simplesmente não se importa, costuma haver ressentimento.

A melhor forma de lidar com essa questão é **falar sobre as responsabilidades dos integrantes logo no início**. Estabeleça algumas regras básicas a respeito de expectativas: com que frequência o grupo vai se reunir, que tipo de preparação todos devem fazer, se é permitido usar o celular durante os encontros, quem vai liderar e assim por diante. Se essa conversa ocorrer na primeira reunião do grupo, uma pessoa ou outra pode revirar os olhos, pensando "Isso parece um pouco intenso". Talvez seja (e é claro que você pode levantar essas questões de uma forma amigável), mas cada indivíduo pode ter expectativas muito diferentes sobre como um grupo desses deve funcionar, e explicar essas expectativas desde o começo vai facilitar muito o trabalho de todos.

Já comentei que faltar a uma aula mas "pegar as anotações" não substitui a presença em sala. As notas que você vai ler são pistas para a memória que alguém criou para uso próprio. Mas seu instinto de que ver as anotações de outra pessoa é melhor que nada está correto. E pegar as anotações de três pessoas é melhor que de um colega só.

Assim, não torne esse esquema algo permanente. Em outras palavras, **não divida as tarefas de aula entre os membros do grupo, que compartilham seus esforços**. Pense no trabalho do grupo como algo que vai melhorar seu raciocínio, e não reduzir sua carga de trabalho. Fazer resumos não é um recurso que possibilita o verdadeiro trabalho, que, nesse caso, seria estudar. Fazer resumos *é* estudar – é uma tarefa cognitiva que vai ajudar você a entender e recordar o conteúdo da disciplina. Conseguir o resumo de outra pessoa não requer esforço mental da sua parte e não vai render o mesmo benefício para o seu cérebro.

> *Em uma frase:* Encontre ou crie um grupo de estudos para ajudar a preencher lacunas em suas anotações e ajuste a organização dessa equipe.

DICA 24

Quando for pedir ajuda com suas anotações ao professor, faça perguntas incisivas

Já sugeri que você não apenas compareça às aulas, ouça com atenção e trabalhe duro para fazer boas anotações, mas também que as reorganize (no mesmo dia, se possível) *e* as revise e aprimore ainda mais com a contribuição de outras pessoas. Apesar de todo esse esforço, pode ser que você ainda se encontre com dúvidas em alguns pontos. Essa é a hora de falar com o professor. Essa perspectiva deixa alguns alunos nervosos, e é verdade que alguns professores são mais acolhedores que outros. Todos nós temos a obrigação de dizer algo como "Caso tenham dúvidas, podem me procurar a qualquer hora!", mas parece que para alguns docentes só falta uma placa pendurada no pescoço dizendo "Me deixe em paz". Aqui está como apaziguar um professor rabugento se precisar fazer perguntas.

O segredo é a preparação. Imagine que eu tenha acabado de gastar 45 minutos dando uma aula sobre a retina, e você vem à minha sala e diz "Então... sobre a retina. Eu não entendi nada". Isso é meio deprimente para mim, pois tenho a impressão de que você não se esforçou nem um pouco para assimilar o conteúdo. **Perguntas específicas** mostram ao professor que você está fazendo a sua parte para aprender. Esteja pronto para (de forma sucinta) **explicar ao professor o que você entendeu** e quais partes não conseguiu assimilar. Lembra quando eu disse que, se alguém no seu grupo de estudos tivesse dificuldades, você não se incomodaria contanto que a pessoa estivesse se esforçando? Professores se sentem da mesma forma – e provavelmente com ainda mais intensidade.

Os alunos às vezes fazem perguntas ao professor não porque precisam mesmo de ajuda, mas porque acham que isso causa uma boa impressão – estão mostrando interesse! Outros aparecem só para conversar sobre assuntos não relacionados à matéria ou para fazer algum elogio às nossas aulas.

Esses alunos não estão completamente errados. É útil fazer o professor gostar de você. Mas, **se for bajular o professor, faça isso sendo um estu-**

dante exemplar. Seja o aluno que carrega um caderno organizadíssimo, com um monte de notas adesivas saindo pela borda, cada qual com uma pergunta sobre o conteúdo da disciplina. Ou apareça com uma série de perguntas sobre oportunidades de carreira na nossa área de atuação. Mesmo que suspeitemos de que você está querendo aparecer, pelo menos está aparecendo da forma certa. Não vamos aumentar sua nota só por gostar de você, mas, se algo der errado e você precisar de um prazo mais longo ou se mais tarde precisar de uma carta de referência, vai ser bom se nossa principal lembrança for o seu empenho.

> *Em uma frase:* Se você ficar sem graça de pedir ajuda ao professor para preencher as lacunas em suas anotações, vá preparado para descrever o que *conseguiu* entender; estar bem preparado é a forma mais certeira de ganhar a boa vontade do professor.

DICA 25 (OPCIONAL)
Embeleze suas anotações

De acordo com as redes sociais, a forma mais comum de os estudantes revisarem suas anotações é reescrevendo-as ou embelezando-as para que fiquem mais atraentes. Se pesquisar no YouTube, no Tumblr ou no Pinterest, você encontrará milhares de postagens (algumas delas com milhões de visualizações) dedicadas a técnicas para tornar anotações de aula mais elegantes. Fontes bonitas, bordas de página, divisores de seção atraentes, caixas para desenhar ao redor de cabeçalhos – a energia e a criatividade que as pessoas dedicam a essa tarefa é impressionante. Mas isso ajuda a aprender?

De um ponto de vista cognitivo, é de imaginar que **o ato de copiar em si não contribui em nada para melhorar sua compreensão ou memória**. No capítulo 2, mencionei que tentar fazer anotações que capturem uma aula palavra por palavra pode levar a um entendimento raso; as palavras vão direto do ouvido para a caneta, por assim dizer. Esse mesmo princípio pode valer para o ato de copiar as anotações; você reescreve as palavras sem pensar sobre o que querem dizer, sendo que pensar sobre o significado delas é o que ajuda a memória. Meus alunos que gostam de copiar me dizem que acham que essa prática ajuda a memória, e é provável que isso se deva ao fato de que eles *pensam* sobre o significado do que estão copiando enquanto copiam. Mas copiar não é tão eficiente quanto os métodos de aprendizado que vamos examinar no capítulo 6.

Você pode combinar o ato de copiar/embelezar suas notas com a reorganização que recomendei na dica 21. Acredito que aqueles que gostam desse processo diriam que ter anotações bonitas os deixa mais interessados em (ou pelo menos mais dispostos a) estudar depois. Devo repetir que não conheço qualquer estudo científico sobre esse assunto. Então, se você sentir que desenhar bordas e caixas e usar cabeçalhos coloridos o ajuda, não vou dizer o contrário. Mas esteja ciente de que apenas reescrever não vai auxiliar sua memória ou sua compreensão; o benefício vem de outros processos cognitivos que você desempenha enquanto copia, e existem formas mais diretas e confiáveis de desencadear esses processos.

> *Em uma frase:* Embelezar suas notas não vai melhorar sua compreensão ou sua memória; mas, se você gosta do processo ou do resultado, não há mal algum em fazê-lo.

PARA PROFESSORES

Você tem ciência de que as anotações dos seus alunos não são perfeitas, mas também sabe que eles vão ficar relutantes em revisá-las da forma que estou sugerindo. Como pode ajudar?

Uma medida óbvia é alertar os estudantes para esse problema. A maioria não percebe como as anotações que faz são incompletas, então passe 15 minutos de aula mostrando o problema. Você pode começar com um questionário – valendo poucos pontos – durante o qual os alunos podem consultar o que anotaram e no qual todas as questões venham de uma única aula. Quando eles perceberem que as anotações que fizeram estão incompletas, descreva os métodos deste capítulo próprios para tratar o problema. Pense também em fazer testes desse tipo com frequência, para motivar seus alunos a manter as anotações completas e atualizadas.

Você pode facilitar a criação de grupos de estudo anunciando que aqueles interessados nessa estratégia podem ficar em sala alguns minutos após a aula para tratar do assunto. Isso é fácil para você, mas deixa de fora os alunos que não podem permanecer mais tempo ou que faltaram à aula esse dia. Mandar um e-mail para todos é um método mais seguro. Você pode coletar os nomes dos interessados e mandar essa lista para a turma.

Mas, se você sabe que as anotações dos seus alunos estão incompletas, não deveria fazer algo para se assegurar de que eles aprendam todo o conteúdo? Não creio que haja uma resposta correta para essa questão; cada opção tem vantagens e desvantagens, como listei na tabela a seguir.

POSSÍVEL SOLUÇÃO	VANTAGEM	DESVANTAGEM
Não fazer nada.	É fácil para você. Na verdade, a maioria das escolas não espera que você dê qualquer apoio em relação às anotações, pois a maior parte das pessoas não percebe que esse é um problema.	Alguns alunos não aprendem tanto quanto poderiam. Isso privilegia os estudantes que escrevem rápido e já têm alguma familiaridade com o conteúdo.
Se houver aulas de revisão/monitoria, usá-las para esclarecer o conteúdo e responder perguntas.	Fácil para você. Você obtém feedbacks dos monitores sobre a confusão dos alunos.	Sessões de monitoria poderiam ser usadas para outras coisas, como debates ou aplicação de ideias.

POSSÍVEL SOLUÇÃO	VANTAGEM	DESVANTAGEM
Contar com um livro didático ou outros textos para preencher as lacunas.	Os alunos se sentem confiantes por terem materiais escritos que sirvam como um plano B.	Como há certa sobreposição de conteúdo entre as aulas e os textos, os alunos podem se sentir entediados nas aulas, e estudantes desmotivados podem faltar.
Responder perguntas sobre o conteúdo em um fórum on-line.	Você obtém feedback sobre o nível de compreensão dos alunos e assegura que eles entendam o conteúdo.	Requer um investimento de tempo da sua parte.

Se as anotações dos alunos são tão incompletas, talvez não devêssemos nos planejar para que aprendam em sala de aula, onde só têm uma chance de entender. Talvez a maior parte do aprendizado deva ocorrer por meio de leituras ou vídeos que os estudantes possam rever quantas vezes quiserem. Isso não reduziria ou eliminaria as lacunas nas anotações (e na compreensão da matéria)?

Muitos professores universitários foram apresentados a esse método durante a pandemia de covid-19. Tivemos que gravar as aulas, pois muitos de nossos alunos estavam em fusos horários diferentes, então dar aulas ao vivo era impraticável. Alguns estudantes se saíram bem nesse esquema, mas a maioria teve bastante dificuldade em encontrar motivação para assistir aos vídeos.

Naturalmente, isso não foi um teste justo do método, uma vez que os alunos estavam sob muito estresse. Mas essa não foi a primeira vez que as aulas gravadas foram testadas. Esse método foi bastante impulsionado por volta de 2010, com o argumento de que, se aprendessem o conteúdo básico em casa, por meio de vídeos, os alunos poderiam resolver exercícios ou realizar discussões em sala, onde haveria o professor para ajudar. Mas naquela época, assim como na pandemia de 2020-2021, muitos alunos não assistiam aos vídeos.

Parece que os estudantes querem alguém para explicar o conteúdo ao vivo, apesar do desafio de anotar durante uma aula. Precisamos dar nosso melhor para lidar com as insuficiências das anotações dos alunos.

Resumo para professores

- Use as dicas dos capítulos 1 e 2 para se assegurar de que seus alunos captem a organização da aula e o maior número de fatos possível.
- Fale para seus alunos que é provável que as anotações deles estejam incompletas e desorganizadas; eles não vão se sentir motivados a melhorá-las se não perceberem o problema. Pense em aplicar questionários valendo poucos pontos, com consulta, para esse propósito.
- Facilite a formação de grupos de estudo.
- Reflita com cuidado sobre como, e se, você vai suplementar as notas dos estudantes após as aulas; há vantagens e desvantagens para cada escolha.

CAPÍTULO 5

Como ler livros difíceis

Livros didáticos são difíceis de ler por uma razão aparentemente óbvia. O conteúdo é denso; há muita informação compactada em relativamente poucas palavras. Os autores muitas vezes se veem obrigados a passar um entendimento amplo e completo do tópico, em vez de tecer uma história interessante a partir de detalhes escolhidos com esse propósito. Mesmo que um livro seja tedioso, os professores não deixam de exigir sua leitura. Isso é visto como algo lamentável, porém inevitável.

Mas existe um motivo mais sutil para a dificuldade de se manter envolvido na leitura de um livro didático. Para descobrir qual é, leia este parágrafo – que poderia ser encontrado em uma apostila típica do ensino médio.

O Projeto Manhattan foi a tentativa dos Estados Unidos de produzir uma arma nuclear e a maior iniciativa de construção na história da ciência. Devido à sua natureza delicada, grandes esforços foram feitos para manter o projeto em segredo. Cientistas famosos viajavam sob pseudônimos; Enrico Fermi era conhecido como Henry Farmer, por exemplo. E todas as conversas por telefone nos locais de teste eram monitoradas. Apesar disso, os historiadores concordam que teria sido impossível mantê-lo secreto, não fosse pelo fato de o projeto ser relativamente pequeno.

Percebeu que a última frase contradisse a primeira? Inserir um erro ou uma contradição em um texto e ver se os leitores notam é uma técnica comum em pesquisas para avaliar a compreensão. Pede-se que os leitores julguem quão bem escrito é cada um dos textos e expliquem sua opinião.

É *muito* provável que eles percebam uma palavra que não conhecem ou um erro de gramática em uma frase. Mas são **muito menos propensos a notar quando duas frases se contradizem**. Quarenta por cento dos secundaristas não perceberam a contradição no trecho citado. Em outras palavras, pelo simples fato de compreenderem o significado isolado de cada frase os leitores acham que já estão fazendo seu trabalho.

Coordenar o sentido de várias frases é crucial para a compreensão da leitura, pois as sentenças podem ter significados bem diferentes dependendo do contexto. Por exemplo, pensemos em uma frase simples, "Maxim acenou", em contextos diferentes:

Ann entrou na pizzaria procurando os amigos. Maxim acenou.

O barco circundou os escombros lentamente, procurando sobreviventes. Maxim acenou.

"Ah, meu Deus, é o meu marido!", sussurrou Kate. "Não faça nada que possa atrair a atenção dele!" Maxim acenou.

De certa forma, a frase "Maxim acenou" sempre quer dizer a mesma coisa – Maxim realizando fisicamente um aceno –, mas o significado mais importante, o *porquê* do aceno e as prováveis consequências dessa ação, é bem diferente, e só pode ser reconhecido quando se interpreta a frase à luz do que já foi lido.

No capítulo 1, afirmei que as aulas são difíceis de entender porque tendem a ser organizadas de forma hierárquica e, portanto, ideias relacionadas podem ser apresentadas em momentos diferentes. Também disse que não dá para se beneficiar de uma aula se você apenas ficar sentado como se fosse um espectador de cinema, pronto para assistir a um filme, esperando uma história divertida. O problema é que temos a tendência de fazer exatamente isso.

A mesma questão se aplica à leitura de livros didáticos. Os autores organizam o conteúdo de modo hierárquico, então **muitas vezes precisamos conectar o que estamos lendo com algo que vimos páginas antes**.

Mas os leitores, assim como os ouvintes, esperam um formato simples. Nosso primeiro contato com a leitura é através de livros de contos ou historinhas, que são fáceis de entender porque costumam ter uma estrutura descomplicada e linear: A causa B, que causa C, e assim por diante. Livros didáticos são mais como aulas, pois têm um formato hierárquico e um conteúdo desafiador. No entanto, assim como temos tendência de nos sentarmos para assistir a uma aula e esperarmos que o professor nos divirta, também nos sentamos para ler um livro didático e esperamos que o autor facilite nosso trabalho. Mas, para ler esse tipo de conteúdo, é necessária uma abordagem diferente.

QUANDO VOCÊ ESTIVER APRENDENDO POR MEIO DA LEITURA
O que o seu cérebro vai fazer: Ler da mesma forma que lê por prazer, pois é o jeito com que você está acostumado e não é óbvio que não vai funcionar. Você lerá fazendo o mínimo de esforço para coordenar ideias, confiando que o autor vai deixar as conexões explícitas e fáceis de compreender.
Como ser mais esperto que o seu cérebro: Use estratégias especializadas para a compreensão, que sejam adequadas tanto ao material que você está lendo quanto aos objetivos da leitura.

Aprender lendo é um desafio e tanto, mas, com algumas estratégias na manga, você pode ter muito mais sucesso em conectar as ideias da forma que o autor esperava.

DICA 26

Não faça o que a maioria das pessoas faz: apenas ler e destacar trechos com marca-texto

Vamos começar com a tática que as pessoas mais costumam usar para ler com a intenção de aprender. Elas abrem o livro e começam a leitura. Quando algo parece importante, destacam a palavra ou o trecho com um marca-texto. Acham que isso vai ajudar a memorizar a informação e criar um guia de estudos pronto para uso. Mais tarde, elas acreditam, podem refrescar a memória relendo o que destacaram.

É um péssimo plano, porque não dá conta do hábito que as pessoas têm de não conseguir concatenar o significado de múltiplas frases ou parágrafos. Como você pode ter certeza de que está marcando as informações mais importantes se, para começo de conversa, a sua compreensão é incompleta? Além do mais, mesmo que entenda tudo muito bem, como pode garantir que tem a capacidade de julgar o que é suficientemente relevante para ser destacado enquanto lê *pela primeira vez* sobre um assunto que não conhece a fundo?

Ambos os problemas – não entender tão bem quanto acha e julgar mal a importância de certos trechos – indicam que **as pessoas não marcam as informações mais importantes**. Pesquisadores testaram essa hipótese com um método simples e sagaz. Foram a uma livraria de uma faculdade e compraram 10 cópias usadas dos livros didáticos de três disciplinas. Se encontrar as partes mais relevantes do conteúdo fosse fácil, todos os estudantes deveriam ter marcado as mesmas partes. Mas os pesquisadores encontraram poucas semelhanças entre os trechos destacados. É por isso que uso negrito nos pontos importantes deste livro; já fiz a marcação para você.

Por favor, tenha em mente que esse conselho não significa dizer "Nunca use um marca-texto". **Destacar trechos pode ser bom se você já tiver um bom conhecimento sobre o assunto da leitura.** Se você for um consultor político há 20 anos e estiver lendo um relatório sobre uma campanha eleitoral recém-concluída, seu conhecimento profundo sobre o tema fará com que leia o documento com boa compreensão e o tornará um bom árbitro de quais informações são importantes.

Um universitário lendo o mesmo relatório como parte de uma disciplina de ciências políticas não tem o conhecimento de base necessário. Além disso, há mais um motivo pelo qual o consultor político lê o documento com melhor compreensão: ele sabe o que esperar. Sabe o tipo de informação que um relatório desse tipo costuma conter e a função que o texto deve cumprir. O novato, não.

Se você tiver alguma ideia, por mais vaga que seja, do que esperar da leitura, isso vai fazer com que leia de forma diferente. Você vai perceber e memorizar detalhes diferentes, por exemplo. Um capítulo sobre o Projeto Genoma Humano, uma tentativa de mapear todos os genes do DNA da nossa espécie, poderia se concentrar em qualquer um dos vários aspectos de um assunto tão complexo. Poderia descrever os benefícios econômicos esperados para a indústria farmacêutica ou o impacto do projeto na terapia genética, ou até detalhar as implicações políticas de o governo financiar um projeto desse tamanho. Saber o objetivo do autor antes de começar a leitura nos ajuda a avaliar quais ideias no capítulo são mais relevantes.

Portanto, a marcação não é a única falha no método "apenas ler e marcar". "Apenas ler" também não é uma boa estratégia, porque **não se deve simplesmente mergulhar em um texto sem qualquer preparação.**

Agora, vamos falar sobre o que você *deve* fazer.

> *Em uma frase:* Ir lendo e marcando o texto é uma estratégia ruim, porque não oferece uma estrutura para que você compreenda o texto antes de ler e o leva a decidir quais partes do conteúdo são mais importantes sem ter qualquer base para esse julgamento.

DICA 27

Empregue uma estratégia de leitura que seja adequada ao seu objetivo

A dica 26 ressaltou o fato de que não se pode apenas começar a ler; isso é comparável a assistir a uma aula como se fosse um filme. Você deve contribuir com o processo, em vez de simplesmente esperar que o autor o instigue. Ao mesmo tempo, o conselho de "ler de modo ativo" é quase inútil. Você pode levar a sério o objetivo de "pensar enquanto lê e conectar as ideias", mas a atenção se desvia com muita facilidade.

A solução é **estabelecer uma tarefa concreta para completar enquanto lê**. A mais conhecida se chama SQ3R, que existe em várias versões desde os anos 1940. SQ3R é um acrônimo em inglês para os seguintes passos:

Examinar (*survey*): Passe os olhos pelo texto, vendo títulos, subtítulos e imagens. Obtenha uma ideia básica do assunto. Assim você pode determinar, por exemplo, se um artigo sobre o Projeto Genoma Humano enfoca as consequências econômicas do projeto, e não as implicações éticas de sequenciar nosso DNA.

Questionar (*question*): Antes de ler, faça perguntas que você espera que o texto responda. Títulos são especialmente úteis para isso. Por exemplo, se vir um título como "A contribuição de Marr para a filosofia da ciência", a pergunta óbvia a se fazer é "Qual foi a contribuição de Marr para a filosofia da ciência?".

Ler (*read*): Tendo em mente a ideia básica que você desenvolveu no primeiro passo, é hora de ler para valer. E agora você tem uma tarefa concreta: encontrar informações que respondam às perguntas que fez.

Recitar (*recite*): Ao fim de cada seção, recite o que aprendeu como se estivesse contando a alguém. Faça um resumo e decida se ele responde a cada uma das suas perguntas.

Revisar (*review*): Revisar deve ser um processo contínuo, em que você revisita o conteúdo com foco especial nas perguntas feitas e nas respostas descobertas.

Pesquisas comprovam que o método SQ3R melhora a compreensão, e é fácil entender o motivo. Já expliquei por que não se deve mergulhar de cara em uma leitura – se, em primeiro lugar, você refletir sobre o que é o texto e por que o está lendo, vai ler de outra forma. As partes de "examinar" e "questionar" do SQ3R ajudam a fazer exatamente isso. Também destaquei que é essencial conectar o significado de diferentes frases, e ler com as perguntas em mente também ajuda com isso.

A parte de "recitar" deve ajudar você a concatenar seus pensamentos e reter o conteúdo. Além disso, serve para checar sua compreensão. Lembre-se: é fácil se enganar e pensar que entendeu algo. Recitar ajuda a avaliar melhor seu entendimento.

O método SQ3R tem uma desvantagem: você pode entrar no modo de "apenas ler" sem pensar muito. Aqui está um truque que pode ajudar: depois de elaborar suas perguntas (e antes de começar a ler), **cole algumas notas adesivas em branco no texto**, talvez uma ao fim de cada seção. Elas servirão como lembretes de que você deve parar, tentar resumir a parte que acabou de ler e pensar se ela responde a alguma das suas perguntas.

Além de ser útil, o SQ3R é a estratégia de leitura mais conhecida, mas existem outras, como o KWL – pensar sobre o que você "sabe" (*know*); o que "quer" (*want*) saber; e o que "aprendeu" (*learned*) – e o SOAR – "estabelecer" (*set*) objetivos, "organizar" (*organize*), "perguntar" (*ask*), "registrar" (*record*) seu progresso. Não é por acaso que a maioria das estratégias tem duas propriedades importantes em comum: elas fazem você **pensar sobre o seu objetivo antes de começar a leitura** e **conectar as partes do texto** fazendo perguntas gerais.

Se esses métodos parecerem exagerados, me permita oferecer uma alternativa com um só passo que pode ser mais fácil para começar esse tipo de trabalho. Em vez de elaborar questões com antecedência, **faça perguntas e tente respondê-las durante a leitura**, em especial questionamentos do tipo "Por quê?" em relação a fatos. Por exemplo, quando ler "O presidente dos Estados Unidos pode propor uma legislação, mas um membro do Congresso precisa apresentá-la para que ela vire uma lei", você pode perguntar "Por que um membro do Congresso precisa apresentá-la?". Questões do tipo "Por quê?" tendem a levar a princípios e conexões mais profundos – no caso do exemplo, talvez você chegue à ideia do equilíbrio entre os três poderes do governo dos Estados Unidos.

A vantagem desse método é a flexibilidade – você não se compromete com uma série de perguntas antes de começar a ler. Além disso, é fácil adaptar essa estratégia a leituras que ensinam a fazer algo, em vez de recitar um monte de fatos. Tutoriais costumam vir em etapas, então você pode perguntar "Por que esse passo vem depois?". A desvantagem desse método é que não dá para fazer uma pergunta a si mesmo toda vez que o autor mencionar um fato – isso tornaria o processo muito vagaroso –, então formular questionamentos eficazes requer alguma prática.

De novo, não há provas definitivas de que uma estratégia seja superior a outra. O que as evidências mostram é que **empregar qualquer método é melhor que ler a esmo.**

> *Em uma frase:* Boas estratégias de leitura estimulam você a pensar sobre o conteúdo, estabelecer metas concretas de aprendizado antes de ler e a conectar as ideias durante a leitura.

DICA 28

Faça anotações enquanto lê

Quando me reúno com alunos que estão tendo dificuldades, sempre peço que eles me tragam suas anotações. Todo mundo tem notas que tomou em aula, mas a maioria não escreve sobre o que anda lendo. Pesquisas confirmam o que vejo na prática. As pessoas não fazem anotações sobre suas leituras por acharem que destacar trechos com marca-texto serve ao mesmo propósito, mas já vimos por que isso não é verdade.

Tomar notas enquanto lemos funciona do mesmo jeito que fazer isso durante uma aula: **ajuda a manter a concentração na tarefa e a refrescar a memória mais tarde.**

Mas há diferenças no processo de fazer anotações enquanto se lê. A mais importante é que você, e não o professor, controla o ritmo. Você pode ler de forma acelerada ou vagarosa e revisitar partes do texto que já passaram ou dar uma espiada no que está por vir. Isso remove um dos principais problemas de usar o computador para tomar notas. Em uma aula, existe o risco de que a pressão de acompanhar a fala do professor faça você entrar no "modo ditado". Como essa questão é irrelevante durante uma leitura, eu seria bem mais propenso a **fazer anotações em um notebook**, porque isso faz com que elas sejam mais fáceis de editar do que se fossem escritas à mão, além de simplificar a busca por informações depois. É claro que talvez você tenha outros motivos para preferir o papel: não consegue resistir às redes sociais, por exemplo, ou precisa desenhar muitas figuras em suas notas. Ou só prefere o papel mesmo. A decisão é sua.

Como começar? Especificamente, como você deve se preparar para anotar? Da mesma forma que se prepara para ler: fazendo perguntas. Mas como elaborar bons questionamentos sobre um texto que ainda não foi lido? Talvez o autor dê um bom panorama nos primeiros parágrafos, ou haja perguntas no fim do texto que ofereçam alguma orientação. Ou talvez a professora – que Deus a abençoe – já tenha dito o que espera que você aprenda com a leitura. Escreva essas questões bem no alto das suas anotações, para tê-las sempre em mente enquanto lê.

Se a leitura incluir **títulos e subtítulos**, você pode escrevê-los em suas notas; eles vão servir como um esqueleto do resumo. Conforme for lendo, vá completando. **Para cada subtítulo, escreva um resumo e cerca de três outras frases.** Essas frases podem incluir, por exemplo:

- Uma classificação importante do resumo
- Um comentário sobre como essa seção se relaciona à seção principal
- Como a seção responde a alguma das perguntas que você elaborou para a leitura como um todo
- Uma implicação do resumo para alguma outra conclusão do autor

Você também deve incluir quaisquer termos novos que tiver aprendido e a definição deles. Use suas próprias palavras o máximo possível, e não as do autor; assim como nas aulas, não faz sentido copiar palavra por palavra. É necessário manipular mentalmente o material.

Enquanto avalia exatamente o que deve escrever em suas anotações, você pode **pensar sobre como vai usá-las depois**. Se o conteúdo for cair em uma avaliação, leve em consideração o fato de que existem diferentes tipos de questões de prova. Falarei mais sobre isso no capítulo 6, mas, por enquanto, considere a diferença entre perguntas de resposta curta e aquelas que pedem uma redação. Cada tipo de questão dá ênfase a um tipo de conteúdo. Um requer respostas necessariamente sucintas e, muitas vezes, envolve definições, datas ou exemplos a serem categorizados. Já as redações fazem perguntas amplas, então é bom entender temas e conexões. Se você souber que tipo de prova vai fazer, preste bastante atenção no conteúdo que for vital para ele.

Quando terminar de ler e fazer anotações, você talvez sinta alívio por se liberar do trabalho. Na verdade, não acabou ainda. **Assim que terminar a leitura, releia suas notas para ter certeza de que está satisfeito.** Você respondeu todas as perguntas que elaborou? Ainda está convencido de que eram os questionamentos corretos? Acha que suas notas estão boas o suficiente para que, mesmo que as deixe de lado por algumas semanas, ainda consiga se lembrar de tudo que aprendeu quando as reler?

Por fim – e você não precisa fazer isso neste exato momento –, se houver uma aula associada à leitura, você deve pensar sobre a relação entre elas. Se for uma dessas pessoas iluminadas que leem o texto antes da aula, pode tentar prever essa conexão. Se a aula já tiver passado, não se esqueça dessa tarefa.

> *Em uma frase:* Faça anotações sobre os pensamentos que surgirem ao empregar sua estratégia de leitura; fazer isso vai ajudar a garantir que você não acabe entrando em um modo de leitura casual, e as notas vão, é claro, ser úteis para uma revisão posterior.

DICA 29

Reserve tempo suficiente para a leitura

É difícil ler textos sobre assuntos complexos escritos por autores que não têm medo de entediar os leitores. Além do mais, você com certeza cursa várias disciplinas e também tem tarefas para fazer em casa (e talvez até mesmo um emprego). Então, se a leitura o deixar sobrecarregado, saiba que não está sozinho.

A falta de preparo de um estudante para a maioria das tarefas escolares – apresentar um trabalho, por exemplo, ou fazer uma prova – tem consequências imediatas e óbvias. Mas, em geral, o preço de não ler um texto não é pago de imediato, então essa é a tarefa que acaba sendo adiada ou abandonada.

Alguns guias de estudo sugerem que essa é uma boa ideia e apresentam métodos para o aluno decidir quais leituras negligenciar, assim como táticas para ler rapidamente os textos que resolver encarar. Vamos começar refutando alguns truques comuns que são usados para pular leituras.

Em primeiro lugar, **leitura dinâmica não existe**. Você pode levar o dedo do topo ao rodapé da página quantas vezes quiser, mas é impossível ler tão rápido. Ao longo das últimas décadas, já foram feitos diversos estudos que mostraram que aqueles que afirmam fazer leitura dinâmica só leem de maneira superficial. E, como é de esperar, ao ler um material difícil e desconhecido superficialmente, você não vai entender direito.

Em segundo lugar, se os textos incluírem recursos de aprendizado como resumos e prévias de capítulos, termos em negrito ou itálico ou questões de prova para treino, **não tente usá-los como substitutos para a leitura de todo o conteúdo**. Algo curioso sobre esses recursos é que existem evidências contundentes de que eles funcionam. As editoras pagaram pela realização de pesquisas de alta qualidade; os pesquisadores fizeram as pessoas lerem capítulos de livros didáticos (com ou sem os recursos de aprendizado) e descobriram que aquelas que usaram esses recursos entenderam e memorizaram mais que as que não usaram.

Porém os psicólogos Regan Gurung e David Daniel apontaram que os estudantes "no seu habitat natural" não vão necessariamente usar esses materiais da mesma forma que foram usados no laboratório. Gurung e Daniel sugeriram que alguns alunos aproveitam esses recursos não para suplementar a leitura, mas para evitá-la. Eles leem o resumo, veem os termos em negrito e tentam responder às questões para ver se entenderam o suficiente para pular a leitura.

É claro que todo mundo tem situações em que a agenda fica lotada ou algo inesperado acontece. Entendo que, quando o planejamento dá errado, pode ser necessário fazer uma leitura rápida e seletiva. Mas, como eu disse no início do capítulo, *planejar* não ler um texto me parece tolice. Já vi livros sobre técnicas de estudo em que o autor incentiva o leitor a adotar essa estratégia para leituras "secundárias". Adivinhar quais textos são importantes é como tentar prever a Bolsa de Valores: é provável que não compense.

Sugiro que você reserve um tempo "significativo" para ler. O que isso quer dizer, em termos práticos? Na faculdade, é comum ouvir "Três horas de preparação para cada hora em sala de aula". Uma carga horária típica de uma graduação pede 12,5 horas por semana, de modo que esse cálculo resulta em mais umas 37 horas de preparação fora da aula (ou seja, umas 5,5 horas por dia), totalizando cerca de 50 horas por semana. É bastante, mas nada ultrajante. Dito isso, as pessoas leem em velocidades diferentes, e é óbvio que alguns textos demoram mais que outros para serem lidos.

Apesar de ser difícil estimar de quanto tempo vai precisar, você deve reconhecer que a leitura vai ser sua principal fonte de aprendizado da graduação em diante. Vale a pena ler com atenção, tanto para aprender agora quanto para desenvolver as habilidades, o conhecimento e os hábitos que farão de você um leitor de sucesso no futuro.

> *Em uma frase:* Incentivei você a reconhecer que assistir a uma aula dá bastante trabalho e, agora, digo o mesmo sobre ler; certifique-se de separar um tempo para se dedicar à leitura com a atenção e o esforço mental que a tarefa exige.

PARA PROFESSORES

Os professores podem ajudar os alunos a absorver melhor o que leem. As técnicas a serem usadas podem seguir aquelas que mostrei.

Em primeiro lugar, nem os leitores medianos veem necessidade de melhorar. Então, você pode pensar em fazer uma demonstração como aquela do começo do capítulo, que usava o trecho sobre o Projeto Manhattan. Pegue seis parágrafos de materiais que você não vai passar para os alunos lerem em casa, mas que estejam relacionados ao assunto da aula. Em dois dos parágrafos, reescreva uma frase de modo a contradizer algo que foi afirmado antes. Os alunos devem julgar quão bem escrito e fácil de compreender é cada parágrafo, atribuindo uma nota a ele. Colete as respostas e veja se eles perceberam as contradições.

Em segundo lugar, os alunos vão ser mais beneficiados se você demonstrar a estratégia de leitura. Dedique algum tempo de aula a exemplificar como a implementaria em um dos textos que você passou para a turma ler em casa. Melhor ainda, estenda esse exercício a várias leituras. No início, dê instruções explícitas sobre a implementação da estratégia e, depois, ofereça menos apoio e converse com os estudantes sobre como eles se saíram.

Mesmo que seus alunos sejam exímios leitores, você deve dizer a eles o objetivo de cada texto que passar. O que espera que aprendam? Como ele se relaciona a outras leituras ou outros temas da aula?

Assim que seus alunos entenderem o que é necessário para ler um texto a fundo, certifique-se de que outras regras do seu curso se alinhem com a expectativa de que eles façam esse trabalho. Se exigir leituras profundas, você deve respeitar o fato de que elas requerem tempo. É justo trocar amplitude por profundidade, então passe menos páginas.

A mensagem de que você espera que seus alunos leiam com mais profundidade também deve ser reforçada pelas suas expectativas em aulas e avaliações. Se você disser a seus alunos que quer leituras profundas, mas as discussões em sala forem superficiais, eles logo perceberão o que você *realmente* espera. Pelo que observei em minha experiência, os estudantes adoram discussões em que podem se aprofundar – estão tão acostumados a disciplinas que só exigem que absorvam informações que ficam empolgados quando sentem que entendem algo mais a fundo. É verdade que eles se empolgam menos com avaliações que pedem um entendimento mais profundo, mas esta é mais uma forma que os professores têm de comunicar a importância de ir além da simples memorização: elaborar provas que exijam análise.

Resumo para professores

- Mesmo que seus alunos sejam experientes, não presuma que eles saibam compreender textos difíceis. Você talvez tenha que ensinar estratégias de leitura.
- Se seus alunos forem presunçosos em relação às próprias habilidades, pense em uma demonstração em sala para mostrar que eles entendem menos do que pensam.
- Ensine as estratégias descritas neste capítulo, mas suponha que seus alunos vão precisar que você demonstre o processo.
- Deixe clara a importância da leitura de cada texto e explicite o que os alunos devem aprender com ela.
- Se quiser que seus alunos leiam de maneira profunda, certifique-se de que os outros aspectos do curso se alinhem a essa expectativa. Por exemplo, o número de páginas a ler deve ser razoável e as avaliações devem exigir uma compreensão profunda, e não factoides.

CAPÍTULO 6

Como estudar para provas

Este capítulo parece ser o primeiro que é realmente sobre *aprender* – isto é, memorizar as coisas. No entanto, apesar de aparentemente termos falado muito mais sobre *se preparar* para aprender que sobre o aprendizado em si, você já conheceu dois princípios poderosos da memória: que **a memória é o resíduo do pensamento** e que **a organização ajuda a memória**.

Essas ideias aparecem de novo neste capítulo, mas nós vamos usar mais um terceiro princípio: **usar a memória melhora a memória**. Se quiser cimentar algo na mente, é melhor se testar que estudar. Vejamos um típico experimento que ilustra esse fenômeno.

Pesquisadores dão o capítulo de um livro didático para um grupo de estudantes ler e estudar por uma hora. Os participantes voltam dois dias depois, recebem o mesmo capítulo e o leem e estudam mais uma vez. Depois de mais dois dias, eles retornam ao laboratório e fazem uma prova sobre o conteúdo.

Um segundo grupo de estudantes faz a mesma coisa na primeira e na terceira sessões, mas, na segunda, fazem uma prova em vez de estudar. A prova contém questões diferentes daquelas que aparecem na avaliação final, mas cobre os mesmos conceitos.

O grupo que fez a prova na segunda sessão se sai entre 10% e 15% melhor na avaliação final que aquele que só estudou.

Isso se chama **prática de lembrar** (ou *retrieval practice*, em inglês). Os pesquisadores usam esse termo para designar o processo de puxar algo de dentro da memória, e o benefício ao aprendizado vem da prática de recuperar uma lembrança. A prática de lembrar funciona com pessoas de todas as idades e para todos os assuntos, mas tem duas limitações às quais você deve se atentar.

Em primeiro lugar, **o feedback importa**. Se fizer uma prova com o objetivo de aprender, você deve saber imediatamente se acertou ou não cada questão. Se não conseguir se lembrar do conteúdo ou responder de forma incorreta, a resposta certa deve ser inserida na sua memória imediatamente. Em segundo lugar, **a prática de lembrar só funciona para o que cair na prova**. Em outras palavras, se ler um artigo sobre Pedro, o Grande, que contém, digamos, 30 fatos sobre ele, mas apenas 10 desses fatos forem cair na prova, sua memória só vai funcionar ao reforçar essas 10 informações, e não as outras vinte.

A prática de lembrar também é um bom exemplo de um método de estudo eficaz que, à primeira vista, não parece tão bom. Na introdução, apresentei uma analogia com o exercício físico: se você quer fazer várias flexões, é claro que praticar flexões simples ajuda, mas o melhor é fazer flexões bem difíceis, como aquelas em que se impulsiona do chão e bate as mãos no ar. Naturalmente, você não vai conseguir fazer tantas flexões desse tipo, então precisa ter em mente que esse é o melhor jeito de praticar a longo prazo, mesmo que seja difícil e pareça que você não está tendo muito sucesso. Seu cérebro lhe dirá para escolher exercícios que consiga realizar com mais facilidade. Este é o desafio de usar a prática de lembrar para gravar conteúdos na memória: é difícil, e você falha várias vezes. Mas é o exercício certo para você conseguir realmente memorizar as coisas.

QUANDO FOR MEMORIZAR COISAS

O que o seu cérebro vai fazer: Procurar técnicas de memorização que sejam fáceis e pareçam funcionar.

Como ser mais esperto que o seu cérebro: Aplique técnicas que gerem lembranças duradouras – organizar, pensar sobre o significado daquilo e usar a prática de lembrar –, mesmo que pareçam difíceis e menos produtivas a curto prazo.

Neste capítulo, veremos tarefas específicas que você pode atribuir a si mesmo e que fazem uso dos três princípios do aprendizado que descrevi. Começaremos analisando estratégias comuns, porém ineficazes.

DICA 30
Evite estas estratégias comuns

Dê uma olhada nesta lista de estratégias de memorização. Quantas delas você emprega?

- Repetir informações para si mesmo
- Ler suas anotações
- Reler seu livro didático
- Copiar suas anotações
- Destacar trechos das suas anotações com marca-texto
- Criar exemplos de conceitos
- Fazer resumos
- Elaborar listas de tópicos e subtópicos
- Usar fichas
- Fazer simulados de provas

Pesquisas com estudantes universitários mostram que essas são as estratégias mais usadas. Podemos avaliá-las à luz dos três princípios que discutimos:

1. A memória é o resíduo do pensamento; portanto, pensar sobre o significado ajuda.
2. A organização auxilia a memória.
3. A prática de lembrar cimenta as informações na memória.

Algumas das estratégias na lista – fazer resumos, elaborar listas de tópicos e subtópicos e criar exemplos de conceitos – parecem boas para fazer você pensar sobre o sentido do conteúdo. Outras – por exemplo, ler suas anotações, reler o livro didático e destacar trechos das suas anotações com marca-texto – não garantem que você vai refletir sobre o significado. Quando se trata da organização, fazer resumos e elaborar listas parecem táticas promissoras, mas as outras, não. E a prática de lembrar? Usar fichas certamente capitaliza esse princípio. Fazer simulados de provas está na lista, mas acaba que as pessoas não usam isso como uma forma de aprender, mas para decidir se já podem parar de estudar. (E não o fazem do jeito certo, como veremos no capítulo 7.)

Então, algumas dessas estratégias são boas, mas, infelizmente, **as menos úteis – ler as anotações e reler o livro didático – são as mais usadas.**

Não é que seja *impossível* ler suas anotações se concentrando profundamente, pensando sobre o conteúdo e fazendo conexões ao longo do processo. Mas é difícil fazer isso. De fato, experimentos demonstram que reler não costuma ajudar muito a memória. Os psicólogos Aimee Callender e Mark McDaniel pediram a estudantes universitários que lessem seções de duas mil palavras de livros didáticos ou artigos da revista *Scientific American*. Os participantes foram informados de que sua compreensão e sua memória seriam testadas mais tarde, quando teriam que responder a um questionário ou escrever um resumo. Alguns leram o texto uma vez só; outros, duas. Em geral, reler não ajudou. Mas reler é – você adivinhou – fácil. Então dá para entender por que as pessoas preferem essa estratégia.

> *Em uma frase:* As estratégias de aprendizado mais comuns não são eficazes para a memorização.

DICA 31

Tenha em mente que se preparar para o estudo *é estudar*

Incentivei você a não empregar algumas estratégias de estudo por serem um mau investimento do seu tempo; elas não se alinham aos princípios da memória que discutimos. A melhor forma de gravar informações é pensar sobre o sentido delas e conectar, com base no significado, todas as partes do conteúdo que você deve aprender. Por isso, talvez você ache que, quando listar as estratégias de estudo que *deve* usar, eu recomende que você estabeleça para si mesmo tarefas como elaborar listas de tópicos e fazer resumos.

Mas não direi isso, porque, **antes do momento em que for tentar memorizar as coisas, você *já deveria* ter pensado sobre o significado delas e organizado o material.**

Esse é o tipo de raciocínio que sugeri nos capítulos 1 a 5. Afirmei que as dicas naqueles capítulos ajudariam você a entender novos conteúdos, e é verdade. Para entender ideias, você precisa compreender como elas se organizam. E, para compreender a organização do conteúdo, tem que pensar sobre o que ele significa.

Mas me permita resgatar mais um princípio da memória, que já mencionei na introdução: **o fato de você querer ou não aprender é irrelevante**. O que importa para a memória é o trabalho mental que você faz, e não a sua expectativa de aprender através dele. Se você seguir as dicas dos capítulos 1 a 5, não importa se a sua intenção for aprender – de qualquer forma, elas vão fazer você desempenhar o tipo de atividade mental que favorece (e muito) o aprendizado, então você vai aprender.

Alunos meus que têm dificuldades não costumam fazer as coisas que descrevi nesses capítulos. Também não enxergam motivo algum para fazerem todas aquelas coisas. Não entendem que essas atividades não são apenas *preliminares* ao trabalho real de memorizar; são *parte* dele.

Alunos meus que não se dão muito bem acham que "manter o ritmo" em uma matéria da faculdade significa assistir às aulas e terminar as leituras no prazo. Só quando se preparam para uma prova é que pensam de verdade sobre o que aquele conteúdo todo significa, tentam organizá-lo e se esforçam para preencher as lacunas em seu entendimento. Isso é uma hora perigosamente tardia para encarar esse trabalho. Pior, alguns deles não trabalham na compreensão da matéria nem quando chegam a esse ponto; apenas começam a tentar decorá-la.

As atividades mentais que ajudam no entendimento são também atividades de estudo. Portanto, quando chegar a hora de fazer uma prova, é provável que as informações que você precisa entender já estejam em sua memória. Você ainda vai precisar estudar, mas terá um pontapé inicial. E ter *alguma coisa* na memória significa poder aproveitar um dos métodos de estudo mais poderosos: a prática de lembrar.

Em uma frase: As dicas nos capítulos 1 a 5 são destinadas a ajudar você a entender a fundo o que espera aprender, mas, no processo, também oferecem um excelente começo para inserir o conteúdo em sua memória e, portanto, não devem ser consideradas opcionais.

DICA 32

Prepare um guia de estudos

Recomendo que você escreva um guia de estudos em formato de "perguntas e respostas" para que possa aproveitar a prática de lembrar. Em outras palavras, esse guia vai servir como um enorme baralho de fichas de estudo. É enorme, porque o propósito não é apenas proporcionar a você uma forma eficaz de estudar, mas também garantir que tudo que precisa saber esteja reunido em um só lugar. Se elaborar seu guia de forma sistemática, nenhuma questão de prova, por mais complicada que seja, vai pegar você de surpresa. Existem três passos para criar e usar um guia desse tipo.

Passo 1: Prepare-se. Certifique-se de saber qual é a natureza da avaliação. Pergunte-se:

- Quais aulas vão cair na prova? Quais leituras?
- Recebi alguma informação sobre o percentual de questões que vão vir das aulas ou das leituras?
- Quais vão ser os formatos das questões (por exemplo, resposta curta, múltipla escolha, discursiva)?
- Quantas questões vai ter? Será que vou ter problemas com o tempo?
- Vou ter acesso a alguma informação durante a prova (por exemplo, fórmulas ou constantes em provas de ciência)?
- Vai ser permitido o uso de algum recurso? Uma calculadora? Uma folha de papel para rascunho? Vou poder pedir a alguém que esclareça questões durante a prova?

Se provas anteriores forem disponibilizadas, dê uma olhada nelas. A não ser que tenha certeza de que a prova é igual todo ano, não se preocupe muito com o conteúdo. Preste atenção nos **tipos de questão**. Elas pedem definições simples ou exigem que o aluno aplique o que aprendeu em novos contextos? Testam a compreensão de temas amplos ou a capacidade de memorizar cada detalhe, por mais insignificante que pareça? São simples e diretas ou do tipo "pegadinha"? Cada prova tem uma gama de tipos de questões, mas examinar avaliações anteriores pode lhe dar uma ideia do que é recorrente ou considerado razoável.

Toda essa preparação deve ser feita **com seu grupo de estudos**. Dessa forma, você vai poder ter confiança de que não se confundiu com as informações fornecidas pelo professor (por exemplo, o que vai cair na prova) e vai ter várias opiniões sobre as partes subjetivas (por exemplo, sobre como eram as avaliações passadas).

Passo 2: Escreva o guia de estudos. Você pode usar fichas de arquivo ou um bloco de notas, escrevendo perguntas do lado esquerdo da página e respostas do lado direito. Ou pode recorrer a uma plataforma digital feita especialmente para esse propósito. Há estudos comparando fichas digitais e de papel, e não há evidências definitivas a favor de uma ou de outra.

Analise a versão revisada das anotações que você fez em aula e durante suas leituras e escreva perguntas sobre todo o conteúdo. **Planeje aprender tudo que está nas fichas e nada mais.** O ideal é que esse recurso seja tão completo que você não precise de mais nada.

Seu foco nos *níveis de organização* das aulas e dos textos de leitura obrigatória vai compensar de novo quando você for escrever as questões. **Faça perguntas sobre diversos níveis da organização** e entre os níveis: o mais baixo da hierarquia ("Quando foi travada a Batalha de Saratoga?"), o médio ("Qual foi o papel da Batalha de Saratoga no apoio da França às colônias na Guerra de Independência?") e o mais alto ("Por que a França deu apoio à independência das colônias?"). A proporção de questões de cada nível deve variar dependendo do tipo de prova – mais baixo nível para múltipla escolha, mais alto para discursiva.

Será que é realmente possível escrever uma ficha para uma ideia de alto nível? Com certeza. Mesmo que a pergunta exata não apareça na prova, pelo menos você pensou sobre temas amplos do conteúdo. É claro que você não vai fazer uma redação no verso da sua ficha; monte apenas o esqueleto do que seria a sua resposta. Mesmo que esteja se preparando para uma prova discursiva, ainda deve incluir algumas perguntas mais simples sobre definições, datas, etc. É bom que você inclua essas coisas em sua redação, e é mais fácil memorizar tais factoides se você dedicar uma questão separada a cada um deles.

É uma boa ideia **fazer perguntas em ambas as direções** – isto é, ter uma questão pedindo a definição de um termo – por exemplo, "O que é custo de oportunidade?" – e outra que pede o termo correspondente à definição: "Qual é o nome do conceito em que escolher algo significa perder um possível ganho advindo das outras alternativas que você preteriu?" Você pode achar que decorar uma questão em uma direção quer dizer que vai automaticamente saber a resposta à pergunta oposta, mas a memória nem sempre funciona desse jeito. Se eu perguntar "Qual é a primeira palavra que vem à mente quando digo *pimenta*?", você pode responder "sal", mas há outras respostas comuns, entre elas "malagueta" e "biquinho". Mas se eu perguntar "O que acompanha a palavra *sal*?", é bem provável que você responda "pimenta". Se você estudar apenas uma direção e a pergunta for feita em outra, você tem *grandes chances* de errar a questão e ainda se indagar "Como é possível? Eu *sabia* disso!".

Em cursos técnicos, pense em exemplos dos tipos de problemas que você deve saber resolver. Estude/treine também questões discursivas que pedem justificativa, como "Por que a energia potencial é importante para este problema, mas não a cinética?". Talvez você queira acrescentar algumas perguntas que estendam o que aprendeu, por exemplo, aplicando conceitos a condições novas ou ao "mundo real". (Revisar provas anteriores pode ajudar a decidir a importância de incluir essas questões em seu guia.)

Se a prova só for incluir questões de resposta curta ou múltipla escolha, você deve se concentrar principalmente em memorizar fatos. Seu guia de estudos ainda deverá incluir questões que o **levem a conectar o significado de fatos**, não só porque podem cair na prova, mas também porque pensar sobre as conexões vai tornar tudo mais significativo e, portanto, fácil de lembrar.

Passo 3: Grave as respostas na memória. Quanto tempo leva para memorizar todo o seu guia de estudos? Depende de quanta informação ele contenha, é claro, e cada pessoa tem mais facilidade ou mais dificuldade de memorização. É muito melhor escrever o guia que não escrever, e é preferível finalizá-lo dois dias antes da prova que com apenas um dia de antecedência. Siga a partir daí – cada dia que sobrar é um dia em que você pode passar um tempinho revisando. O problema principal, então, é de *planejamento*, um assunto tão importante que dedico o capítulo 10 inteiro a ele.

Discutiremos os detalhes de como guardar as coisas no baú da memória em breve, mas, primeiro, quero fazer um alerta sobre a tentação de pegar um atalho.

Em uma frase: Faça um guia de estudos tão completo quanto possível para que não haja qualquer surpresa no dia da prova.

DICA 33

Evite materiais achados

Revisar todas as suas anotações das aulas e das leituras e criar questões para esse conteúdo todo parece muito trabalhoso. E é mesmo. É possível comprar on-line resumos e conjuntos de fichas para capítulos de livros e cursos universitários específicos. Você também pode simplesmente pegar essas coisas emprestadas de um amigo que já fez a disciplina. Além disso, é possível comprar simulados e outros materiais de preparação para testes padronizados, como exames para obtenção de certificados. Chamo tudo isso de "materiais achados": conteúdos que se apresentam como relevantes, mas não foram criados nem por você nem por quem elaborou a prova.

Recomendo fortemente que evite esses materiais a todo custo.

Em primeiro lugar, **muitas vezes materiais achados não são muito bons**. Eles contêm erros e omissões. Até materiais que vêm da editora do livro didático devem ser vistos com cautela. Raramente são escritos pelo autor, e o professor pode não ter pensado muito sobre os materiais suplementares quando escolheu o livro; se estiver pensando em usá-los, pergunte ao professor se acha que serão úteis. E, independentemente de terem sido escritos por um profissional ou por outro estudante, pode ser que esses recursos não sejam mais aplicáveis. Atualizo minhas aulas com frequência e, portanto, um conjunto de questões que era perfeito ano passado pode não ser mais este ano.

O mais importante é lembrar que **escrever um guia de estudos é uma ótima maneira de memorizar o conteúdo**. É por isso que eu recomendo não dividir o trabalho de criar o guia entre os membros do seu grupo de estudos e também não usar um guia feito por alguém desconhecido.

A seguir: como você pode memorizar o conteúdo do guia?

> *Em uma frase:* Não use materiais de estudo feitos por outra pessoa; eles costumam ser imprecisos ou incompletos, e elaborar o seu próprio material é um ótimo jeito de estudar.

DICA 34

Elabore e responda perguntas profundas para fixar as memórias

Certo, você tem o seu enorme, e talvez um pouco intimidador, conjunto de fichas. Qual a melhor forma de aprender as respostas para todas as perguntas que elaborou?

Antes de falarmos sobre estratégias, me permita acabar com um pensamento destrutivo que você talvez tenha. Não diga a si mesmo (ou a mim) "A minha memória é péssima". Quase todo mundo acha que tem a memória ruim, porque quando ela nos deixa na mão nós percebemos. A não ser que tenha sido diagnosticado com problemas de memória por um médico, está tudo certo. Sim, eu sei que você tem um amigo que parece se lembrar de tudo com facilidade – todo mundo tem esse amigo. Não se compare a ele. A sua memória é boa o suficiente; é só uma questão de botá-la para funcionar.

É muito mais fácil se lembrar de um conteúdo significativo que de um conteúdo sem sentido. Os enredos dos filmes são fáceis de recordar porque as cenas se conectam umas às outras – pensar sobre o Buzz Lightyear caindo da janela lembra que o Buzz e o Woody acabaram perdidos na estrada, que eles pegaram carona no caminhão do Pizza Planet e assim por diante. Uma lista de números aleatórios é difícil de memorizar porque os números não estão conectados.

Para aproveitar essa propriedade da memória, dê significado à resposta de cada pergunta, mesmo que a questão em si não exija tal "significado".

Por exemplo, talvez você tenha a seguinte pergunta no seu guia de estudos: "Quais foram os anos da Era dos Bons Sentimentos nos Estados Unidos?" Se tiver dificuldade para se lembrar da resposta (1817-1825), **transforme-a em uma questão baseada em significado, perguntando "Por quê?" ou "Como?"**. *Por que* faz sentido que a Era dos Bons Sentimentos tenha ocorrido naquela época? O ano de 1817 foi pouco depois do fim da Guerra de 1812, e havia um forte sentimento de nacionalismo porque os norte-americanos achavam que tinham vencido a guerra. Além disso, aqueles anos coincidiram com o mandato de James Monroe, que deu ênfase à união, indicando pessoas de todo o espectro político a cargos do governo.

Elaborar perguntas de "Por quê?" ou "Como?" pode fazer o que parecia ser uma conexão arbitrária entre uma pergunta e uma resposta se tornar uma ligação significativa *e* conectar o que você está tentando aprender a outras informações que procura dominar. Se tiver problemas em achar um bom "por quê" ou um bom "como", volte a suas anotações. Se ainda assim não conseguir, consulte seu grupo de estudos.

Existe mais uma técnica de eficácia comprovada para fixar memórias: desenhar. Não está claro por que isso funciona, mas pode ser por causa do processamento mental extra que desenhar algo exige. Se eu disser apenas "Tente lembrar a palavra *pot-pourri*", há algumas coisas nas quais você pode pensar para trazê-la à mente. Pode pensar sobre lugares onde viu pot-pourri – talvez na vitrine de uma butique na época do Natal – ou no fato de que pot-pourri é uma palavra com grafia incomum, com aquele T mudo. Mas, para desenhar a palavra, é necessário pensar em mais. Você precisa decidir quais ingredientes vão entrar em seu pot-pourri e se ele vai ficar em uma vasilha ou em uma cesta, e é provável que isso faça você pensar sobre o tipo de lugar em que ele se encontra. Todos esses detalhes vão ajudar você a se lembrar da palavra mais tarde.

Não recomendo que faça isso para tudo o que tem que lembrar, pois é muito demorado. Mas **para materiais que você simplesmente não consegue memorizar, tente fazer um desenho.**

> *Em uma frase:* É difícil se lembrar de materiais sem sentido, então é provável que valha a pena tirar um tempinho extra para torná-los significativos.

DICA 35

Use a mnemônica apenas para conteúdo sem significado

Às vezes, você precisa decorar algo que é realmente sem sentido, ou quase: os nomes dos 12 nervos cranianos, por exemplo, ou dos rios na Ásia. No segundo ano do ensino médio, tive que aprender os nomes dos presidentes dos Estados Unidos na ordem em que exerceram seus mandatos. (Continuo me surpreendendo com a frequência em que essa informação acaba sendo útil.)

A mnemônica é uma estratégia baseada em truques que ajudam a aprender algo sem sentido. Uma das técnicas mnemônicas requer que você memorize algo simples, de forma que isso dê pistas para o conteúdo a ser lembrado. Por exemplo, para lembrar os cinco grandes lagos dos EUA, você pode memorizar a pista "HOMES", que dá a primeira letra de cada um: Huron, Ontario, Michigan, Erie, Superior. Em outros casos, em vez de uma palavra, você decora uma frase, e a primeira letra de cada palavra é uma pista. Muitos estudantes de medicina usam a frase "O objeto de outro tinha teias de aranha fazendo a vassoura girar varrendo o armário horripilante" para memorizar os nervos cranianos: olfatório, óptico, oculomotor, troclear, trigêmeo, abducente, facial, vestibulococlear, glossofaríngeo, vago, acessório e hipoglosso.

Outro truque mnemônico consiste em encontrar formas de associar os fatos que precisam ser decorados com imagens. Por exemplo, se estiver tentando lembrar que a palavra "jantar" em espanhol é *cena*, você pode visualizar a *cena* de um jantar. Outra técnica, também baseada em imagens, é uma caminhada mental. Primeiro, você deve imaginar que está caminhando ou andando de carro – por exemplo, da sua casa à de um amigo – e identificar e memorizar pontos interessantes no caminho. O primeiro ponto na minha caminhada pode ser a varanda de casa, que é feita de um agregado para concreto de que não gosto. Meu segundo ponto seria a mureta de pedra na frente da minha garagem, que as visitas sempre acertam com seu carro. Quando tiver memorizado a caminhada mental, você pode aprender uma nova lista de objetos arbitrários, associando-os aos pontos no caminho. Por exemplo, se me pedissem para comprar pão, manteiga de amendoim, farinha e vitaminas no mercado, eu poderia decorar a lista usando minha caminhada. Associaria o pão com o primeiro ponto no caminho (talvez colocando, mentalmente, fatias de pão para cobrir o concreto feio da minha varanda) e, em seguida, associaria a manteiga de amendoim com o segundo ponto (imaginando que usei manteiga de amendoim em vez de argamassa para consertar minha mureta quebrada), e assim por diante. Mais tarde, quando precisar me recordar da lista, faço minha caminhada mental: vejo minha varanda e lembro "Certo, primeiro eu cobri a varanda com fatias de pão. Pão era o primeiro item da lista".

Métodos mnemônicos são usados com frequência por participantes de competições de memória, uma vez que eles precisam decorar coisas sem significado intrínseco, como o nome de uma pessoa numa foto, ou a disposição de um baralho que acabou de ser reordenado. Competições de memória usam materiais assim justamente porque não terão significado para os participantes, o que os torna igualmente desafiadores para todos. O significado é importante para a memória, e o significado que algo tem para você depende do que já sabe sobre o assunto. Por exemplo, seria injusto realizar uma competição de memória em que os competidores devessem decorar um trecho do livro *Suave é a noite*, de F. Scott Fitzgerald, porque pode ser que alguns já tenham lido o livro antes.

Existem muitos livros sobre aprendizado escritos por campeões da memória, e a maioria deles enfatiza o uso da mnemônica, mas ela deve ser seu último recurso. **É uma técnica para ser usada apenas quando você não conseguir tornar a informação significativa.** Isso deve acontecer apenas raramente.

> *Em uma frase:* A mnemônica ajuda a memorizar material sem significado, mas deve ser usada apenas em último caso, pois é melhor atribuir sentido ao conteúdo.

DICA 36

Como usar seu guia de estudos

Certo, você escreveu seu guia de estudos, uma lista abrangente de perguntas e respostas. E agora?

É preciso gravar as respostas na memória. Isso é bem simples: faça uma pergunta a si mesmo e veja se consegue responder sem olhar o guia. Mas há alguns ajustes que você pode fazer nesse método simples para torná-lo mais eficaz.

Primeiro, **cubra as respostas desde o começo**. Em outras palavras, não comece apenas lendo as perguntas e respostas, mas tentando responder às questões. Pesquisas mostram que tentar responder as perguntas antes de saber as respostas adiciona um pequeno impulso ao aprendizado.

Segundo, é uma boa ideia **responder em voz alta**. Mais uma vez, existem pesquisas que mostram que isso melhora o aprendizado. Se estiver em um lugar onde falar alto pode ser constrangedor, sussurre ou fale em voz baixa. Não sabem ao certo por que isso ajuda – não é só a parte da "voz alta", porque as pessoas memorizam listas de palavras melhor se as falarem para si mesmas, em vez de ouvir outra pessoa falando. Talvez falar em voz alta nos force a tornar os pensamentos mais completos.

Terceiro, se a pergunta tiver uma resposta um pouco longa (isto é, for uma daquelas que você elaborou a fim de se preparar para redações ou provas discursivas), **imagine que está ensinando o conteúdo a alguém**. A ideia de que lecionar é uma ótima forma de aprender é bem disseminada, e esse é um dos casos em que as pesquisas concordam com o senso comum.

Lembre-se: quando se questionar dessa forma, você talvez não consiga compor respostas completas em voz alta. É melhor pensar de forma resumida: "Primeiro, vou falar sobre isso, o que levanta *essa* questão, então vou falar sobre *aquilo*."

Em quarto lugar, mesmo que tenha certeza de que sua resposta está certa, **olhe a que escreveu em seu guia**. Uma correção imediata ajuda a fortalecer a memória correta se, por acaso, sua resposta estiver errada. Se você responder à mesma questão incorretamente várias vezes, pode ser útil investigar por que isso está acontecendo. Pense: por que isso parece correto? E então explique a si mesmo (em voz alta) por que a resposta certa é melhor.

Por fim, **faça as perguntas em ordem aleatória**. Suas fichas estarão agrupadas por assunto, pois você escreveu todas as perguntas relativas a uma aula ou a um texto ao mesmo tempo. Mas questões de prova não costumam vir por ordem temática, e é melhor que você estude do jeito que será testado. Além disso, se sempre fizer as perguntas na mesma ordem, você corre o risco de associar as respostas em sua memória a essa ordem; em outras palavras, a resposta da pergunta 34 refresca sua memória da resposta à pergunta 35, mas se alguém fizer a pergunta 35 após a 16, você não vai saber a resposta.

Embaralhar a ordem das perguntas é fácil em uma plataforma digital ou se você estiver usando fichas. Se tiver escrito seu guia de estudos em um bloco de notas, ainda pode mudar a ordem das perguntas, mas não é o ideal, pois é difícil manter um registro das perguntas que já fez. Para mim, essa consideração não é importante o suficiente para dizer que você *precisa* compor seu guia em um site ou em fichas.

Em uma frase: Fazer perguntas a si mesmo a partir do seu guia de estudos é simples, mas você pode usar seu tempo de forma mais eficiente com algumas técnicas que garantem que você não passe correndo pelo material e sim reflita sobre ele.

DICA 37

Não se preocupe com o seu estilo

Você pode ter se perguntado por que não falei nada sobre como o estudo deve variar de acordo com o seu estilo de aprendizagem. Afinal, se todo mundo aprende de forma diferente, como posso recomendar as mesmas estratégias a todos?

Muitos experimentos sobre o assunto foram conduzidos por cientistas, e **as evidências não apoiam teorias de estilos de aprendizagem.**

Testar uma dessas teorias é simples. Pensemos na mais comum, que diz que as pessoas aprendem melhor de forma visual, auditiva ou cinestésica (isto é, pelo movimento). Um experimento teria três fases:

- **Fase 1:** Classificar os participantes entre as três categorias.
- **Fase 2:** Dar a eles uma experiência de acordo com um dos três estilos. Por exemplo, alguns veem uma série de ilustrações que contam uma história, outros ouvem uma versão da história, e outros (depois de receberem algumas instruções) encenam a trama. A parte crucial é que, para alguns deles, a experiência da história corresponda ao seu estilo de aprendizagem, enquanto para outros não.
- **Fase 3:** Testar se os participantes compreenderam a história ou, talvez, esperar um tempo e testar a memória deles. Nossa previsão é que, quando alguém aprender de acordo com seu estilo, terá uma compreensão melhor.

Essa é nossa previsão, mas o resultado será outro. O suposto estilo de aprendizagem das pessoas não afeta quanto elas aprendem. Existem pelo menos 50 teorias diferentes a respeito desses estilos, não apenas visual *versus* auditivo *versus* cinestésico, mas também linear *versus* holístico, visual *versus* oral e muitos outros. Não há evidências de que respeitar o estilo de aprendizagem das pessoas as ajude a aprender.

Apesar da falta de provas, o mito dos estilos é resiliente, e cerca de 90% dos norte-americanos acreditam que ele é baseado em evidências científicas. Já escrevi sobre o assunto em várias publicações, então pode pesquisar meu nome e "estilos de aprendizagem" se quiser saber mais.

> *Em uma frase:* Não há evidências científicas para qualquer teoria de estilos de aprendizagem, então não se preocupe em adaptar seu estudo para o seu "estilo".

DICA 38

Após se preparar sozinho, reúna-se com seu grupo de estudos

Apesar de os estudantes serem com frequência incentivados a estudar juntos, pesquisas indicam que isso não ajuda a gravar as coisas na memória. Acho que o melhor para os integrantes do grupo é **se encontrar para discutir o que provavelmente vai cair na prova, criar e memorizar guias de estudo sozinhos e se reunir de novo antes da prova**, talvez com 48 horas de antecedência.

Para que se encontrar se eles já escreveram e decoraram seus guias? Pois é aí que os diferentes pontos de vista de cada membro do grupo são mais úteis. Para essa reunião, recomendo que **o grupo se separe em duplas e cada integrante da dupla tente responder às perguntas do guia de estudos do outro**. Um benefício dessa estratégia é que, por mais que você tenha tentado fazer um guia completo, seus colegas vão perceber coisas que você deixou passar. Outro é que eles vão ter formulado perguntas um pouco diferentes das suas.

Algo frustrante a respeito da memória é que ela tende a ser limitada durante o aprendizado de algo novo. Você aprende um novo conceito expressado de um jeito específico. Apesar de não haver nada importante nesse jeito, é isso que gruda na sua mente. Então, se cada pessoa do grupo usar suas próprias palavras para descrever os conceitos que devem ser memorizados, isso vai dar a todos uma perspectiva mais ampla sobre o significado do conteúdo.

> *Em uma frase:* Depois de memorizar seu guia, reúna-se com seu grupo de estudos para que vocês façam perguntas uns aos outros; cada um vai ter pontos de vista ligeiramente diferentes, o que vai ajudar ainda mais sua memória.

DICA 39

Lembre-se de que um intensivão de última hora não compensa

Você provavelmente já ouviu o conselho "Não deixe para estudar na última hora" desde que começou a fazer provas. "Deixar para a última hora" significa reservar a maior parte do seu tempo de estudo para bem perto do dia da prova. Em outras palavras, se planejar passar cinco horas estudando para uma prova que vai ser aplicada sexta-feira de manhã, você gasta as cinco horas todas na quinta à noite. Uma alternativa seria passar uma hora estudando em cada um dos cinco dias anteriores à prova – o mesmo total de horas de estudo, porém distribuído de forma diferente.

Essa mudança de cronograma vem sendo estudada por pesquisadores da memória há décadas e faz uma grande diferença para a memorização do conteúdo. Aqui está um exemplo de que gosto bastante, pois reflete bem a experiência de estudantes universitários.

Os pesquisadores reuniram alunos de uma turma de introdução à psicologia. Escolheram 64 conceitos-chave e selecionaram, ao acaso, 32 desses conceitos para serem treinados mais a fundo. Criaram um conjunto de fichas para os itens, e os alunos estudaram as fichas até conseguirem acertar todos. Os estudantes tiveram que fazer isso três vezes ao longo de várias semanas.

Então, os pesquisadores analisaram o desempenho dos alunos na avaliação final, separando os itens que testavam os conceitos que tinham sido treinados dos outros 32 que não foram alvo da prática extra, mas que os jovens estudaram por conta própria. (Lembre-se, essa disciplina que eles estavam cursando era real.)

Quando os pesquisadores perguntaram como os participantes haviam estudado, a maioria disse que na véspera da prova – ou seja, de última hora. E isso meio que funcionou. Os alunos não se deram mal na prova final em relação aos itens "de última hora" – 72% de acertos, comparados a 84% para os itens que haviam treinado com as fichas durante o semestre. Então, estudar de última hora não leva a um *ótimo* desempenho, mas também não é terrível.

O que os pesquisadores queriam mesmo saber era se os estudantes *continuariam* demonstrando boa memória para aquelas informações após a prova final. Então, combinaram com alguns deles que voltassem três ou 24 dias depois da prova para fazer outra avaliação. O teste extra continha questões diferentes envolvendo os mesmos conceitos.

Após três dias, os alunos só acertaram 27% do material "de última hora". Mas responderam corretamente 80% das questões relativas aos itens que tinham sido treinados. Mais incrível ainda foi o fato de que os alunos que voltaram três semanas depois acertaram 64% do conteúdo praticado. **Estudar de última hora "funciona", contanto que você não se importe de esquecer tudo logo depois da prova. O estudo distribuído protege contra esse esquecimento rápido.**

O que esses resultados devem significar para você? Há circunstâncias sob as quais compreendo por que alguém estudaria de última hora. Talvez você esteja fazendo um curso apenas por diversão e não se importe se vai lembrar alguma coisa depois – não é a sua prioridade. Isso eu entendo. Mas pense em quanto trabalho extra estudar de última hora vai gerar se, mais tarde, você precisar aplicar o que já aprendeu – por exemplo, se for fazer uma aula mais avançada sobre o mesmo tema. Se planejar fazer biologia avançada e estudar de última hora para a prova final de biologia básica, você só dará mais trabalho a si mesmo mais tarde.

Há outra coisa que você deve saber e que o experimento acima não deixa óbvia: **estudar de última hora parece funcionar bem**. Imagine o seguinte: você e eu estamos tentando aprender aqueles 64 conceitos de introdução à psicologia. Eu estudo a lista por 10 minutos toda noite, durante cinco noites. Em cada uma dessas sessões, quando começo a estudar de novo, já esqueci parte do conteúdo nas 24 horas que se passaram. É frustrante; parece que meu aprendizado não está correndo bem. Mas reaprender é uma ótima maneira de fazer com que as memórias sejam duradouras.

Agora imagine que você, ao contrário de mim, estude durante 50 minutos na última noite. Ao fim desse tempo, você se sente ótimo, como se soubesse o conteúdo todo. E, de fato, no momento logo após essa sessão de estudos, pode ser que se lembre de mais do que eu. Mas, dois dias depois, você vai esquecer tudo, e eu não.

A pergunta óbvia é "Se não vou ver todo o conteúdo na véspera da prova, como exatamente devo distribuir meu estudo?". As pessoas já tentaram descobrir com exatidão a forma mais eficaz de fazer isso, e existem até aplicativos que programam o estudo para você no que dizem ser o horário perfeito, dependendo de por quanto tempo você espera se lembrar do conteúdo e do seu resultado em testes de memória até agora.

Não acho que valha a pena se preocupar com qual é a melhor distribuição de tempo. Se estudar na hora "perfeita" significa ter que acordar às 5h57 domingo para fazer um questionário de verbos em francês, você vai acabar desistindo dessa história toda. **Simplesmente distribua seus estudos de alguma forma e, se possível, tenha uma noite de sono entre as sessões.** Em outras palavras, é melhor estudar terça à noite e quarta de manhã que quarta de manhã e quarta à noite. O sono é importante para o aprendizado, como veremos no capítulo 11.

Em uma frase: Só estude de última hora se sinceramente não se importar em guardar o que aprendeu; caso contrário, distribua seus estudos entre múltiplas sessões ao longo dos dias.

DICA 40

A fim de se preparar para problemas aplicados, compare exemplos

Professores costumam gostar de incluir problemas "aplicados" nas provas – que exigem que você use o que aprendeu, em vez de só decorar informações. Por causa da forma como a memória humana funciona, esses problemas são bastante desafiadores.

Você deve se lembrar de ter feito desafios assim na escola, especialmente em aulas de matemática. Por exemplo, você aprendeu sobre formas congruentes e tudo parecia bem simples, mas aí, na prova, havia um problema sobre sanduíches cortados na diagonal e guardanapos, e você não percebeu que seu conhecimento sobre congruência se aplicava a ele. Durante o seu aprendizado, havia apenas questões que usavam a palavra *congruência* e descreviam formas geométricas simples. Se caísse um problema desse tipo na avaliação, você acertaria, mas, quando deparou com a questão da prova, sua mente foi direto para o seu conhecimento sobre sanduíches e guardanapos, e isso não ajudou em nada. Mais tarde, você não conseguiu acreditar que não percebeu que o problema era sobre congruência.

Falamos sobre pistas de memória no capítulo 3. Os aspectos específicos da situação (nesse caso, sanduíches e guardanapos) são as pistas, porque o princípio geral que pode se aplicar (congruência) está oculto. Não está claro se o que se aplica aqui é congruência, cálculo da área, lógica dedutiva, etc. Mas *sanduíches* e *guardanapos* estão *na* questão de forma explícita, então sua mente trata essas coisas como pistas e procura informações relacionadas a elas.

Esse problema não se limita à matemática. Por exemplo, ensino meus alunos sobre o famoso experimento de Ivan Pavlov: ele tocava um sino e alimentava um cachorro. Com a repetição, o cachorro passou a salivar assim que ouvia o sino, antes mesmo de receber a comida. Espero que os alunos reconheçam se uma situação bastante diferente – digamos, ficar ansiosos quando se aproximam de uma sala de aula onde tiraram uma péssima nota em matemática – é um exemplo do mesmo tipo de aprendizado.

Como se preparar para questões de prova que requerem que você aplique o que aprendeu a novos contextos?

Uma estratégia é **comparar exemplos diferentes do princípio que está estudando**. Em cada um dos exemplos a seguir, acontece algo que leva a uma resposta automática que o sujeito não consegue evitar: o cachorro saliva quando é alimentado, e o estudante fica ansioso quando fracassa em uma prova. E então algo que não gera reação alguma é associado à coisa que gera determinado reflexo: o sino se associa à comida; e a sala de aula, à dificuldade com a matemática. Com a repetição, o que antes era neutro (sino ou sala) começa a provocar uma reação (saliva ou ansiedade).

Comparar exemplos ajuda porque usa o princípio de que "a memória é o resíduo do pensamento". Comparar os problemas nos leva a pensar sobre o que podem ter em comum, sobre qual é o princípio geral que eles compartilham. Entender o princípio geral é difícil quando ele é explicado de forma abstrata, mas, se for descrito no contexto de uma situação concreta, se torna muito mais fácil.

Em uma frase: a melhor forma de melhorar sua habilidade de ver o princípio geral de um problema é encontrar vários exemplos desse princípio e compará-los.

DICA 41

A fim de se preparar para variações de um problema, dê nomes aos objetivos secundários

Vimos um tipo de desafio à aplicação de conhecimentos de sala de aula ao mundo real: olhar para uma situação complexa e não conseguir perceber "Ah, isso é um problema *daquele* tipo".

Outras vezes, reconhecer o problema é relativamente fácil, mas a solução tem algumas variantes possíveis, e o que você aprendeu foi uma série de passos específicos relacionados ao exemplo que o professor deu. Veja esta questão, apresentada pelo psicólogo Richard Catrambone, do que costuma ser chamado "problema de trabalho":

Tom consegue limpar a garagem em 2,5 horas. Quanto tempo ele vai demorar para terminar de limpar, se sua filha já limpou 1/3 dela?

Solução:

$(1/2,5 \times h) + 0,33 = 1$
$(0,4 \times h) + 0,33 = 1$
$0,4h = 0,67$
$h = 1,68$ hora,
onde h é o número de horas trabalhadas.

Com base nesse exemplo, você talvez conclua: "A forma de resolver problemas de trabalho é dividir 1 pelo tempo de uma pessoa, multiplicar pela incógnita, adicionar o que já foi feito e igualar tudo isso a 1." Essa descrição condiz com o exemplo. Até aí, tudo bem.

Mas esses passos não se aplicam a outro problema de trabalho, apesar de ser parecido:

Bill consegue pintar um quarto em três horas e Fred, em cinco. Em quanto tempo o quarto será pintado se os dois trabalharem juntos?

As coisas deram errado porque descrevemos o primeiro problema em termos muito específicos que só se aplicam a ele. Precisamos de uma série de passos um pouco mais abstratos: pensar sobre a quantidade de trabalho feita por cada pessoa e colocá-la em uma equação com o trabalho total a ser feito. Esta é uma descrição conceitual dos objetivos secundários:

Primeiro, devo representar a quantidade de trabalho feita por cada um.
Em seguida, devo dizer que ela é igual à quantidade total de trabalho a ser feito.

Listar objetivos secundários é uma boa maneira de garantir que você vai pensar sobre o princípio geral de soluções de problemas que exigem a execução de mais de um passo.

Aqui está outro exemplo. Imagine que você esteja tentando aprender a usar o Gmail e pesquise o procedimento para criar um evento no calendário a partir de um e-mail. Os tutoriais costumam ter uma série de passos que nos ajudam a obter o resultado desejado, tal como:

1. Abra o Gmail no seu computador.
2. Abra a mensagem que quer usar para criar um evento.
3. Na fila de ícones acima das mensagens, clique no botão com três pontos.
4. Selecione "Criar evento".
5. O Google Calendar vai abrir, criando um evento com o título igual ao assunto do e-mail e convidando todos que receberem esse e-mail.
6. Escolha a data e o horário do evento.
7. Clique em "Salvar" no canto superior direito da tela.

Esse exemplo pode ter a mesma desvantagem que vimos com os problemas de trabalho. A compreensão da solução inclui passos que só se aplicam a ele, uma vez que são específicos ao seu computador e seriam ligeiramente diferentes no celular. É melhor ter em mente os princípios abstratos subjacentes às ações concretas que você está tomando. Por exemplo, você poderia fazer assim:

Chegar até a mensagem
1. Abra o Gmail no seu celular.
2. Abra a mensagem a partir da qual quer criar um evento.

Criar evento
3. Toque na data ou no horário sublinhado na mensagem. (A execução dessa etapa vai depender da versão do seu aparelho.)
4. Escolha a opção "Criar evento" no menu que aparecer.

Completar propriedades ausentes
5. Uma janela é aberta, criando um evento com título igual ao assunto do e-mail e com a data e a hora que apareceram na mensagem.
6. Mude a duração, se necessário. (A duração padrão é de uma hora.)
7. Convide outras pessoas para o evento, se necessário.

Salvar evento
8. Clique "Adicionar" no canto superior direito da tela.

Rotular os objetivos secundários pode parecer uma mudança trivial. Mas os rótulos facilitam dois processos mentais que já vimos que podem ajudar no aprendizado: em primeiro lugar, **eles tornam explícita a organização dos passos** e, em segundo, **dão ênfase ao significado** – deixam claro *por que* você está seguindo cada passo.

Para usar essa estratégia, comece com um exemplo no seu livro didático que sirva para ilustrar um tipo específico de solução de problema. Leia o texto que descreve o procedimento em termos mais abstratos. E, então, faça a correspondência entre os dois, criando rótulos para os objetivos que os passos concretos tentam alcançar. Se possível, procure alguém que entenda bem o procedimento para dizer se você acertou ou não.

> *Em uma frase:* Quando você aprende uma solução passo a passo para um problema, parte dela pode ser específica para aquele problema; para ajudar a aplicar esse conhecimento de forma mais ampla, tente rotular cada parte da solução.

PARA PROFESSORES

Naturalmente, a implementação dos métodos de estudo descritos neste capítulo está nas mãos dos estudantes, mas há algumas coisas que os professores podem fazer para facilitar esse trabalho.

A primeira é comunicar o que será avaliado e como. Sendo novatos na área, seus alunos não vão saber julgar quais informações são centrais e quais são apenas fatos interessantes que você decidiu contar. Diga a eles.

Você também pode orientá-los sobre o que chamei de "materiais achados". Faça a mesma pesquisa que um aluno faria procurando materiais de apoio para a sua disciplina. Então, fale com a turma sobre a qualidade dos resultados e lembre a eles por que criar seus próprios materiais vai levá-los a se saírem melhor na sua matéria.

Quando se trata de ensiná-los a usar as dicas de aprendizagem descritas aqui, é claro que você pode apenas dizer "Essas estratégias são boas, e essas outras que talvez vocês estejam usando não são tão eficazes", mas, para evitar sobrecarregá-los, comece com as três estratégias que, a seu ver, têm a maior probabilidade de serem usadas.

Demonstrar as técnicas pode ser ainda mais eficaz que apenas ensiná-las. Você pode:

- Usar a prática de lembrar, passando questionários valendo poucos pontos (ou nenhum).
- Usar a prática distribuída (veja a dica 39), revisitando conteúdos em momentos específicos do período de avaliações.
- Usar o poder do significado (veja a dica 34), dando ênfase às conexões entre fatos que parecem desconexos.

- Descrever para os alunos como os guias de estudo deles devem ser (veja a dica 32). Dedique o finalzinho de algumas aulas a deixá-los treinar a escrita de questões sobre o material coberto naquele dia. Disponibilize modelos e deixe os alunos compartilharem as perguntas e respostas que elaboraram.

O simples implementar dessas dicas vai melhorar o aprendizado, mas você pode ir além, repetindo o experimento que descrevi na dica 39. Use uma das dicas em sala para parte do conteúdo, mas não para o restante. Então, em um teste, separe o desempenho dos alunos em relação a esse conteúdo. Mostre como eles se deram melhor nessa parte, explique o porquê e enfatize que eles podem tornar esse tipo de trabalho parte da rotina de estudos.

Resumo para professores

- Diga aos alunos quais informações devem ou não decorar para as provas.
- Fale com eles sobre o valor e a credibilidade de "materiais achados".
- Aconselhe-os sobre como estudar.
- Use na sala princípios como a prática distribuída e a prática de lembrar.

CAPÍTULO 7

Como julgar se você está pronto para uma prova

Uma advogada se preparando para o exame da Ordem não determina a quantidade de tempo – digamos, 100 horas – que vai passar estudando. Ela avalia seu aprendizado conforme estuda e para quando acha que terá dominado o material. Portanto, estudantes devem confiar em seu julgamento dos conhecimentos que detêm.

Você com certeza já achou que estava pronto para uma prova e se deu mal mesmo assim. Nessa situação, muitas pessoas culpam a prova. Elas pensam: "Eu *sei* que sabia o conteúdo. Portanto, deve ter algo errado com a prova, porque ela não refletiu isso." Mas seu julgamento de "saber o conteúdo" é o resultado de uma avaliação mental. Talvez *esse* teste seja errado, e não o exame que o professor aplicou. Acredite se quiser, mas as pessoas às vezes se enganam sobre o que sabem.

Muitos fatores contribuem para julgamentos do aprendizado

Imagine que você esteja fazendo um curso em biologia da conservação e queira cimentar o seguinte fato na memória: o guariba-de-mãos-ruivas é um macaco nativo do Brasil. Como saber se aprendeu? Fácil: se pergunte "O guariba-de-mãos-ruivas é nativo de qual país?" e veja o que extrai de sua memória. Certamente, essa é uma boa forma de julgar se sabe algo.

Mas **é fácil confundir desempenho com aprendizado**. Aqui está a diferença. Suponha que eu veja você logo depois de um exercício, e você me diga que anda praticando flexões e consegue fazer 20. Eu digo: "Legal, deixa eu ver!" Você poderia dizer: "Não posso *agora*; estou cansado de me exercitar." Você aprendeu a fazer 20 flexões, mas seu desempenho não demonstra isso nas circunstâncias presentes.

Quando se trata do aprendizado, "desempenho" significa dizer "Brasil" em resposta à pergunta "O guariba-de-mãos-ruivas é nativo de qual país?". Dá para ver por que você pensaria "Eu respondi à pergunta, então com certeza sei a resposta". Mas o fato de que você consegue responder agora (sob determinadas condições) não quer dizer que vai conseguir acessar essa memória com consistência em quaisquer outras circunstâncias.

Por exemplo, você pode ter aprendido a conversar muito bem em japonês, mas seu desempenho na frente de um agente da imigração japonesa não mostra esse aprendizado, porque você está cansado da viagem e um pouco nervoso. (Ou talvez seja só eu que fico nervoso sem motivo quando falo com agentes da imigração.)

As pessoas costumam superestimar o próprio conhecimento porque o testam de formas que, sem perceber, favorecem o próprio desempenho. Então, julgam que aprenderam direito porque se dão bem quando fazem perguntas a si mesmas, mas, na verdade, sua memorização é precária.

QUANDO FOR JULGAR SE APRENDEU ALGO

O que o seu cérebro vai fazer: Confundir desempenho com aprendizado. Se você recitar algo que decorou – mesmo que não esteja realmente recorrendo à memória –, seu cérebro vai achar que já estudou o suficiente.

Como ser mais esperto que o seu cérebro: Teste seu conhecimento sem qualquer recurso de apoio ao seu desempenho. A forma mais fácil de fazer isso é simular as condições de uma prova.

Neste capítulo, veremos três formas como as pessoas podem se enganar sobre o próprio aprendizado quando se testam, e descreverei testes que você pode fazer para avaliar melhor o que realmente sabe.

DICA 42

Tenha clareza sobre o que significa "saber" algo

Em suas *Confissões*, escritas em torno do ano 400, Santo Agostinho observou: "Se ninguém me pergunta, eu sei; se quero explicá-lo a quem me pede, não sei."

Essa distinção é atemporal. Todo professor já teve uma conversa mais ou menos assim com um aluno:

Aluno: Não consigo entender como tirei uma nota tão ruim. Eu estudei tanto, e tenho certeza de que sabia tudo! Algumas das questões me pareciam um tanto ambíguas.
Professor: Mas você sabia tudo...
Aluno: Sim!
Professor: Então poderia me explicar com facilidade os diferentes mecanismos do esquecimento.
Aluno: Com certeza.
Professor: Certo, então por que não descreve as teorias principais do esquecimento das quais falamos?
Aluno: Certo. Tem um estímulo e uma resposta. E se o estímulo não estiver conectado à resposta... espera... não... é, isso mesmo, se o estímulo for separado da resposta, ou, espera, não separado... hmmm... bem... Eu sei, só não sei explicar.

Esse aluno está usando a palavra *saber* de forma diferente da que os professores usam. Ele está pensando "Quando começamos a estudar sobre o funcionamento do esquecimento, não fazia sentido algum para mim. Não entendi esse capítulo do livro nem a aula. Mas fiz a leitura com cuidado, e um colega me explicou alguns dos conceitos de outro jeito e, agora, quando ouço sobre as teorias do esquecimento, faz todo o sentido".

Você pode ver por que o aluno acha que sabe; ele *está* entendendo muito melhor que antes. Conseguir acompanhar quando alguém discute uma ideia é parte da compreensão que os professores esperam. Mas não é tudo. **Estar pronto para uma prova significa conseguir explicar o conteúdo por conta própria, e não apenas entender quando outra pessoa explica.**

Essa situação é um bom exemplo da diferença entre desempenho e aprendizado. Meu aluno está percebendo seu desempenho: "Estou acompanhando essa discussão muito bem. Alguns dias atrás eu estaria todo confuso!" Ele não está considerando que isso não significa que aprendeu tudo.

Infelizmente, a forma como muitas pessoas estudam leva exatamente a essa percepção incorreta do que sabem. Vamos ver como isso acontece.

Em uma frase: "Saber" não significa ser capaz de entender uma explicação, mas conseguir explicar aos outros.

DICA 43

Reler leva a um excesso de confiança no seu conhecimento

Imagine que você esteja cursando uma disciplina chamada "inovação" na faculdade de administração. Você assiste a uma aula sobre tecnologia em vestimentas: roupas e joias que coletam e guardam informações físicas como os batimentos cardíacos e a temperatura corporal do usuário. É bem interessante, e você tem pouca dificuldade em acompanhar. Na aula seguinte, o professor explica exatamente a mesma coisa. Uma risada nervosa atravessa a sala, e o professor a ignora. Logo, alguém levanta a mão e fala que ele já deu essa aula. O professor diz: "Sim, mas o conteúdo é importante, então vale a pena repetir." Ele segue dando uma aula idêntica à anterior: mesmos slides, mesmas anedotas, mesmas piadas "espontâneas".

O que você pensaria?

Se for como eu, acharia que foi um belo desperdício do seu tempo. Eu estaria pensando "Sim, sim, você disse isso da última vez. Já sei disso, não estou aprendendo nada".

Mas será que eu *sei* o conteúdo que o professor está revisando? Sim e não. Por um lado, sei que já ouvi aquilo antes, e esse julgamento é baseado em minha lembrança da aula anterior. Nesse sentido, eu "sei". Mas, se eu tentasse fazer um resumo do que ele disse, não seria um resumo muito bom.

Muitos pesquisadores da memória fazem uma distinção entre as duas formas de se extraírem informações da memória. Um método é rápido e requer bem pouca atenção, mas só pode prover uma quantidade limitada de informações; ele identifica se algo é *conhecido*. Ele diz se você já viu algo antes, mas não dá qualquer informação associada àquilo nem fala onde ou quando você entrou em contato com essa coisa antes. O outro processo da memória pode dar as informações associadas a algo, mas requer atenção e ocorre mais devagar.

Você talvez reconheça esses dois tipos de memória. Às vezes, vê alguém na rua, e o processo de familiaridade diz "Você conhece essa pessoa!". Então você usa o outro processo para obter mais informações: qual é o nome dela e de onde a conheço? O segundo processo pode não entregar qualquer dado – você não sabe o nome dela, de onde a conhece, nada. Mas isso não o impede de sentir que já viu a pessoa antes.

Na dica 30, mencionei que reler é uma das técnicas de estudo mais comuns e que não é uma forma eficaz de gravar algo na memória. Você deve pensar sobre o significado, e reler não garante que vai fazer isso.

Agora, vamos pensar em outra razão pela qual reler é uma má ideia: **faz você pensar, de forma equivocada, "eu sei isso"**. É como assistir àquela aula pela segunda vez. Quando relê, você pensa "Sim, sim, já vi isso tudo antes. É totalmente familiar". Mas isso é tudo – o sentimento de "saber" vem do processo mental que diz se algo já foi visto antes. Você está certo, já viu aquilo antes, mas ter ciência de que já viu não é o mesmo que saber falar a respeito ou analisar o conteúdo. E quanto mais você relê, mais esse processo diz "Você já viu isso antes!".

Para ser claro, **reler é bom para compreender**. Se você lê algo e não entende, é bom tentar de novo. Mas reler é um jeito ruim de gravar as coisas na memória. Pior ainda, também faz você acreditar que seu conhecimento a respeito do conteúdo está melhorando.

Então, o que fazer para obter uma avaliação mais precisa do seu progresso nos estudos?

> *Em uma frase:* Reler aumenta a familiaridade, dando a você uma falsa sensação de que domina o conteúdo, mas o simples fato de algo ser conhecido não o capacita a se lembrar daquilo e de outras informações relacionadas, que é o que você precisa fazer em uma prova.

DICA 44

Avalie sua preparação com o tipo certo de autoavaliação

No início do capítulo, comentei que a pergunta "Como saber se sabe?" soa boba porque isso parece fácil de avaliar: você vasculha a memória e vê se a informação está lá. O problema, como discutimos, é que você pode se basear em *outras* informações (tal como um sentimento de familiaridade) para fazer esse julgamento. Seu primeiro instinto – fazer uma busca mental – foi correto, mas **você deve ter certeza de que avaliou de verdade sua memória**.

As pessoas entendem que parte da preparação para as provas é se avaliar. O erro que cometem é não desafiar a própria memória da forma que ela será desafiada durante a avaliação. Dão uma olhada no livro e, em seguida, levantam os olhos e tentam resumir a seção que acabaram de ler. Se conseguirem fazer um bom resumo, acham que isso demonstra que dominaram o conteúdo. Essa é uma forma boa de testar a compreensão – se você conseguir parafrasear o que leu, quer dizer que entendeu. (Esse método, porém, não é infalível, porque não dá para saber se sua paráfrase está correta.) Mas, se seu objetivo for gravar algo na memória, essa autoavaliação é falha por três motivos.

Primeiro, não dá para você se testar logo depois de ler algo, porque aí você não está *mesmo* testando sua memória, já que o conteúdo ainda está fresco – você acabou de ler! Não existe uma regra aqui, mas eu diria que **pelo menos 30 minutos devem se passar entre a leitura e o teste**.

Em segundo lugar, fazer um resumo serve como um tipo de autoavaliação, mas o ideal é que você se questione sobre outros conteúdos: conhecimento de detalhes específicos, conclusões a que pode chegar, comparações entre ideias, etc.

Terceiro, ao se testar, você deve expressar suas ideias em voz alta. Quando responde mentalmente, é fácil demais se satisfazer com um pensamento vago ou incompleto. Responder em voz alta e articular pensamentos deixa claro se você entendeu de verdade.

Você deve ter notado que todas as condições que estipulei para a autoavaliação – esperar um tempo após ter visto as respostas, se basear em questões variadas, responder em voz alta, pedir feedbacks – fazem parte do procedimento que recomendei no capítulo 6. **Se você escrever um guia de estudos completo em formato de perguntas e respostas e usá-lo para estudar, vai conseguir ir avaliando bem quanto sabe.**

> *Em uma frase:* Para avaliar se entende algo de verdade, você deve se testar em um momento em que não tenha visto o conteúdo recentemente e dizer as respostas em voz alta – uma prática que vai bem com o método que sugeri que empregasse para memorizar seu guia de estudos.

DICA 45

Não se baseie em simulados para julgar se está pronto para uma prova

Já mencionei que meus alunos querem sempre conseguir provas de anos anteriores. Mas, na verdade, penso que provas antigas fazem mais mal que bem, pelo menos do jeito que meus alunos as usam.

Mesmo sabendo que as questões serão diferentes na avaliação, eles usam as provas antigas para julgar se estão preparados ou não. A lógica parece fazer sentido: se eu fizer a prova do ano passado e acertar 90%, devo estar preparado para a prova deste ano.

Há alguns motivos para você **não se basear em provas antigas para avaliar se está preparado**. Primeiro, é provável que a prova do ano passado não reflita com exatidão o conteúdo deste ano. As leituras podem ter mudado, o ritmo da matéria pode ter sido acelerado ou reduzido, alguns tópicos podem receber maior ou menor ênfase e alguns conteúdos podem ter sido atualizados. Essas mudanças se acumulam ao longo dos anos, então, se uma aluna obtiver provas de vários anos anteriores (provavelmente se orgulhando disso), as mais antigas vão refletir menos ainda o conteúdo atual da disciplina.

Naturalmente, os alunos não têm um jeito de saber como o conteúdo mudou. Então, se o termo *bloqueio* aparecer em uma avaliação de dois anos atrás e eu não tiver discutido bloqueio este ano, os estudantes com essa prova velha vão entrar em pânico. "Por que não consigo encontrar *bloqueio* no livro ou nas minhas anotações?" Esse problema é lamentável por causa do pânico, mas pelo menos é fácil de resolver: os alunos me perguntam sobre bloqueio e eu digo que não vamos falar sobre esse tema este ano. (Na verdade, costumo primeiro explicar o bloqueio e *depois* dizer que não vai cair na prova. Esse hábito não me torna mais popular entre os estudantes.)

Basear-se em provas antigas para avaliar sua preparação tem outra desvantagem. Suponha que uma disciplina cubra, digamos, mil conceitos. Naturalmente, uma prova não vai incluir questões sobre cada um desses conceitos, então você pode pensar "Acho que vou aprender 900 deles. Talvez eu tenha sorte e o professor não pergunte nada sobre os 100 que ignorei". Essa é uma estratégia ruim, porque não há qualquer motivo para você esperar ter sorte. O ideal é aprender tudo. Mesmo com essa meta, você vai entender algumas coisas melhor que outras e, portanto, a sorte terá alguma influência sobre a sua nota, dependendo do que cair na prova.

Portanto, é óbvio que, se quiser deixar o mínimo possível ao acaso, **você deve julgar se está preparado ou não para a prova com base no seu conhecimento sobre toda a matéria**. Se fizer uma prova antiga para decidir se está pronto, seu julgamento será baseado apenas em uma fração do conteúdo que deveria ser aprendido. Isso significa que, sem precisar, você vai acrescentar um elemento de sorte à sua preparação.

É inteligente **se basear em provas antigas para ter uma noção dos tipos de pergunta que um professor tende a fazer**. Mas não as utilize para medir se estudou o suficiente. Julgue se está pronto para uma prova com base em quão bem sabe o conteúdo do guia de estudos que preparou.

> *Em uma frase:* Baseie-se em provas antigas para ter uma noção dos tipos de questão que podem cair na avaliação, e não para julgar se já estudou o suficiente.

DICA 46

Estude até saber, depois continue estudando

Façamos mais um experimento mental. Imagine que você esteja em uma aula de história e o professor anuncie que vai aplicar um teste na segunda. Você deve aprender os nomes e as datas das dinastias chinesas da Antiguidade e do império, mas são apenas 16, então o desafio não parece tão grande. Você se avalia por conta própria na noite de domingo até conseguir recitar a lista na ordem perfeita.

Será que vai lembrar os nomes e as datas no teste do dia seguinte?

Você talvez pense: "Eu fiz uma autoavaliação e acertei tudo, então claramente sei as respostas. Qual é a dúvida?"

É possível que lembre as dinastias todas no dia seguinte, mas é mais provável que isso não aconteça. Dezoito horas terão se passado, o que quer dizer que você vai esquecer parte do que estudou. Lembra a distinção que fiz entre *aprendizado* e *desempenho*? As pessoas costumam achar que o seu desempenho em dado momento reflete o seu aprendizado a longo prazo – se meu desempenho for 100% hoje, também será 100% amanhã, porque o nível do meu conhecimento é 100%.

A única forma de lidar com esse problema é prever o esquecimento. Você precisa **estudar até saber o conteúdo e, então, continuar estudando**. Essa prática, chamada *superaprendizagem*, foi extensamente examinada em experimentos em laboratório, e há duas coisas que você deve saber sobre essas pesquisas. A primeira é que, como seria de esperar, a superaprendizagem funciona. Ela protege contra o esquecimento. A segunda é que, enquanto você a pratica, **ela dá a sensação de não estar funcionando**. Parece desnecessário, ou até estúpido, continuar estudando depois de já ter aprendido algo. Você repassa o seu guia de estudos e acerta tudo, então inevitavelmente pensa "Por que estou fazendo isso?". A resposta é: para fortalecer suas memórias a fim de protegê-las do esquecimento.

Quanta superaprendizagem você deve fazer? Depende de por quanto tempo espera conseguir lembrar a informação, a natureza do conteúdo, o que mais sabe sobre o assunto e outros fatores. Quando estava na faculdade, me lembro de conversar com uma amiga durante a semana de provas finais sobre a preparação dela para a última avaliação de química orgânica. Ela me disse: "Quando enxergo as folhas voando sobre a quadra como compostos orgânicos, sei que estou pronta."

Isso me pareceu um tanto intenso na época, e ainda parece. Via de regra, aconselho que você estude até saber o conteúdo e, então, acrescente mais uns 15% de tempo de estudo. Esse número não é baseado em evidências científicas; o que importa é que você faça *alguma* superaprendizagem, independentemente do tempo que dedique a isso.

> *Em uma frase:* Não pare de estudar quando souber o conteúdo; continue estudando um pouco mais para se proteger do esquecimento que vai acontecer entre a hora em que parar de estudar e a hora em que fizer a prova.

PARA PROFESSORES

Abordei duas ideias principais neste capítulo: (1) há formas diferentes de "saber" algo e (2) podemos julgar incorretamente se sabemos algo ou não. Ambas as ideias são úteis para os estudantes, e as duas podem ser transmitidas a eles por meio de demonstrações em sala.

Aqui está uma sugestão para ajudar seus alunos a entender que podem existir jeitos diferentes de saber algo. Primeiro, peça que eles listem, em uma folha de papel, o maior número possível de estados do seu país em, digamos, três minutos. Dependendo da idade dos alunos, talvez eles consigam listar uns vinte. Depois, dê a cada um deles um mapa que mostre apenas o contorno dos estados.

Todos vão conseguir nomear muito mais estados se estiverem olhando para o mapa. Reler o livro é como olhar o mapa e pensar "Eu sei o nome de todos os estados". A prova, porém, é como listá-los sem o auxílio do mapa.

E como ajudar os alunos a entender que eles talvez tenham uma noção equivocada sobre quanto sabem? Encontro oportunidades em sala para destacar essa diferença quase toda vez que explico algo complicado. Se, logo após a explicação, eu perguntar se alguém tem dúvidas (e esperar um pouco) e ninguém fizer uma pergunta, digo "Certo, virem-se para o colega do lado e expliquem um ao outro as duas teorias que acabamos de ver". Vários alunos percebem rapidamente que não são capazes de fazer isso. Então, explico o que acabou de ocorrer: eles não avaliaram a própria compreensão com base na habilidade de explicar, mas na capacidade de entender quando outra pessoa explica.

Acho esse método mais eficaz que aplicar provas-surpresa, aliás. Quando não conseguem explicar algo em uma prova, os alunos não pensam "Acho que, no fim das contas, não entendi". Eles concluem que a avaliação foi injusta.

Assim que seus alunos entenderem que há formas diferentes de saber algo e que a sensação de saber pode ser enganosa, certifique-se de explicar a eles exatamente o que isso significa para o aprendizado – isto é, que precisam ter em mente a forma como devem demonstrar seu conhecimento nas provas e que é necessário que empreguem métodos confiáveis para averiguar o nível de aprendizado enquanto se preparam. Em seguida, diga como eles podem fazer isso.

Saber que há tipos diferentes de memória também deve tornar você mais propenso a dizer a seus alunos o que esperar em uma prova. Como professor, sinto a tentação de não contar nada aos meus alunos sobre as avaliações futuras – tenho vontade de dizer apenas "É só saberem o conteúdo que vão se dar bem". Mas, como pesquisador da memória, sei que, na prática, isso não é bem assim.

Já que reconhecer é muito mais fácil que recordar, provas de múltipla escolha, que mostram as respostas, costumam exigir um conhecimento bastante detalhado. Provas de respostas curtas raramente requerem tanto detalhe, mas os alunos não têm o benefício de ver as opções disponíveis. E, é claro, provas discursivas ou redações pedem o conhecimento abrangente de temas.

É pedir demais querer que os estudantes entendam o conteúdo com profundidade suficiente para responder qualquer tipo de questão sobre qualquer um dos tópicos da disciplina. Acho mais inteligente ter expectativas realistas a respeito do que seus alunos devem saber e dizer o que você espera deles.

Os alunos com mais dificuldade em provas costumam ser aqueles que não sabem avaliar bem se estão preparados ou não. Ajudá-los a compreender a dificuldade de avaliar o próprio conhecimento pode exigir certa persistência. Mas vale o esforço, porque ter uma noção melhor do que sabem vai permitir que eles se preparem de forma mais eficaz.

Resumo para professores

- Faça uma demonstração em sala para ensinar aos alunos a diferença entre entender quando alguém explica e conseguir explicar por conta própria.
- Mostre aos estudantes que eles podem avaliar erroneamente se memorizaram algo ou não.
- Diga a eles como podem se autoavaliar.
- Informe que tipo de conhecimento será exigido nas provas.

CAPÍTULO 8

Como fazer provas

Provas exigem duas coisas: que você recorde informações e que faça algo com elas, como resolver um problema ou escrever uma redação convincente.

Na minha experiência, o julgamento dos alunos sobre qual dessas exigências é mais importante depende da parte do processo em que estão. Antes da prova, eles acham que seu sucesso será determinado pela quantidade de coisas que têm na memória: "Se eu estudar, vou passar." E, depois da prova, pensam o mesmo: acham que suas notas foram determinadas, principalmente, por quanto estudaram.

Durante a prova, porém, os alunos pensam bem pouco sobre o processo de extrair as informações da memória e se concentram em como podem usar de forma efetiva quaisquer lembranças que consigam acessar. Gastam muito tempo e energia mental tentando interpretar *o que as questões realmente querem dizer* ou adivinhar *o que o professor quer que eu diga*.

Esses comportamentos são muitas vezes chamados de "estratégias de prova", mas com frequência dão errado. Levam os estudantes a ver nas questões significados sutis além do que está claramente visível ou a tentar eliminar as opções de uma questão de múltipla escolha com base em truques supostamente úteis como "Respostas contendo as palavras 'sempre' ou 'nunca' costumam ser erradas".

Os alunos usam essas estratégias duvidosas nas provas porque estão tentando extrair o máximo de valor das primeiras informações de que conseguem se lembrar. No entanto, é raro que tentem obter *mais* informações de sua memória, pois não veem motivo para fazer isso. Mas estão errados.

No capítulo 3, vimos que uma lembrança pode "estar lá", mas ser difícil de extrair por causa da forma como acessamos nossa memória. (Ver o mercado não foi uma boa pista para que eu me lembrasse de comprar café para a cesta de presentes do meu vizinho.) Com a estratégia certa, você pode ser capaz de fazer com que uma memória relutante saia do baú.

> **QUANDO VOCÊ ESTIVER FAZENDO UMA PROVA**
>
> **O que o seu cérebro vai fazer:** Ele pode acreditar que, se você souber algo, todas as tentativas de recuperar a memória serão bem-sucedidas. Na verdade, *trabalhar* para se lembrar de algo pode compensar. Mas, em vez de tentar extrair mais lembranças do baú da memória, as pessoas aplicam estratégias ineficazes ao conteúdo que sai da memória com facilidade.
>
> **Como ser mais esperto que o seu cérebro:** Não desista de sua memória se ela não oferecer de imediato a resposta desejada. Você só deve recorrer a estratégias de prova em último caso.

Neste capítulo, veremos algumas formas de criar pistas para memórias que você não consegue recuperar. Também vou falar mais a fundo sobre os motivos pelos quais costuma ser uma má ideia usar táticas ou truques na hora de fazer uma prova. No entanto, estratégias feitas para manter você organizado e calmo são úteis, e vamos examiná-las primeiro.

DICA 47

Prepare-se e cuide-se

O que pode ser mais frustrante que receber de volta uma prova e ver que você errou uma questão cuja resposta sabia, mas acabou circulando a opção

B quando pretendia escolher a C? Para evitar esse problema, você deve criar alguns hábitos para quando for fazer provas.

Hábito 1: Passe os primeiros 30 segundos lendo as instruções, se houver alguma. Em geral, elas não contêm informações importantes, mas às vezes você descobre que o professor vai descontar pontos de questões que o aluno chutar, por exemplo, ou que não é necessário justificar todas as respostas nem escrever frases completas.

Hábito 2: Nos 30 segundos seguintes passe os olhos pela prova para ter uma noção de quanto tempo pode gastar em cada questão. Preste atenção no valor em pontos de cada uma delas a fim de que possa separar mais tempo para as que valem mais. Faça um cálculo rápido para saber onde deve estar quando cada terço do tempo tiver passado. Quando fizer esses cálculos, não se esqueça de deixar um tempinho no fim para revisar o seu trabalho. Marque esses lugares na prova.

Hábito 3: Leia. Cada. Questão. Com. Cuidado. Meus alunos às vezes erram questões porque leram metade delas e acharam que entenderam. Ou leram a questão inteira, mas de algum jeito deixaram passar a palavra *não*. Quando pensar que sabe uma resposta, tire alguns segundos para ter certeza de que entendeu a pergunta.

Hábito 4: Nos últimos minutos, confira seu trabalho. Certifique-se de que não pulou uma questão sem querer. Releia suas respostas discursivas para achar palavras que estejam ilegíveis ou faltando, frases incompletas, etc. Para questões de múltipla escolha, confira se marcou a resposta que queria. Em provas de matemática ou ciência, verifique se respondeu por completo problemas que requerem vários passos. Circule a resposta de cada questão para deixar claro qual é a solução. Certifique-se de especificar as unidades de medida. Nomeie os eixos dos gráficos.

Quando um aluno vem me ver frustrado com a nota de uma prova, quase sempre há alguns pontos que acabaram sendo perdidos por causa de "erros bobos". Adquira esses hábitos e nunca mais perca pontos por detalhes desse tipo.

> *Em uma frase:* Adquirir alguns hábitos para ajudar no planejamento e na atenção ao trabalho vão assegurar que você não perca pontos por descuido.

DICA 48

Aprenda a lidar com a ansiedade em relação a provas

Quase todo mundo fica nervoso antes de uma prova. A maioria também fica quando tem que falar em público ou comparecer a um evento em que não conhece ninguém. O simples fato de ser comum não significa que você não possa aprender algumas formas de lidar com isso. Os nervos distraem e vão afetar seu desempenho nas provas. (Se tiver muita dificuldade em controlar sua ansiedade, ou se ficar ansioso não só durante provas, mas também enquanto se prepara para elas, veja o capítulo 14.)

Como você deve saber, a ansiedade se retroalimenta: se sentir ansioso durante uma prova dificulta a concentração, o que torna difícil lembrar as respostas, o que aumenta a ansiedade. Portanto, as estratégias para controlar a ansiedade em relação a provas se concentram em quebrar esse ciclo ou nunca entrar nele. Aqui estão algumas técnicas que você pode testar.

Tente reduzir seu consumo de bebidas cafeinadas no dia da prova e veja se isso ajuda.

Alguns alunos ficam ansiosos na presença de outros fazendo a prova – apenas ver alguém mexendo a perna sem parar ou, pior, fazendo a prova rápido e com facilidade, faz o coração de algumas pessoas acelerar. Se for o seu caso, **tente se isolar**: sente-se sozinho ou perto da frente da sala, se puder. Ou tente usar tampões de ouvido durante a prova. Isso ajuda algumas pessoas a sentir que estão em um mundo à parte. (Confira com o professor se isso é permitido.)

Algumas pessoas acalmam a ansiedade desabafando sobre como estão ansiosas ou sobre como a prova é importante; isso as ajuda a se sentir melhor, mas pode ser terrível ouvir essas coisas, então talvez seja bom **evitar falar com os colegas** pouco antes da prova. Se a pessoa em questão for sua amiga e for desconfortável encerrar a conversa, diga que quer fazer uma revisão de última hora e enfie a cara no livro. (Se reler as anotações ajudar você a se concentrar, ótimo; se só piorar seu nervosismo, não precisa ler de verdade.)

Há quem goste de **meditar ou rezar** antes de uma prova para acalmar a mente e se concentrar, e essa é uma boa estratégia se você começar a entrar em pânico durante uma prova. Se não tiver o hábito de recorrer a essas duas práticas, aqui está um procedimento simples de três passos que vai dar conta do recado: (1) feche os olhos. (2) Respire devagar, contando até sete, e expire contando até sete de novo. (3) Repita o processo duas ou três vezes, ou até sentir o corpo começar a relaxar. Se isso não resolver o problema e ir ao banheiro for permitido, dar uma caminhadinha pode ajudar a reorganizar a mente.

Às vezes, é difícil relaxar, porque seus pensamentos estão muito acelerados. Uma **conversa realista com você mesmo** depois do exercício de respiração pode ajudar. Se estiver entrando em pânico porque a prova tem um monte de questões inesperadas, não esqueça que todo mundo está no mesmo barco. Se o motivo do nervosismo for você não ter se preparado, lembre-se: essa prova não determina o seu futuro e muito menos *quem você é*. Se fracassar, pode se reerguer. Acredite que é capaz de bolar um plano para se recuperar depois – tente pensar em alguém que possa ajudá-lo com isso. Prometer a si mesmo que vai seguir esse plano e se assegurar de que há pessoas que vão ajudar pode fazer com que você deixe o pânico de lado e tente dar o seu melhor na prova que está fazendo.

Já ouvi conselhos de que, para lidar com a ansiedade, você deve "visualizar a si mesmo tendo sucesso". Sempre achei isso um pouco difícil de fazer. Por exemplo, imagine que eu esteja participando de uma mesa-redonda e falando muito pouco, mas, toda vez que abro a boca, as pessoas me olhem como se eu tivesse dito algo idiota. Então, fico quieto e não comento mais nada. Nesse momento, eu poderia tentar me visualizar dizendo algo bem esperto e deixando todos boquiabertos, maravilhados e encantados, mas seria muito difícil acreditar nessa imagem mental.

Se visualizar o sucesso funcionar para você, ótimo. Se não, aqui está uma alternativa: **imagine que há alguém incentivando você**. Não sou capaz de visualizar o sucesso naquela mesa-redonda horrível, mas consigo imaginar minha esposa ao meu lado, e isso ajuda de outras formas: me faz ver meu desempenho pelos olhos dela, e ela tem uma percepção mais realista que a minha. Certo, talvez eu *não* esteja tendo o melhor desempenho possível, mas também não é o show de horrores que parece para mim. Assim, eu *deveria* tentar o melhor que posso em vez de ficar remoendo meu desempenho e não dizendo nada; devo isso às pessoas que me convidaram. Também posso ouvir em minha mente palavras de apoio que minha esposa diria: "Algumas pessoas pareciam interessadas quando você falou, como aquela mulher na terceira fila que não parava de fazer que sim com a cabeça. E outra coisa, qual é a daquele outro cara no painel, aquele na ponta da mesa? Por que ele fala tanto? Você com certeza é mais interessante que ele."

Da próxima vez que ficar nervoso durante uma prova, imagine alguém sentado ali com você, o tipo de pessoa que sempre sabe o que dizer para deixá-lo mais confiante.

Falamos sobre como evitar erros por descuido e como manter a ansiedade sob controle – resumindo, como evitar que as coisas deem errado. Mas e quanto a métodos para melhorar o seu desempenho nas provas? Vejamos algumas técnicas que vão permitir que você convença memórias teimosas a sair do baú.

> *Em uma frase:* Você pode combater uma ansiedade moderada em relação a provas evitando situações que o deixem ansioso e usando técnicas para se acalmar quando sentir estresse.

DICA 49

Imagine que está no lugar onde estudou

Se você estiver fazendo uma prova escrita, é provável que esteja na mesma sala onde aprendeu parte do conteúdo – a sala de aula –, mas com certeza não na sala específica em que se preparou para a prova. E, se estiver fazendo um concurso para policial, por exemplo, ou um teste de certificação de professores, deve estar em uma sala que nunca viu antes. A memória piora quando tentamos lembrar alguma coisa em um local diferente de onde estudamos?

Talvez um pouquinho.

Aqui está o porquê. Às vezes é importante saber *onde* e *quando* algo aconteceu; isso costuma ser chamado de informação contextual. Por exemplo, quando estaciono o carro para ir ao mercado, quero lembrar onde ele está, mas não quero fazer uma associação *permanente* do meu carro com essa vaga específica. Quero associá-lo com ambos, o lugar *e* o momento: estacionei nesta vaga só por hoje, não para sempre. É por isso que encontrar o seu carro pode ser tão difícil. Você está tentando achar a memória datada de "hoje", mas ela é fácil de confundir com as outras memórias de ter parado no mesmo estacionamento (ou outro similar) datadas de outros dias.

Quando você estuda, não quer que suas memórias sejam atreladas a um contexto. Pode ser que estivesse em sua cozinha quando aprendeu que Wilhelm Wundt é considerado o primeiro psicólogo experimental moderno, mas você não quer a *cozinha* envolvida nessa memória; Wundt continua sendo o mesmo quando você está no quarto ou na sala de aula.

Infelizmente, o lugar ou a hora podem invadir uma memória mesmo que você não queira. Pesquisadores testam essa ideia com um simples experimento. Os participantes são informados de que sua memória será testada e que tudo que devem fazer é prestar atenção em uma lista de palavras que será lida em voz alta. O experimento se passa em uma sala de aula arrumada, com uma grande janela, e as palavras são ditas por um jovem rapaz vestido de forma um tanto desleixada. Dois dias depois, eles voltam e tentam relembrar as palavras. Para alguns deles, o teste é conduzido pelo mesmo rapaz na mesma sala, mas outros o fazem em um pequeno e desordenado escritório, administrado por uma mulher bem-vestida e mais velha. Esses indivíduos não se saem tão bem no teste.

Mudar de lugar não provoca um efeito enorme na memória. Ela não funcionaria muito bem se fosse esse o caso. Imagine ir jantar com a família para celebrar um aniversário e ser incapaz de se lembrar dele depois, a não ser quando retornasse ao restaurante. É claro que você iria querer compensar o efeito que isso poderia ter e evitar qualquer prejuízo ao seu aprendizado.

O aprendizado é bem mais passível de ser atrelado a um tempo e local se você pensar sobre o lugar ou a hora enquanto aprende, por exemplo, a usar as rachaduras na parede da sala de estar como uma forma de ajudar a visualizar os grandes rios da Europa Ocidental. É outro caso do princípio da memória como resíduo do pensamento. Então, conforme estuda, você deve evitar ligar conscientemente o conteúdo ao ambiente de estudo.

Entretanto, o ambiente ainda pode se esgueirar em sua memória mesmo se você fizer um esforço para não incluí-lo em seus estudos. Para usar essa possibilidade a seu favor, se estiver fazendo uma prova e tiver dificuldade em lembrar algo, **tente visualizar o lugar onde estudou**. Imagine que está lá. Pense também em quaisquer sons ou cheiros característicos que o local tenha. Essa visualização pode ajudar a recuperar a memória perdida.

> *Em uma frase:* Se estiver com dificuldade para recordar um fato que estudou, tente visualizar o local de estudo.

DICA 50

Se não conseguir se lembrar de um fato, pense sobre temas

Vamos tentar outro experimento: ver quantos animais você consegue citar em um minuto. Sério, experimente. (Se achar que não consegue citar mais nenhum antes de dar um minuto, pode parar.)

Como se saiu? Suponha que eu tenha dado uma dica, como "Animais que se encontram em uma fazenda". Consegue pensar em mais alguns? Que tal "Animais da Austrália"? Ou "Animais de circo". Ou "Animais que se encontram em uma loja".

As memórias costumam se organizar em temas, ou conjuntos, e podem ser recuperadas nessa forma. Um experimento demonstrando esse princípio foi conduzido pelos psicólogos James Pichert e Richard Anderson em 1997. Eles fizeram os participantes lerem uma breve descrição de dois meninos, Mark e Pete, matando aula e passando tempo na casa de Pete. Todos leram o mesmo trecho, mas alguns foram instruídos a ler como se fossem ladrões, e outros como se fossem o comprador de uma casa. Mais tarde, a memória dos participantes foi testada, e aqueles que leram da perspectiva do ladrão lembraram coisas como Pete dizendo que a porta lateral da casa estava sempre destrancada e que seu pai tinha uma coleção de moedas raras. Aqueles tomando o ponto de vista de um comprador lembraram que o tapume de pedra era novo, mas o teto tinha goteiras. Esse efeito é bem fácil de entender; se for instruído a pensar como um ladrão, vai notar detalhes que seriam do interesse de um ladrão. Da mesma forma, a perspectiva do comprador leva a perceber detalhes relevantes a um comprador.

Mas aqui as coisas ficam interessantes: quando os pesquisadores pediram às pessoas que trocassem de perspectiva – os ladrões pensarem como compradores e vice-versa –, elas lembraram detalhes que eram relevantes à outra perspectiva. Quando os ladrões pensaram como compradores, devem ter pensado: "Hmmm. Com o que um comprador se importaria? Uma vizinhança legal? A condição da casa? Ah, é, a história disse algo sobre goteiras."

Como usar esse princípio durante uma prova? Duvido que isso vá ajudar você a se lembrar de uma informação específica quando a pergunta for bem clara, por exemplo, "Em que ano foi assinado o Tratado de Versalhes?". Mas pensar sobre temas abrangentes pode ser útil para as questões integrativas que com frequência se encontram em provas discursivas, como "Quais foram as consequências mais importantes do Tratado de Versalhes para a França durante a década de 1920?". Temas amplos também podem ajudar a pensar sobre questões que pedem para aplicar o seu conhecimento a uma situação concreta, por exemplo, "Descreva um método para desenvolver um ambiente de realidade virtual a fim de simular uma montanha-russa". Nesses tipos de questões, você recebe pistas limitadas sobre que partes da imensa quantidade de informação que aprendeu é relevante para a resposta. Você é forçado a fazer uma busca indireta da memória, assim como fez quando eu disse "Veja quantos animais consegue citar em um minuto". Você pode acabar pensando "Será que aprendi algo sobre isso?". Ou talvez se lembre de algumas coisas que podem ser relacionadas, mas não parecem um início de redação muito promissor.

Se estiver com dificuldade em descobrir que parte do que aprendeu é relevante a uma questão, **liste os tópicos que aprendeu em um papel à parte** ou na margem da prova. Isso servirá ao mesmo propósito que minhas pistas: animais australianos, animais de fazenda, etc. Para a questão sobre o Tratado de Versalhes, você pode listar "impacto financeiro da guerra", "território ganhado por causa do tratado", "reintegração social dos soldados", e assim por diante. Assim que listar o maior número de tópicos que conseguir, considere um por um e veja se refrescam alguma memória que possa ajudar a interpretar e responder a questão.

Não preciso nem dizer que isso pode demorar um pouco. Você só deve fazer isso depois que tiver terminado o resto da prova e tiver tempo para retornar ao problema que estava travando você.

> *Em uma frase:* Algumas questões de prova só têm pistas bem gerais para a memória, e você pode não considerar um ou mais tópicos abrangentes que são relevantes enquanto formula uma resposta; nesse caso, liste os temas do material que estudou para ter certeza de que considerou todo o conteúdo que pode ser relevante a uma questão.

DICA 51

Continue tentando

Aqui está outro experimento mental para você: suponha que concordou em participar de um experimento sobre a memória. Eu lhe mostro 44 desenhos de objetos comuns (um peixe, uma flor, etc.), por cinco segundos cada. Você vê o conjunto inteiro duas vezes. Vinte e quatro horas depois, você retorna e eu lhe dou uma folha de papel em branco, pedindo que liste o maior número desses objetos que puder em cinco minutos. Então por três minutos eu peço que você faça uma tarefa não relacionada (problemas simples de matemática) para que não pense nos desenhos. Aí eu lhe dou mais uma folha de papel e mais uma vez peço que liste os objetos. Depois você faz mais três minutos de problemas de matemática e mais um teste do que lembra dos desenhos que viu no dia anterior.

Como acha que vai se sair na primeira, segunda e terceira tentativas? Melhor? Pior? Igual?

Neste experimento, as pessoas lembraram, em média, de 19 objetos na primeira tentativa, mais de 20 na segunda e 21 na terceira. Esse resultado geral é típico: **as pessoas lembram um pouco melhor cada vez que tentam lembrar**.

Este fenômeno vem sendo observado em muitos experimentos ao longo de várias décadas, mas a razão para isso não é totalmente clara. Pelo menos parte do efeito se deve à prática de recuperação: procurar algo na memória torna essa coisa mais memorizável, mesmo que a pessoa não ache (veja o capítulo 6).

Você também pode lembrar um pouco mais porque a mesma pista pode funcionar de forma diferente em outro momento. Imagine dar a tacada inicial em um jogo de bilhar; apesar de as bolas começarem sempre no mesmo triângulo e *parecerem* que estão na mesma posição toda vez, na verdade há diferenças sutis, de modo que mesmo se a bola branca acertá-las da mesma forma, o resultado será diferente. Enviar uma pergunta para a memória tal como "A Batalha de Carbala foi crucial em dividir qual religião em duas facções?" e ver o que sai do outro lado é um pouco parecido com acertar a bola branca e ver onde as outras 15 bolas vão parar. Mesmo que sua mente *pareça* ser a mesma toda vez que faz a pergunta, ela pode ser um pouco diferente. E, uma vez, essa diferença vai fazer a pista gerar a resposta desejada.

Não há por quê, porém, ler uma questão, falhar em encontrar a resposta e então reler a pergunta de imediato, porque sua memória ainda é a mesma de cinco segundos atrás. Mas se voltar à questão em cinco ou dez minutos, sua memória estará em um estado levemente diferente, porque você esteve pensando em outras questões. E então pode ser que responda de forma diferente à pergunta sobre a Batalha de Carbala.

Quando fizer uma prova, para cada pergunta, **tente se lembrar da resposta por uns 30 segundos. Se isso não funcionar, marque a pergunta e volte a ela em cinco ou dez minutos**. Continue fazendo isso até acabar o tempo ou terminar a prova.

Esse conselho levanta a questão de se é esperto mudar uma resposta ou se é melhor ficar com a resposta que você primeiro pensou que era certa. Pesquisadores examinaram essa questão em muitos experimentos desde pelo menos os anos 1960, com frequência usando a mesma técnica: procurando marcas de questões apagadas em provas e categorizando cada mudança: (1) de uma resposta errada para uma certa, (2) de uma resposta certa para uma errada, ou (3) de uma resposta errada para outra errada. Descobriram, consistentemente, que os alunos quase sempre mudavam respostas erradas para certas. Além disso, quando perguntados sobre as mudanças que fizeram, eles raramente dizem que foi porque perceberam que marcaram a opção errada por acidente. Em vez disso, a maioria das mudanças são causadas por pensar continuamente sobre a questão; os alunos continuam tentando se lembrar, e isso faz surgir uma nova percepção ou dedução.

Por exemplo, suponha que você respondeu "budismo" à pergunta sobre a Batalha de Carbala, que você sabe que foi uma espécie de palpite – "budismo" foi apenas o que veio à mente quando você viu "Carbala". Mas enquanto responde a outra pergunta você se lembra do professor mencionando que muitos muçulmanos xiitas praticantes se vestem de preto para lamentar a morte de alguém cujo nome você não lembra, embora tenha bastante certeza de que essa pessoa foi um mártir na Batalha de Carbala. Então agora você tem 95% de certeza de que a resposta é "islamismo", e não "budismo". Claramente, você deve mudar a resposta.

Mas e se não tiver tanta certeza? Essa situação é especialmente comum em provas de múltipla escolha, nas quais as perguntas são formuladas de modo que mais de uma opção pareça ser a certa. Se você ficar preso entre duas respostas que parecem igualmente boas, deve confiar em seu primeiro instinto ou no segundo? Eu nunca vi um experimento que respondesse a essa pergunta e, para ser sincero, não sei se existe uma resposta certa para todo mundo. Penso que você deve pensar no seu jeito particular de fazer provas. Discutirei como você pode avaliar isso no capítulo 9.

> *Em uma frase:* Se não conseguir se lembrar de um fato, retorne à questão em cinco ou dez minutos. Não presuma que seu primeiro *ou* seu segundo instinto tem mais chance de ser correto; confie em sua decisão de qual resposta é a certa.

DICA 52

Cuidado com o "conhecimento estalo"

Algumas provas pedem que você relacione diretamente o conteúdo exato que memorizou. Por exemplo, quando uma aluna do fundamental faz um teste de soletração, ela sabe que a correspondência entre o que estudou e o teste será exata – ela aprendeu a soletrar várias palavras e é isso que será testado. Com mais frequência, questões de prova requerem alguma interpretação ou aplicação do que foi memorizado.

A necessidade de aplicação abre a porta para os alunos escolherem respostas que não estão erradas, mas não respondem à pergunta. Por exemplo, o professor pode indagar "Como o Romantismo na filosofia influenciou os poetas britânicos da época?". O aluno redige um texto cheio de fatos sobre a filosofia e a poesia do período romântico, mas não conecta os dois – que era o que a questão pedia.

Por que você falharia em responder a questão? Às vezes é porque você não sabe a resposta, é claro; você apenas escreve qualquer coisa que saiba sobre o assunto e cruza os dedos. Mas outras vezes é porque você vê uma palavra-chave ou outra, pensa "Eu conheço isso!" e começa a responder antes mesmo de ler a questão inteira. Eu chamo isso de "conhecimento estalo (batida)". **Quando determinada informação faz você ter um "estalo" na mente, avalie se essa informação responde mesmo à questão.**

Mais ou menos a mesma coisa pode acontecer também em questões de múltipla escolha. Por exemplo, veja esta questão de um teste de prática para licenciamento de eletricistas.

O que deve ser observado quando se conecta um voltímetro a um circuito DC?

a. Fator de potência
b. Valor eficaz
c. Resistência
d. Polaridade

A resposta correta é "Polaridade" – isto é, qual lado do circuito é positivo e qual é negativo. É isso que você deve observar. Mas um voltímetro costuma ser usado para medir a resistência, que é a opção C. Quando estuda para o exame, um futuro eletricista com frequência vai encontrar a instrução "Use um voltímetro para medir a resistência". Então, quando a questão inclui "voltímetro" e uma das respostas é "resistência", o cérebro do sujeito imediatamente grita "Esses dois vão juntos!". E eles vão, mas essa não é a questão. O "conhecimento estalo" pode ser factual e aparecer com frequência nos materiais de estudo, mas ainda assim ser a resposta incorreta para uma questão.

O melhor jeito de responder a uma questão de prova é, claro, ler a pergunta com cuidado. Mas, além disso, você deve ter ciência da tendência do seu cérebro de servir "conhecimentos estalo" quando vê palavras-chave.

> *Em uma frase:* Quando você se prepara bem, algumas ideias ficam fortemente associadas, e, quando você vê a ideia A, a ideia B imediatamente vem à mente, mas isso não significa que a ideia B seja a resposta.

DICA 53

Peça esclarecimentos ao professor, mas mostre o que sabe

Às vezes você tem dificuldade em acessar algo na memória porque o professor diz as coisas de uma forma inesperada. Parte do problema é que tendemos a aprender novas ideias da forma particular em que são expressas e, quando palavras diferentes são usadas, podemos não reconhecê-las. Essa é uma das razões por que acho útil ter um grupo de estudos: estudar com os outros nos expõe a jeitos diferentes de expressar a mesma ideia (veja a dica 38).

Outras vezes, o professor simplesmente formulou mal uma pergunta. **Se ficar confuso com uma questão, você pode tentar pedir ao professor que explique.** Porém os professores variam bastante em suas regras a respeito disso. Alguns deles se recusam a responder perguntas durante uma prova. Há professores universitários que nem compareçam à sala; eles deixam professores-assistentes aplicar a prova enquanto fazem alguma outra coisa mais importante.

Pressupondo que haja alguém disponível e disposto a responder perguntas, é mais provável que você obtenha uma resposta útil se compreender a perspectiva do professor sobre o assunto. Aqueles de nós que tiramos dúvidas durante provas estamos em conflito. Por um lado, não queremos que você cometa um erro por causa de alguma peculiaridade na forma que expressamos uma questão, então ficamos felizes em esclarecê-la. Por outro, não queremos dar nenhuma dica sobre a resposta; isso não é justo com os outros. Por essa razão, somos sensíveis a "dúvidas" de alunos que parecem querer "pescar" algo: perguntas vagas feitas com a esperança de que o professor, sem querer, revele algo sobre a resposta.

É mais provável que o estudante consiga uma boa resposta do professor se reafirmar que esse não é seu objetivo. A forma de fazer isso é **explicar o que o deixou confuso**. Não diga apenas "Não entendi a questão quatro" ou "Será que pode reformular a questão quatro?". Em vez disso, explique sua confusão. Seja breve, mas inclua detalhes específicos que mostram que andou pensando. Diga, por exemplo, "Estou confuso com a questão quatro porque ela pede uma explicação do que há de errado com currículos nacionais de educação, mas nós discutimos vários exemplos de currículos nacionais em que os estudantes se saem muito bem, como os de Hong Kong, Cingapura e da Coreia do Sul".

O professor pode chamar sua atenção para uma palavra ou outra que você não percebeu. Ou pode decidir que a questão não está escrita de forma clara e reformulá-la. Ou dizer que você está no caminho certo e sua confusão se deve apenas ao nervosismo. Ou não ser nem um pouco prestativo e apenas dizer "Responda à pergunta o melhor que puder". Mas é quase garantido que ele vai dizer algo assim se você não disser o que está pensando. Se apenas disser "Estou confuso", ele vai pensar que você está pedindo uma dica e não vai querer dar.

> *Em uma frase:* Se estiver confuso com a formulação de uma questão, peça ao professor que explique, mas seja específico em relação à sua dúvida e ao que entendeu para assegurar a ele que você só quer um esclarecimento, e não dicas para a resposta.

DICA 54

Não pense demais

No começo deste capítulo, eu disse que nós empregamos dois processos mentais-chave quando fazemos provas: extrair informações da memória e então utilizá-las. Vimos várias maneiras de aumentar as chances de obter a informação correta da memória. Mas e para usar?

É aqui que os alunos costumam errar, em questões de múltipla escolha em particular. Quando não têm certeza absoluta da resposta, eles começam a aplicar o que pensam ser estratégias astuciosas, mas que na verdade são métodos de se convencer a escolher a resposta errada. Aqui estão alguns exemplos de estratégias ruins para responder questões de múltipla escolha e formas melhores de lidar com a incerteza.

Às vezes você apenas pensa demais. Isso é comum em provas de múltipla escolha porque elas apresentam opções que propiciam isso. Por exemplo, você pode saber que a opção A está certa, e que a B e a C com certeza estão erradas. Mas aí você olha para a D e pensa "Hmmm. *Talvez* ela esteja certa". E, sem perceber, você vai se convencendo de que a resposta D é a correta e começa a tentar pensar em circunstâncias que a tornariam uma boa resposta. Ao fazer isso, **é fácil adicionar suposições à questão e/ou inventar coisas que não estão lá**. Por exemplo, uma de minhas provas tinha uma questão sobre memorizar um evento cotidiano (ir a um restaurante), e um aluno escolheu uma resposta que só fazia sentido sob a suposição de que comer fora é um evento altamente emocionante. Ele disse: "Eu achei que a pergunta fosse sobre emoções e memórias, então talvez comer fora deixe alguém muito feliz." A seguir, ele viu que esse raciocínio não fazia sentido.

Se você não conseguir escolher entre duas opções, se pergunte: (1) Será que preciso adicionar suposições para tornar uma das respostas correta? (2) Será que uma das respostas só está correta sob algumas circunstâncias? Se a resposta de qualquer uma dessas perguntas for sim para uma opção, mas não para a outra, você achou a resposta certa.

Há alunos que mergulham no pensamento de propósito. Aprendem truques para eliminar respostas em questões de múltipla escolha quando fazem provas padronizadas como o Enem – truques como "Evite respostas que dizem que algo 'sempre' ou 'nunca' é correto" ou "Se algo é afirmado de forma positiva em uma opção e negativa em outra, a opção positiva costuma ser certa". **Truques desse tipo são seu último recurso.** São a opção a que você recorre em desespero quando todas as outras se esgotaram. Se esses truques *realmente* funcionam está aberto para debate, mas mesmo seus defensores diriam que não se deve aplicá-los a toda questão. É assim que você se convence a escolher respostas erradas.

Para questões de múltipla escolha, tente responder cada questão mentalmente *antes* de ler as opções. Se sua resposta for uma delas, pronto. Se a resposta não for óbvia de imediato, os truques comuns sugerem que você analise as escolhas e comece a tentar eliminá-las: qual delas parece mais errada?

Isso é um conselho ruim.

Se você não sabe a resposta, então deve **passar mais tempo na questão**. A resposta deve vir da sua memória, e a questão é a pista para a sua memória. Pense na questão para chegar à resposta. David Daniel, expert do aprendizado na James Madison University, oferece a "regra 80/20": a maioria dos estudantes passa 20% do tempo lendo a questão e 80% pensando sobre a resposta. Seria melhor, ele sugere, fazer o contrário e passar 80% do tempo lendo a questão.

> *Em uma frase:* Estratégias de prova para guiar você à resposta correta quando não sabe o conteúdo não funcionam e acabam fazendo você duvidar de si mesmo.

DICA 55

Para questões discursivas, não comece a escrever até saber como vai terminar

A maioria dos estudantes precisa empregar menos estratégias em questões de múltipla escolha, porém mais em questões discursivas, porque muitos não pensam o suficiente antes de começar a escrever.

Isso é compreensível. Questões que envolvem redação são amplas e muitas vezes provocadoras, geralmente suscitando algumas ideias à mente. Assim que as anota no papel e pensa um pouco mais, você já sente o texto tomando forma. Dado que está sob pressão, você está impaciente para começar a escrever.

Roteiristas conhecem bem essa tentação. Quando um diz ao outro que está trabalhando em um roteiro excelente, o segundo quase sempre pergunta "E como vai o final?". É difícil começar um roteiro, inventar personagens vívidos e uma trama interessante para eles. Mas isso é incomparável à dificuldade de finalizar a história de uma forma que satisfaça o público.

Isso também se aplica a redações de prova. Se você estudou, é provável que consiga pensar em partes grandes da resposta, que vão permitir que escreva um texto bom o suficiente. É muito mais difícil organizar as últimas partes de forma eficaz. Isso é o que transformará seu texto de bom o suficiente em ótimo.

Recomendo um processo de três passos para escrever redações. Imagine que você encontrou esta questão em uma prova: "Escreva uma redação explorando 'aparência *versus* realidade' em *Hamlet*. Você acha que a incapacidade de Hamlet de enfrentar a realidade causou sua ruína?"

Passo 1: Em um rascunho, liste tudo que acha que deve fazer parte da redação. Vá em frente e esvazie seu cérebro, mas reconheça que nem tudo que pensar será relevante à questão. Muita coisa em *Hamlet* tem pouco a ver com esse tema, mas você vai se sentir tentado a abordar esses tópicos mesmo assim.

Para organizar todos os fatos que listar e ter certeza de que incluiu fatos relevantes em sua resposta, **ordene-os por subquestões**. Neste exemplo, as subquestões são (1) a exploração do tema "aparência *versus* realidade" e (2) a incapacidade de Hamlet de encarar a realidade como sua principal falha de caráter.

Organizar por subquestão vai ajudar você a avaliar as evidências que vai usar como apoio a suas respostas para essas subquestões. Você deve ter *pelo menos* duas fontes de evidência para cada subquestão, se não três ou quatro. Se a afirmação é "A causa B" ou "A é um tipo de B", deve haver múltiplas razões para você dizer isso.

Além disso, conforme for esvaziando o cérebro, pense em termos de uma hierarquia, assim como fez para aulas e leituras quando estudou. Você está listando fatos, temas e ideias; estes não estão todos no mesmo nível hierárquico. Uma conclusão vive no topo da hierarquia; abaixo estão implicações da conclusão, evidências para a conclusão, qualificações da conclusão, etc. Ao compor sua resposta, seja explícito quanto a que tipos de conexões está demonstrando.

Finalmente, decida quanto tempo pode gastar na questão, mas seja razoável. É claro que deve fornecer mais detalhes em cada resposta se houver três questões em vez de dez.

Passo 2: Num rascunho, escreva um esboço. Você tem um monte de fatos do passo 1 e começou a conectá-los, avaliando sua relevância na resposta e organizando-os por ordem de importância. Agora transforme isso em um esboço. Eu sei que o tempo corre, mas você quer que sua redação seja bem organizada e composta de frases bem escritas, mas não dá para pensar em duas coisas – organização lógica e frases claras – ao mesmo tempo. Então escreva um esboço para organizar seus pensamentos.

Pense sobre a sequência de suas ideias: como vai fazer a transição de uma a outra? Esboçar também vai ajudar a encontrar lacunas em sua lógica e partes que necessitam de mais detalhes. Além disso, vai forçar você a pensar sobre sua conclusão. **Não comece a escrever até saber como a redação vai terminar.**

Passo 3: Escreva. Se está feliz com seu esboço, você não precisa pensar mais sobre a questão – está tudo ali. Agora pode se concentrar em escrever da forma mais clara possível. Você pode pensar sobre a escolha de palavras, compor parágrafos coerentes e variar o tamanho das frases.

Os professores às vezes dizem que apenas a qualidade do seu pensamento importa, e não a de sua escrita. Talvez eles sejam melhores avaliadores que eu, porque acho bem difícil separar os dois. Quando estou lendo algo e fico confuso, tenho que julgar se as ideias são incoerentes ou se a escrita está ruim. Isso nem sempre é fácil. Mesmo que digam que a escrita não conta, escrever o melhor que puder não vai prejudicá-lo.

> *Em uma frase:* Questões discursivas requerem bastante pensamento na hora, então empregue um plano de três passos para organizar um texto com rapidez.

Com toda a preparação que fez e o cuidado com que realizou a prova, você maximizou suas chances de se dar bem. Mas, claro, as coisas nem sempre dão certo. Talvez você tenha começado o curso em desvantagem porque seu histórico com o assunto não era muito bom. Ou talvez tenha dado azar na prova. Ou sua técnica de estudo e de fazer provas ainda precise de alguns ajustes. No próximo capítulo vamos pensar em como examinar seus resultados de prova para descobrir os próximos passos.

PARA PROFESSORES

Não é agradável contemplar, mas nós, professores, não fazemos ideia se as provas que montamos cumprem o papel que queremos: avaliar fidedignamente as habilidades e o conhecimento de nossos alunos. Os profissionais que desenvolvem testes padronizados passam boa parte do tempo verificando questões individuais, procurando por ambiguidades e outras falhas, mas nós não somos profissionais e nos falta tempo. Ainda assim, algumas medidas de segurança podem ajudar.

Escolha o formato certo para cada questão. Questões de múltipla escolha são boas para testar distinções sutis entre conceitos. As de preencher lacunas e as de respostas curtas são boas para assegurar que os alunos recordem (e não apenas reconheçam) ideias simples. Redações são boas para testar a habilidade de análise e pensamento crítico. Não se engane de achar que pode testar o pensamento crítico com múltipla escolha. Alguns dos melhores criadores de testes dos Estados Unidos trabalham no Exame Nacional de Avaliação Educacional (National Assessment of Educational Progress, NAEP); eles tentaram e falharam.

Não teste a capacidade de seus alunos de ler instruções. Eles presumem que sua prova pode ser feita da mesma forma que outras provas que fizeram. Se for violar essa suposição, deixe isso ainda mais claro do que achar necessário. Por exemplo, se não quer um parágrafo de prosa em resposta a uma questão de resposta curta, e sim uma lista de motivos, deixe isso bem claro. Se a palavra *não* é importante para entender a questão, deixe-a em negrito e sublinhado.

Não teste a sorte ou a intuição dos alunos. Diga a eles o que esperar da prova. Eles precisam memorizar nomes? Datas? Qual porcentagem das questões virão das leituras e das aulas?

Não teste conhecimentos não relacionados ao conteúdo do curso. Referências culturais engraçadinhas – por exemplo, "Um Bart Simpson sem peso e se movendo a 50 quilômetros por minuto" – são uma distração para alunos que não entenderem a referência. E não use uma sintaxe complicada, nem faça questões mais longas que o necessário ou opções de múltipla escolha como "A e B" ou "Nenhuma das anteriores". Esse tipo de coisa só serve para testar a capacidade do aluno de manter um monte de informação na cabeça de uma vez só.

Não teste a capacidade dos alunos de interpretar questões ambíguas. Como você não vai escrever questões perfeitas, precisa arranjar alguma forma de seus alunos obterem esclarecimento durante a prova. Esteja presente nas provas ou deixe eles escreverem notas nas margens justificando suas respostas.

Muito do que eu disse aqui pode parecer a você ajuda demais para que os alunos entendam o que está sendo pedido em uma prova. Acho mais certo ver isso como formas de assegurar que sua prova meça o que você está tentando medir.

Resumo para professores

- Aplique o tipo certo de questão para o tipo de conhecimento que quer testar.
- Se for contrariar as expectativas dos alunos acerca das regras típicas para provas, deixe isso bem claro.
- Diga aos alunos, de antemão, que conteúdo vai cair na prova.
- Não inclua referências culturais nem informações desnecessárias nas questões.

CAPÍTULO 9

Como aprender com provas anteriores

Imagine que você fez uma prova e se deu mal. Claramente, algo deve mudar na forma como você se prepara, mas o quê? A maioria das pessoas conclui: "Preciso estudar mais." Isso não ajuda porque não é específico.

Pense em todas as razões pelas quais você pode ter errado uma questão:

1. Você nunca foi exposto ao conteúdo testado porque não estava presente naquela aula ou pulou a leitura relevante.
2. Você foi exposto ao conteúdo, mas não entendeu.
3. Você entendeu o conteúdo, mas não o anotou.
4. O conteúdo estava nas suas anotações, mas não no seu guia de estudos.
5. Ele estava no guia, mas você não o memorizou.
6. Você o memorizou, mas não conseguiu lembrar durante a prova.
7. Você teria conseguido se lembrar do conteúdo, mas interpretou errado a questão.
8. Você tinha a resposta certa em mente, mas escolheu a opção errada no papel.

É provável que você cometa alguns desses erros com frequência e outros nem tanto. Não é divertido dissecar uma prova em que você tirou nota vermelha, mas é preciso identificar sua área de maior necessidade para saber onde concentrar seus esforços daqui para a frente.

> **QUANDO VOCÊ AVALIAR O QUE DEU ERRADO EM UMA PROVA**
>
> **O que o seu cérebro vai fazer:** Um diagnóstico rápido do que deu errado: "Preciso estudar mais."
>
> **Como ser mais esperto que o seu cérebro:** Resista ao impulso de se afastar do seu fracasso e analise o que deu errado. Essa análise pode orientar seus esforços para a próxima prova.

As dicas neste capítulo lhe dirão como se basear em provas passadas para identificar problemas em sua preparação. Também abordaremos alguns problemas comuns encontrados pelos estudantes ao fazer essa análise.

DICA 56

Categorize seus erros

Descobrir o que deu errado em uma prova significa analisar as questões que você não conseguiu responder. Comece marcando estas, mas **também aquelas em que chutou e teve sorte**. Afinal, você também não conseguiu responder a essas perguntas.

Agora, como analisá-las? Falarei aqui de questões para as quais a pessoa que elaborou a prova tinha uma resposta específica em mente, como perguntas de múltipla escolha e de preencher lacunas ou problemas de cálculo que podem ser encontrados em provas de matemática ou ciências. Há duas formas de avaliar seus erros.

Primeiro, você pode **analisar o conteúdo** das questões que errou. A forma mais óbvia de fazer isso é por assunto. Você errou muitas questões sobre um tema específico? Errou mais as baseadas em textos ou em aulas? Errou questões sobre fatos e detalhes ou temas mais gerais? Se conseguir identificar um padrão no conteúdo das perguntas que errou, você deve se concentrar em completar suas anotações e seu guia de estudos para a próxima prova. Converse com seu grupo de estudos para se certificar de que obteve o conteúdo todo.

Verifique se o conteúdo que você errou estava tanto em suas anotações quanto no seu guia de estudos. Senão, você não está se esforçando o suficiente no guia. Da próxima vez, certifique-se de que ele inclua *tudo*.

As perguntas que você errou exigiam uma memorização direta de informações concretas ou o uso do conhecimento de um jeito novo? Problemas aplicados são sempre mais difíceis, mas é possível ficar melhor em solucioná-los (veja o capítulo 6).

Em segundo lugar, **analise o que veio à sua mente quando viu cada questão que errou na prova**. Aqui estão oito pensamentos comuns que as pessoas têm quando revisam perguntas que erraram, assim como o que cada um provavelmente significa.

1. **Fiquei surpreso ao ver a questão na prova**. Isso significa que ou você perdeu completamente o conteúdo (ou seja, ele não está em suas anotações) ou julgou que ele não era importante e, por isso, não o incluiu no guia de estudos. Errar uma questão ou outra por essa razão é bem comum, mas, se isso ocorrer com várias perguntas, a solução é óbvia: você deve garantir que seu guia de estudos seja completo.
2. **Nenhuma das respostas parecia certa (em uma questão de múltipla escolha)**. É possível que você tenha entendido o conceito, mas não o tenha incluído no guia de estudos, ou talvez não compreenda o conceito tão bem quanto pensa. O mais provável, porém, é que o que está em suas anotações ou no guia de estudos não esteja realmente correto. Comparar a sua compreensão do material com a de outras pessoas pode ajudar (veja a dica 23).
3. **A resposta me parece bastante clara agora, mas na hora eu não conseguia lembrar**. Você não estudou seu guia o suficiente. É provável que precisasse fazer mais superaprendizagem (veja a dica 46). Pode também revisar as dicas sobre acessar memórias no capítulo 8.
4. **Disseram que a questão avaliava um conceito específico, e estudei esse conceito, mas na hora não entendi a relação entre a questão e o

conceito. Mencionei a diferença entre a recordação direta de informações e a aplicação de ideias; não ver que um conceito é relevante é um problema de aplicação. Você pode estudar como o cachorro de Pavlov aprendeu a salivar quando ouvia um sino e, além disso, estudar esse tipo de aprendizagem em alguns outros contextos (por exemplo, uma criança é arranhada por um gato e fica com medo de gatos), mas não enxergar que uma situação descrita em uma questão da prova (por exemplo, vir a gostar de um perfume porque uma mulher atraente o usa) tem a ver com o mesmo tipo de condicionamento. Essas são algumas das questões mais difíceis, e o capítulo 6 ensina como se preparar para elas.

5. **Cometi um erro bobo**. Você começou a ler a questão, reconheceu algumas palavras-chave e teve certeza de que sabia sobre o que era, então escreveu sua resposta – mas não percebeu a palavra *não* na questão. Ou, em um teste de matemática, onde devia aplicar $(x + y)^2$, esqueceu do quadrado. Esses erros com certeza são os mais frustrantes, mas felizmente eles não refletem um problema profundo. Você só precisa levar mais a sério o conselho que vimos no capítulo 8 sobre conferir o seu trabalho.

6. **Ainda não entendo por que minha resposta está errada**. O mais provável é que suas anotações e/ou seu guia de estudos não tenham detalhes suficientes. Há algum conceito que você entendeu em parte, mas em que está faltando um detalhe importante que o impede de ver por que sua resposta não está completamente correta. Converse com o professor para obter mais informações.

7. **Pensei demais**. Isso acontece quando você usa uma estratégia de prova. Ou você se convenceu de uma resposta errada ou de uma interpretação estranha do que a questão pedia (veja a dica 54).

8. **A questão era uma pegadinha**. Você acha que sabia o conteúdo e que, se a questão fosse mais direta, teria acertado. Em vez disso, a pergunta o levou a um caminho mental errado porque o texto era enganoso. Vamos tratar de pegadinhas ainda neste capítulo.

Se seus erros tenderem a cair em uma ou duas categorias, ótimo; você já sabe no que trabalhar. Leia as dicas nos capítulos deste livro que correspondem aos pontos que precisa melhorar e veja se segui-las ajuda na próxima prova.

Se sua análise indicar que não há só um ou dois problemas – ou seja, se você está errando muitas perguntas por várias razões –, a raiz dos seus problemas pode estar no planejamento e na organização. Vamos falar sobre esses desafios no capítulo 10.

> *Em uma frase:* Analise os motivos pelos quais você errou as questões, considerando no que estava pensando quando tentou respondê-las; isso vai lhe mostrar o que deu errado na hora de se preparar e de fazer a prova.

DICA 57

Analise o que deu errado em questões discursivas

Talvez você ache fácil analisar o que deu errado em questões discursivas de provas. Perguntas de múltipla escolha, de verdadeiro ou falso ou de preencher lacunas não geram muita margem para que o professor discorra sobre o que você fez certo ou errado, mas, para questões discursivas, você espera mais detalhes. Claro, não é sempre que os obtém. Fornecer esse tipo de feedback é demorado para o professor. Posso, quando escrevo uma prova, ter toda a intenção de tecer comentários claros e detalhados sobre cada resposta discursiva. No entanto, quando tenho que corrigir 80 provas em um tempo limitado, acabo escrevendo comentários inúteis, como "vago", perto de um grande bloco de texto. (Ainda me lembro de um comentário escrito por um professor em minha redação para a prova final de um curso sobre literatura dos Estados Unidos no século XX. O comentário foi, na sua totalidade, "Não. Nota 7".)

Se você receber pouco feedback, pode sempre pedir mais informações ao professor. Se isso não for possível, pelo menos veja se alguém no seu grupo de estudos conseguiu acertar as questões que você achou difíceis. Ver o que foi considerado uma boa resposta pode ajudar você a identificar o que faltou na sua. Por exemplo, pode ser que seu colega tenha dado exemplos mais detalhados ou reunido evidências de mais fontes. Daí, você pode trabalhar de trás para a frente a fim de descobrir como se preparar melhor. (Para algumas provas padronizadas, é possível ver exemplos de redações com explicações sobre os pontos que elas receberiam.)

Você também deve **pensar em que tipos de respostas discursivas teve que escrever**. Há dois tipos principais. Algumas pedem que você discorra sobre o conteúdo e o explique. Talvez você tenha passado um dia em sua turma de microeconomia discutindo a elasticidade de variáveis econômicas. Uma questão poderia ser "Defina *elasticidade* e cite três maneiras de medi-la, assim como as vantagens e desvantagens de cada uma". Essa questão pede uma recordação direta do conteúdo – que deve estar em seu guia de estudos e em sua memória. Também é, a propósito, um tipo de questão fácil de corrigir. O corretor sabe exatamente o que está procurando e pode atribuir um valor em pontos para cada elemento da resposta (a definição, as três medidas e as vantagens e desvantagens).

Portanto, é fácil determinar o que deu errado se você não tirou a nota máxima. Assim como fez para as questões de múltipla escolha e resposta curta, você deve averiguar se o conteúdo está em suas anotações e no guia de estudos, se você o memorizou e assim por diante.

O segundo tipo de questão discursiva pede que você avalie algo novo: uma conclusão, talvez, ou uma situação hipotética. Existem algumas formas de essa configuração dar errado.

Primeiro, **o professor pode ter em mente uma resposta específica que você não consegue enxergar**. Um profissional que está se preparando para ser professor pode ter aulas sobre alfabetização, e a prova final vai conter a seguinte pergunta: "Seria uma boa ideia oferecer a uma criança de 8 anos um dólar para cada livro que ela lê durante as férias de verão?" Você não consegue pensar em nada que tenha estudado e que trate dessa questão, então redige o que espera ser uma resposta coerente, acrescentando ideias que parecem relevantes conforme elas vêm à mente. Como a questão não continha as palavras *recompensa* ou *motivação*, você esquece que metade de uma aula foi dedicada à relação entre esses dois conceitos – especificamente, à ideia de que recompensar as pessoas por fazer algo pode, na verdade, surtir o efeito contrário e torná-las menos motivadas a realizar uma tarefa.

Esse problema é parecido com aquele descrito no capítulo 6: a questão requer que você olhe além das circunstâncias particulares (leitura, dinheiro) e abarque também os princípios subjacentes (motivação, recompensa). Se você está esperando questões profundas como essa em sua próxima prova, veja as dicas apresentadas no capítulo 6.

A segunda forma de uma resposta discursiva dar errado: você pode estar no caminho mental correto, mas acabar escrevendo uma redação ruim porque ela não apresenta um argumento, é desorganizada ou não tem frases bem encadeadas. Assim, o professor não consegue ver como a coisa toda se encaixa. **Você acertou boa parte dos fatos, mas não os conectou de forma a construir algo maior.** A questão do exemplo de pagar uma criança pede explicitamente que você tire uma conclusão sobre a ideia. Você deve indicar, claro, as vantagens e desvantagens do pagamento, mas, no fim, precisa pesar as evidências e concluir se é uma "boa ideia" ou uma "má ideia". Se essa conclusão estiver faltando ou não for bem justificada, há margens para melhorar sua resposta.

Uma terceira possibilidade é você lembrar o conteúdo relevante e incluí-lo, mas **entulhar sua redação com um monte de coisas irrelevantes**. Você percebe claramente que deve discutir recompensa e motivação, mas pensa que há sempre a possibilidade de que o professor tenha algo mais em mente, por isso não faz mal acrescentar outras coisas ao texto. Então, escreve sobre por que ler é importante para um bom desempenho na escola, resume dados que viu em uma aula de psicologia do desenvolvimento sobre o comportamento de crianças de 8 anos e discute como psicólogos comportamentais usam a recompensa em suas teorias.

Muitas vezes, os estudantes pensam: "Quanto mais mostrar que sei, melhor." Pode até ser, mas em geral isso não é verdade. Alguns professores dizem especificamente que vão tirar pontos se você encher sua redação de conteúdo irrelevante. Mesmo que não seja uma regra, quando estou corrigindo, é difícil fazer vista grossa quando o aluno tem três bons argumentos na redação e quatro fatos que são reais, mas nenhum está relacionado à questão. É como se alguém me servisse sorvete com caldo de carne.

"Qual o problema? Não gosta de caldo de carne?"

"Gosto, mas não no sorvete."

A forma de evitar esse problema é ser mais crítico quanto ao que incluir na redação quando escrever seu esboço.

Uma quarta possibilidade é **sua redação ser boa, mas não ter muito a ver com a questão**. Por exemplo, imagine que uma questão de uma prova final sobre Shakespeare peça que você compare a visão do amor nas peças do autor com a do teatro grego. O professor espera que você se concentre em *Romeu e Julieta*, mas, por algum motivo, você mal menciona essa peça e constrói sua resposta com base na outra peça de Shakespeare que leu, *Hamlet*. Não é uma redação ruim, mas você trilhou o caminho errado desde o começo. O que devia ter feito era refletir mais antes de começar a escrever, antes mesmo de fazer o esboço. É provável que você tenha pensado em *Hamlet* primeiro e, nervoso, se agarrado a essa resposta.

Por fim, vamos falar sobre a escrita ruim. A maioria dos corretores não tira pontos por erros gramaticais, ortográficos, de uso, etc. *Talvez* descontem um ponto ou outro se você adotar uma voz inadequada ou informal demais em sua resposta – por exemplo, "As pessoas acham que o Kant é profundo e tal, mas muitas vezes, quando a gente vai ler, ele só parece maluco".

Pode até ser que "nenhuma penalidade por gramática" seja a norma, mas, se sua redação estiver cheia de erros e você, no limiar entre duas notas, um corretor pode, inconscientemente, não lhe dar o benefício da dúvida. Assim, se você tirar uma nota ruim em uma redação, não conclua "Acho que o professor não gosta do jeito que eu escrevo". Professores têm experiência e estão acostumados a ler muitos estilos diferentes de escrita. Reserve um pouco mais de tempo para revisar o texto no final da prova.

Em uma frase: Mesmo que o corretor da prova não faça muitos comentários sobre o motivo de uma nota baixa em uma redação, se você souber que tipos de resposta discursiva costumam dar errado, vai conseguir descobrir por que sua nota foi ruim e saber como melhorar da próxima vez.

DICA 58

Reconheça as questões de pegadinha

Aqui vai uma charada: imagine que você esteja em um barco a remo prestes a afundar. Não há terra à vista, e você está rodeado de tubarões famintos. O que deve fazer?

Resposta: pare de imaginar.

Por que as pessoas grunhem quando ouvem uma charada desse tipo? Porque esperam que a resposta exija alguma astúcia, alguma habilidade de resolver problemas. Em vez disso, acertar a resposta requer apenas que você presuma que quem conta esteja de má-fé – má-fé porque, quando faço uma charada, estou convidando você a imaginar, a fingir que aquele mundo inventado realmente existe e que as coisas lá se comportam da mesma forma que no mundo real. Sem essa regra, eu poderia apenas dizer: "Tiro um helicóptero do bolso e saio voando."

Questões de pegadinha se assemelham a charadas de má-fé. Alguém que sabe o conteúdo responderia a pegadinha de *um* jeito, mas o professor tem uma justificativa desonesta para outra resposta. O aluno vê "2 + 3 = ?" e escreve "5", mas aí o professor responde: "Não, não, aquilo não era um sinal de adição, era de multiplicação na diagonal. A resposta certa é 6."

Acho que **questões de pegadinha são, na verdade, bastante raras**. As pessoas que escrevem testes querem descobrir o que os alunos sabem. Se forem professores, também querem que os alunos aproveitem a disciplina e apreciem o assunto em questão. Esses dois objetivos são prejudicados por pegadinhas.

Se você acha que seu professor faz perguntas que exigem muita interpretação sutil, troque ideia com os outros integrantes do seu grupo de estudos. Aposto que eles pensam que a questão que você considerou uma pegadinha era bem clara – mas cada um deles tem outra questão que achou enganosa.

Quando uma pergunta parece ser uma pegadinha, **o problema costuma estar no conhecimento do aluno sobre o conteúdo, e não no enunciado da questão**. Por exemplo, suponha que você veja esta questão:

Pinturas do período romântico na Europa Ocidental:

a. focavam em paisagens e raramente retratavam figuras humanas.
b. com frequência mostravam forças da natureza e retratavam figuras humanas.
c. focavam em temas da mitologia grega.
d. eram inteiramente religiosas.

Você sabe que os românticos não gostavam do período Clássico e não eram religiosos no sentido tradicional, então C e D estão erradas. Também sabe que os românticos tinham foco na natureza, mas não consegue decidir entre A e B. Por fim, escolhe A, porque parece que a ausência de humanos significa uma maior ênfase na natureza. Mas a resposta certa acaba sendo a B. Você se irrita porque as duas opções são muito parecidas e a resposta correta parece não corresponder ao que você achava que sabia sobre o período romântico. Para você, a maior diferença entre as respostas A e B é se as figuras humanas eram incluídas com maior ou menor frequência. Então, parece que tudo se reduz à definição de *raramente*, o que é bem subjetivo.

Mas a sua interpretação não estava correta, porque seu conhecimento do conteúdo não era profundo o suficiente. Você sabia que os pintores românticos procuravam retratar a natureza, mas não sabia que eles se concentravam especialmente no poder inspirador dela. As pessoas apareciam nas pinturas como espectadoras do esplendor da natureza; o fato de que elas muitas vezes eram minúsculas é importante, pois isso destacava sua insignificância.

Questões também podem parecer pegadinhas porque o "conhecimento estalo" não funciona. Por exemplo, suponha que o professor usou "A cortina da noite caiu" como um exemplo de metáfora. A maioria dos alunos tem esse exemplo em anotações e o estudou. Aí, a prova contém o seguinte:

"A noite caiu como uma neve gentil" é um exemplo de:

a. símile.
b. metáfora.
c. analogia.
d. nenhuma das anteriores.

O fato de você ter estudado "A cortina da noite caiu" como um exemplo de metáfora significa que a sua memória terá agrupado esses conceitos. Quando ler "A noite caiu" na prova, a palavra *metáfora* virá à mente. Mas é claro que o uso da palavra *como* significa que é um símile, e não uma metáfora. Evito escrever questões para as quais o "conhecimento estalo" leva à resposta errada, mas pode ser que você as encontre em provas (veja a dica 52).

É verdade que, às vezes, os professores incluem desavisadamente questões de múltipla escolha com duas respostas defensáveis ou com um enunciado confuso. Bons professores vão admitir quando esse é o caso e dar crédito para ambas as respostas. Mas não presuma que é isso que aconteceu se a sua resposta lhe parecer certa, mas tiver sido considerada errada. É mais provável que você tenha entendido o conteúdo bem o bastante para escolher uma resposta próxima, mas não o suficiente para escolher a correta.

> *Em uma frase:* Na maioria das vezes que você acha uma questão enganosa ou confusa, é porque seu conhecimento do conteúdo não é profundo o suficiente.

DICA 59

Pense sobre o que deu certo

O fato de buscar informações sobre o que deu errado em uma prova não quer dizer que você não deva reconhecer e valorizar o que deu certo. Você aprendeu algo, mesmo que não tenha tido seu melhor desempenho e esteja decepcionado com sua nota. **Dê crédito a si mesmo pelo trabalho realizado.** Pessoas que ficam deprimidas e sem esperança em relação ao trabalho (1) não estão sendo realistas, (2) têm maior chance de não se sentirem motivadas para trabalhos futuros e (3) são muito chatas de conviver. Saia dessa.

Mas essa dica não diz respeito apenas a humor e motivação. Você analisou as questões que errou para descobrir o que não fazer. **Também deve analisar as questões que acertou para saber o que deve continuar fazendo**. Está acertando os detalhes? Está mandando ver nas leituras? Está sendo astuto e não caindo no "conhecimento estalo"? O que quer que seja, continue assim, em especial se seu sucesso tiver vindo de tentar algo novo em seus estudos.

Analisar as questões corretas também pode **refinar sua noção dos pontos em que deve melhorar**. Por exemplo, ao examinar as questões que errou, você pode ter notado que muitas delas pediam que integrasse ideias de aulas diferentes. Mas aí, ao olhar as que acertou, você vê que estas também demonstram esse tipo de integração. Então agora você pode perguntar: "Tem alguma diferença entre as que eu acertei e as que errei?" Talvez você veja que mandou muito bem nas questões cujo conteúdo foi ensinado no começo do semestre, mas, conforme foi ficando mais atarefado, você passou a não ter tempo de integrar as ideias quando reorganizava suas anotações. Avaliar seus pontos fortes pode ajudar a entender suas fraquezas.

Saber o que mudar no seu trabalho futuro exige que você reconheça tanto seus acertos quanto seus erros.

Em uma frase: Preste atenção no que acertou, tanto porque vai fazer você se sentir mais encorajado, quanto porque vai ajudá-lo a refinar seu entendimento de que aspectos precisa melhorar.

DICA 60

Não se envergonhe

De vez em quando, me vejo em uma conversa em que alguém descreve qual é sua ideia de inferno. Por anos, eu disse que minha visão seria o diabo me conduzindo a uma pequena sala contendo nada mais que um banquinho, no qual eu me sentaria enquanto alguém lia em voz alta o meu trabalho de conclusão da graduação para o resto da eternidade. Se você estiver deprimido por causa da perspectiva de realizar uma autópsia em uma prova em que se deu mal, eu entendo.

Norman Vincent Peale disse que a maioria de nós preferiria ser "arruinado pelo louvor que salvo pela crítica". Apesar disso, você *pode* superar sua relutância em repassar o que deu errado em uma prova.

Algumas pessoas tiram a conclusão errada sobre o que uma nota vermelha diz a respeito delas porque têm uma visão distorcida sobre ensino e inteligência. Acreditam que:

1. Você nasce inteligente ou burro, e isso não pode ser mudado.
2. Pessoas inteligentes não cometem erros.

Se essas afirmações fossem verdadeiras, isso significaria que, ao cometer erros, você está mostrando ao mundo que é burro e nada pode ser feito para mudar isso, porque a inteligência é inata. Dá para ver por que analisar os erros pode ser uma ameaça ao seu senso de identidade. Felizmente, essas premissas são todas falsas.

Vamos ver o que as pesquisas dizem sobre a mutabilidade da inteligência. A inteligência tem dois componentes: quantas coisas você sabe e a facilidade e a rapidez com que pode mover a informação pela sua mente. O segundo fator – o que podemos chamar de "velocidade mental" – provavelmente não pode ser mudado. Já tentaram desenvolver programas de treinamento para melhorá-lo, mas ninguém teve sucesso, pelo menos até agora.

Mas o outro fator – o que você sabe – é fácil de alterar. **Absorver mais informações torna você mais inteligente**. Aprender, no entanto, pode ser desencorajador, porque as pessoas que são boas na parte de rapidez mental são melhores que o resto de nós ao encarar uma nova tarefa. Em outras palavras, se duas pessoas aprenderem a jogar xadrez, a que tiver maior rapidez mental vai aprender o jogo mais rápido e vencer a outra. *Mas*, se a segunda pessoa treinar, ela vai absorver conhecimentos de xadrez – de aberturas comuns, por exemplo – e logo derrotar seu oponente de alta rapidez mental que não sabe essas coisas.

Você pode se tornar mais inteligente em qualquer assunto que desejar. Só precisa aprender.

A segunda premissa – de que pessoas inteligentes não cometem erros – também é obviamente falsa. Quem nunca erra? É provável que as pessoas que você considera inteligentes não cometam tantos erros, mas isso é porque elas trabalham duro.

Às vezes, alunos gostam de declarar que não fizeram a leitura, não estudaram para as provas e assim por diante. Fazem essa afirmação porque ela se encaixa na crença de que indivíduos inteligentes são assim naturalmente e não precisam se esforçar. Passei a vida inteira em instituições de ensino – tanto como aluno quanto como professor – e posso dizer com convicção que os alunos que se dão bem trabalham duro, com raríssimas exceções.

Parte de trabalhar duro na escola é descobrir no que você não é bom, para que possa concentrar sua energia onde ela é necessária. A pessoa que só tira 10 é aquela que não tem medo de aprender com os próprios erros. **Revisar o que errou nas provas pode fazer você *se sentir* burro, mas, na verdade, é isso que as pessoas inteligentes fazem**. Lembre-se disso.

Há outras coisas que você deve dizer a si mesmo. Lembre-se de todo o caminho que já percorreu. Certo, talvez você tenha subestimado o que era necessário para atingir seu objetivo, mas isso não anula o que já alcançou. O que teria acontecido se você não tivesse se esforçado tanto quanto se esforçou? Também pode ser bom se lembrar do porquê de passar naquela disciplina, naquela prova de certificação ou no que quer que seja importante para você. Seu sonho não era tirar 10 nesse teste; você tem um objetivo maior, de longo prazo. Você ainda tem essa meta, e um contratempo não deve dissuadi-lo de continuar a se esforçar até alcançá-la.

Se encarar a prova em que fracassou ainda parecer um fardo terrível, aqui vai um método que pode ajudar nas primeiras vezes.

Para superar sua relutância inicial, prometa a si mesmo que o primeiro passo será *apenas* categorizar seus erros (veja a dica 56). Você não vai correr para conferir a resposta certa ou defender mentalmente a resposta que deu. Vai apenas organizar as questões que errou. Se começar a se martirizar por ter errado, você vai dizer em voz alta: "Estou fazendo o que pessoas inteligentes fazem após uma prova. Parece ruim, mas é a coisa certa a fazer." Algum tempo depois, volte e veja o material nos textos de leitura obrigatória e nas suas anotações (conforme necessário) para entender melhor o que aconteceu em cada questão que errou. Você talvez mude de opinião sobre a categoria à qual cada uma pertence. Passado algum tempo, avalie o que se repete nos erros que cometeu. Dividir o trabalho em partes pode parecer contraintuitivo, porque você está ansioso para acabar logo. Mas separá-lo em porções menores vai torná-lo menos ameaçador.

> *Em uma frase:* Você pode achar que estudantes de sucesso não cometem erros, mas isso não é verdade. O que os separa dos alunos malsucedidos é a disposição para encarar os próprios erros e aprender com eles.

PARA PROFESSORES

Acredito que valha a pena repassar uma prova em sala, mas não explicar por que uma resposta está certa e a outra, errada. Acho que você deve ajudar os alunos a analisar os tipos de erros que cometeram, como eu fiz nas dicas 56 e 57. Esse tipo de análise será novidade para muitos alunos, e é uma ferramenta que eles vão poder usar em outras aulas.

Ainda assim, é claro que os estudantes precisam saber de algum jeito por que as respostas estão certas ou erradas. Pode ser por meio de conversas individuais, oportunidades de entrar em contato on-line ou um gabarito comentado. Gosto de falar pessoalmente com os alunos que querem feedback de suas respostas, porque é uma oportunidade de ter uma conversa mais profunda sobre os obstáculos à aprendizagem deles, técnicas de estudo e anotação, etc.

Um aspecto dessas conversas de que alguns professores – em especial os do ensino superior – não gostam muito é que elas podem ter alta carga emocional. Os alunos que pedem feedback costumam ser os que estão se dando mal. Na verdade, é mais comum que eles queiram ver você não por desejarem conselhos abstratos sobre aprendizagem, mas porque um desastre acadêmico é iminente. Estão abalados.

Na verdade, às vezes o desejo de falar com você tem mais a ver com a emoção do que com qualquer outra coisa. O estudante quer ser ouvido. Está aborrecido com ele mesmo e não espera que você faça qualquer coisa. Só quer que você saiba que ele está decepcionado com o próprio desempenho.

Outras vezes, a prova é uma desculpa. O aluno quer conversar porque está com um sério problema pessoal. Leciono em uma universidade cujos estudantes costumam vir de famílias estáveis, mas, nos últimos anos, tive em minhas turmas: (1) um aluno cujos pais o haviam abandonado e que trabalhava longas noites como barman para continuar bancando os estudos; (2) um aluno que teve que adotar a sobrinha porque a irmã estava tendo problemas com drogas; (3) um aluno que estava morando na rodoviária de Charlottesville; e (4) muitos, muitos alunos com depressão ou ansiedade leve ou crônica.

Às vezes, uma nota baixa em uma prova serve de pretexto para um estudante que está passando por situações difíceis ir falar com você. Outras vezes, porém, esses alunos pedem ajuda com os estudos, mas não revelam nada sobre o que estão passando. Educadores devem manter olhos e ouvidos (e coração) abertos para discernir o motivo que levou um estudante a procurá-los.

E, quando um aluno recorrer a você, não subestime o poder de suas palavras. Se você já ensina há algum tempo, é provável que um antigo aluno seu já tenha voltado e rememorado em detalhes uma conversa da qual você mal se lembra, mas que foi muito importante para ele. Adoramos essas histórias porque, nelas, somos os heróis. Mas também me pergunto quantas vezes disse algo negativo ou fui impaciente a ponto de criar um momento memorável pela razão errada. Tenha em mente quão vulneráveis muitos de seus alunos são.

Resumo para professores

- Use o tempo de aula para fazer uma autópsia da prova.
- Ofereça um mecanismo alternativo pelo qual os alunos possam obter detalhes sobre o conteúdo factual das perguntas e respostas – isto é, por que respostas específicas estão certas ou erradas.

- Tenha em mente que falar com os alunos pessoalmente sobre o desempenho deles na prova pode ser demorado, mas é uma forma eficaz de ter conversas profundas sobre os obstáculos ao aprendizado deles.
- Lembre-se de que os alunos podem estar tendo dificuldades na sua matéria por causa de problemas pessoais sérios que relutam em compartilhar.
- Lembre-se de que suas palavras têm mais poder sobre seus alunos do que você imagina.

CAPÍTULO 10

Como planejar seu trabalho

Este capítulo é para pessoas que nunca adquiriram o hábito de planejar seu trabalho. Surpreendentemente, isso inclui a maioria dos estudantes universitários. Em pesquisas, a resposta mais comum à pergunta "Quando você estuda, como escolhe no que vai trabalhar?" é "Faço a tarefa cujo prazo de entrega está mais próximo".

Vamos tratar de dois aspectos do planejamento: se lembrar de fazer tarefas na hora certa e se certificar de ter tempo suficiente para completá-las. Lembrar-se de fazer coisas tem a ver com a **memória prospectiva**. É assim que se chama quando você tem a intenção de fazer algo no futuro e depois se lembra de fazer aquilo. É o tipo de memória que você emprega quando percebe que está com pouca gasolina de manhã e pensa: "Tenho que encher o tanque na volta para casa hoje à noite." Outro exemplo de memória prospectiva é tomar remédios: você compra seus comprimidos na farmácia sabendo que deve se lembrar de tomar um três vezes ao dia pelos próximos cinco dias.

A memória prospectiva pode falhar, é claro – você se esquece de parar no posto ou de tomar o comprimido quando planejou –, mas a solução parece óbvia: não confiar na memória. Em vez disso, **faça um lembrete para instigar a ação na hora certa**: você pode deixar uma nota no volante para que a veja quando voltar para casa ou botar um alarme no celular para a hora de tomar o remédio. É uma boa estratégia, mas você deve ser consistente com os lembretes para poder contar com eles.

O segundo aspecto do planejamento é julgar quanto tempo levará para completar a atividade. **Muitas vezes, as pessoas subestimam quanto tempo levam**

para fazer as coisas. Essa é a chamada "falácia do planejamento". Pense na última vez em que leu sobre um grande projeto de obras públicas; eles parecem ultrapassar os prazos e orçamentos toda vez. Por exemplo, a Sydney Opera House devia ter sido inaugurada em 1963, com um custo de 7 milhões de dólares australianos, mas foi concluída com 10 anos de atraso e custou 102 milhões.

Quem planeja esses projetos não é burro, mas acredita piamente que suas soluções para problemas difíceis vão funcionar. Por exemplo, um obstáculo para a construção da Sydney Opera House foi a falha do sistema projetado para desviar a água da chuva. Além disso, as pessoas costumam desconsiderar potenciais problemas se acham que é improvável que ocorram. Isso parece esperto – por que se preocupar com algo que nem deve acontecer? O problema é que existem *muitas e muitas* formas de um projeto complicado sofrer atrasos. Cada uma é, por si só, bem improvável, então ignoramos todas elas, mas, quando levamos o conjunto delas em consideração, é bem provável que ao menos um dos problemas aconteça.

É fácil lidar com essa falácia: assim que aceitar que ela é real, você só precisa reservar mais tempo para o trabalho de que acha que vai precisar. Proteger-se contra falhas da memória prospectiva é mais complicado. A solução é simples de descrever: você deve adquirir o hábito de anotar o que precisa fazer *e* o de verificar sua lista de afazeres. Mas desenvolver esses hábitos requer certo nível de perseverança.

> **QUANDO VOCÊ ESTIVER PLANEJANDO SEU TRABALHO**
>
> **O que o seu cérebro vai fazer:** Deixar de reservar tempo suficiente para completar o trabalho agendado e esquecer que você planejou fazê-lo.
>
> **Como ser mais esperto que o seu cérebro:** Estabeleça um pequeno conjunto de hábitos para se certificar de que sabe o trabalho que deve completar e o prazo dele.

Neste capítulo, vou sugerir uma espécie de solução definitiva para o problema do planejamento. Elaborar um cronograma fica bem mais simples quando, em vez de estimar quanto tempo vai trabalhar em cada projeto, você **planeja trabalhar por determinado período todo dia.**

DICA 61

Durma bem

As pessoas – em especial os estudantes – costumam tratar o sono como algo opcional, supondo que o problema vai se resolver sozinho de algum jeito ou que podem compensar as noites maldormidas durante o fim de semana. É comum que elas lidem com o sono de formas que não lidariam com outras necessidades básicas, como comer ou respirar.

Mas dormir tem um efeito direto no desempenho cognitivo. É fácil reconhecer que **a falta de sono faz com que seja mais difícil pensar e prestar atenção** no dia seguinte. Também deixa as pessoas com o humor mais errático, de modo que não é muito divertido conviver com elas. O que é mais surpreendente é que dormir mal também afeta o seu aprendizado do dia *anterior*. O que você aprende hoje entra na memória hoje, mas existe outro processo através do qual a memória é "fixada", se tornando mais definitiva e resistente à perda. Esse processo depende do sono. **Portanto, dormir mal prejudica o que você aprendeu no dia anterior.**

De acordo com os Centros de Controle e Prevenção de Doenças dos Estados Unidos, adolescentes devem ter entre oito e dez horas de sono toda noite, e adultos, de sete a nove horas. A porcentagem estimada de pessoas que realmente dormem todas essas horas varia de estudo para estudo, mas é provável que seja menos de 50%.

A maioria de nós não dorme o suficiente porque se deita tarde demais, ou seja, o problema não é que acordamos muito cedo, antes que o alarme toque. Apesar de, às vezes, você ter algum motivo para ficar acordado até mais tarde do que gostaria, é mais comum que simplesmente não tenha sono na hora de se deitar. Por quê?

O seu corpo é sensível a duas pistas que indicam que "é hora de dormir". Uma é o relógio biológico, em especial a produção de um hormônio chamado *cortisol*. O cortisol é como um alarme. O seu corpo produz um monte de cortisol pela manhã e menos à noite. O relógio biológico é mais perceptível quando se desencontra da hora do dia. Alguém que viaja de Londres a Toronto pode sentir sono às seis da tarde porque seu corpo acha que são onze da noite. Durante a adolescência, os picos e vales de produção de cortisol se nivelam um pouco, o que explica em parte por que adolescentes não sentem sono à noite e têm dificuldade de acordar de manhã.

O seu corpo também presta atenção em sinais no mundo exterior. Por exemplo, se você tiver uma rotina noturna – escovar os dentes, lavar o rosto, botar o pijama, baixar as luzes e ler por alguns minutos –, seu organismo aprende esses rituais. Depois que você faz as primeiras cinco coisas, ele sabe que é hora de dormir.

As pesquisas que acabei de mencionar indicam passos concretos que você pode dar para dormir melhor. É provável que você não controle o horário em que acorda de manhã, portanto dormir mais significa ir se deitar mais cedo. Você pode mudar as pistas externas com relativa facilidade. Suas pistas internas vão demorar um pouco, mas, com o tempo, vão se ajustar às externas; é isso que acontece quando você muda de fuso horário. Aqui estão alguns métodos para mudar as pistas externas.

1. **Tenha uma rotina consistente**. Você pode se sentir um pouco bobo criando um ritual para se deitar, e vai demorar para seu corpo aprendê-lo, mas isso vai ajudar você a dormir mais cedo. Parte dessa rotina é dormir sempre no mesmo horário. Com a prática, o seu relógio biológico vai se adaptar a ele, de modo que seu corpo saberá quando ficar com sono.
2. **Evite olhar para telas por uma ou duas horas antes de dormir**. A luz de uma tela dá ao cérebro a impressão de que está mais perto do meio-dia do que realmente está, o que confunde o seu relógio biológico. Quando alguém tem dificuldade para dormir, com frequência pega o celular, pensando "Estou no celular porque não consigo dormir". Mas o contrário também pode ser verdade: você não consegue dormir porque está no celular.
3. **Fique deitado**. Isso pode parecer estranho, mas você não quer mandar uma mensagem ambígua para o seu corpo. Quando escolher uma hora para dormir, deve aderir a ela. Não vale se deitar por cinco minutos, concluir que é inútil e se levantar. Apenas fique deitado com os olhos fechados e pense que pelo menos está descansando.
4. **Assim, use o bom senso quando for escolher a hora de dormir**. Ima-

gine que você costuma ir dormir em torno das duas da madrugada e quer passar a pegar no sono às onze da noite. Não vá se deitar às 22h59. Tente ir dormir apenas 30 ou até 15 minutos mais cedo que o normal. Certifique-se de ir deitar à 1h45 por uma semana ou pelo tempo necessário até você começar a cair no sono bem rápido a essa hora. Então, mude para 1h30, e por aí vai.

5. **Se for cochilar, cochile durante o dia.** Algumas pessoas têm uma dificuldade enorme em tirar uma soneca, eu sei. Seu corpo não coopera. Mas outras conseguem, e é um bom jeito de adicionar um tempo de sono se você costuma ter coisas interessantes para fazer tarde da noite. Se perceber que fica muito sonolento quando acorda de uma soneca, é um sinal de que você estava em um sono profundo. Tente cochilar por menos de 20 minutos, e em uma posição que não seja tão confortável assim – em uma poltrona, por exemplo. Isso pode impedir que você durma tão profundamente.

> *Em uma frase:* O sono afeta diretamente o aprendizado, e, apesar de muitas pessoas sentirem frustração por não conseguirem dormir tanto quanto querem, existem coisas que você pode fazer para dormir melhor.

DICA 62

Dedique um período da sua rotina ao aprendizado

Quando se sentam para realizar tarefas acadêmicas, os estudantes não costumam ser estratégicos ao decidir o que fazer e acabam trabalhando no que tiver um prazo mais apertado. Isso mal pode ser chamado de planejamento; é controle de danos, e tem três resultados indesejáveis.

Primeiro, leva você a estudar de última hora. Se a terça-feira for lotada de estudos para coisas cujo prazo final é quarta-feira e a quarta-feira for dedicada a tarefas que precisam ser entregues na quinta-feira, você só vai conseguir começar a estudar para a prova da sexta na noite de quinta.

Em segundo lugar, se você tiver o hábito de se perguntar "O que tenho que entregar amanhã?" em dias em que a resposta é "Nada", é natural pensar "Isso quer dizer que hoje estou de folga". Você acaba estudando menos do que consideraria ideal se refletisse mais.

Em terceiro lugar, contar com prazos externos (como dias de prova) como guias para seu estudo acaba virando um hábito difícil de quebrar. Você ainda vai depender de prazos no trabalho para se motivar. Digamos que você pretenda aprender a programar porque isso pode ajudar nos seus objetivos de carreira a longo prazo. Uma vida inteira estudando apenas quando uma prova pairava sobre a sua cabeça significa que você não vai tirar tempo para estudar quando não houver urgência.

Uma estratégia melhor é **planejar seu aprendizado por tempo, não por tarefa**. Em outras palavras, separe um tempinho todo dia para dedicar ao estudo. Se não tem nada para amanhã ou até para os próximos dias, faça trabalhos que são para depois.

Trate esse período como imutável; não agende nada para essa hora nem pule um dia se algo que considerar mais importante aparecer. Pense nele como um trabalho ao qual você precisa comparecer. Para isso, escolha um horário que sabe que poderá respeitar.

Planejar por tempo em vez de tarefa traz vantagens importantes:

- Sua memória para qualquer assunto que aprender será muito melhor se você estudar ao longo de vários dias. Isso se deve ao efeito positivo do sono que acabamos de discutir e ao efeito do espaçamento (veja a dica 39). Você vai conseguir fazer mais coisas ao mesmo tempo se espaçar o trabalho.

- Espaçar o trabalho lhe dá mais flexibilidade caso avalie mal a quantidade de tempo que vai levar para fazer algo ou se algo que *não deveria acontecer* ocorrer mesmo assim – por exemplo, seu colega de quarto trancar você para fora e viajar por alguns dias. Se esperar até a véspera para fazer algo, o tempo extra necessário ou o obstáculo inesperado serão um problema real. Mas, se ainda tiver alguns dias até o prazo final, você pode se adaptar.

Uma defesa contra a falácia do planejamento é estar disposto a começar os trabalhos muito antes da data de entrega, se seus outros afazeres estiverem completos. Claro, esse método só funciona se você separar tempo suficiente para estudar todos os dias, mas, por sorte, existe um mecanismo para saber se esse tempo está sendo suficiente. Imagine que você veja no calendário que tem uma prova de matemática em dois dias. Não fez nada para se preparar hoje, e seu horário de estudos já acabou. E agora?

Você deve estudar para a prova mesmo que seu horário já tenha passado. E, o que é ainda mais importante, deve aumentar seu tempo diário de estudos, talvez em 15 ou até 30 minutos. Sim, mesmo que o horário só tenha sido insuficiente dessa vez. **Você nunca vai se arrepender de estar adiantado em seu trabalho. Isso é sua apólice de seguro contra a falácia do planejamento.** Pode ter certeza de que o destino vai arrancar esse tempo a mais das suas mãos fazendo o seu computador quebrar ou criando algum obstáculo inesperado.

Certo, você adotou uma rotina de dedicar mais ou menos o mesmo tempo ao estudo todos os dias, em torno da mesma hora. Como decidir no que deve trabalhar?

> *Em uma frase:* Em vez de planejar seu estudo tarefa por tarefa, adquira o hábito de estudar uma quantidade fixa de horas todo dia.

DICA 63

Use uma agenda

Sugeri que você planeje seu trabalho por tempo, e não por tarefa, e que dedique uma quantidade específica de tempo ao estudo todos os dias. Então, por exemplo, você se senta às sete e meia da noite, pronto para trabalhar por duas horas, e se pergunta: "Que tarefas de aprendizagem vou fazer hoje?"

Para responder a essa pergunta, é preciso saber que tarefas o professor passou (ou que você estabeleceu para si mesmo) e até quando precisa terminá-las. É necessário ter essa informação por escrito em algum lugar para que possa ver de uma vez tudo o que tem que fazer, ainda mais porque há tantas tarefas: leituras, reorganizar anotações, se preparar para provas, etc.

Se pesquisar na internet por informações sobre como usar um *planner*, você vai encontrar guias escritos pelos tipos de pessoa que gostam muito de usar um *planner*. Os vídeos delas mostram como utilizar quatro cores diferentes de marca-texto para destacar tipos distintos de atividade, como desenhar setas e bordas para dar ênfase e como fazer um sombreamento em letras maiúsculas. Sugerem também que você mantenha múltiplas listas (tarefas diárias, tarefas semanais, planejamentos mensais, aniversários, diário de leitura, referência, ideias de presentes, compras e por aí vai). Para quem gosta desse tipo de planejamento, isso é bem satisfatório.

Meu pai era assim, então observei os benefícios do planejamento e da organização rigorosos. Entretanto, não é para mim. Minha inclinação natural é para a desordem e o caos. Até a pós-graduação, meu sistema para gerenciar o tempo era uma mistura de escrever coisas na mão, desculpas e justificativas.

O ritmo acelerado da pós-graduação me forçou a me tornar mais sistemático, e descobri que usar uma agenda bem simples trazia um benefício enorme à minha produtividade, comparado com tentar guardar todas as responsabilidades na cabeça. Fiquei tão contente que fiz algumas experiências para sofisticar um pouco meu sistema. Mas a recompensa foi pouca, e logo voltei à minha agenda rudimentar.

Existem dois princípios obrigatórios para usar uma agenda. Você deve fazer essas duas coisas. Se as fizer, não precisará de muito mais.

Princípio 1: Leve sua agenda para onde você for. Você nunca sabe quando vai ter que anotar um dever, um evento social, buscar alguém no aeroporto ou qualquer outra coisa, então deve carregar a agenda. Portanto, usar um aplicativo de celular é uma boa escolha, porque você já tem o hábito de levar o aparelho para lá e para cá. Algumas pessoas preferem uma agenda física por causa do formato maior ou porque gostam da textura do papel. Alguns alunos têm professores que proíbem o uso de dispositivos eletrônicos, então o celular não é uma opção. Use o que quiser, contanto que adquira o hábito de levar a agenda sempre com você. Se quiser usar uma agenda de papel, mas sempre se esquecer de levá-la, deixe-a perto da porta de casa à noite (veja a dica 6).

Princípio 2: Anote compromissos na agenda de imediato. Você não pode confiar que vai se lembrar depois, então precisa escrever na hora. Se achar difícil se lembrar de fazer isso, experimente botar um alarme no celular para dois minutos após cada aula. Isso vai fazer com que se lembre de pensar se há algum dever novo para anotar na agenda, então pelo menos você não vai perder o que foi passado em sala.

Você pode se dar bem com apenas uma agenda (em vez de também ter um calendário semanal e/ou mensal) se adicionar lembretes *imediatamente* à agenda diária para compromissos que necessitam de mais de um dia de preparação. Em outras palavras, se um professor disser que vai aplicar uma prova de matemática no dia 28 de setembro, coloque isso no calendário e escreva "Prova de matemática em cinco dias" no dia 23 e "Prova de matemática em três dias" no dia 25. **Esses lembretes são cruciais, pois ajudam a evitar a falácia do planejamento.**

Repare que você não faz essas anotações em uma lista de afazeres separada, mas no espaço da agenda referente aos horários de aula. Separar as tarefas das datas de entrega não faz sentido. Quando se sentar para trabalhar, você deve decidir: "Qual é a minha maior prioridade?"; a data de entrega de cada trabalho é um fator crucial nesse cálculo. Então por que separar o que precisa fazer do dia em que deve entregar?

Se você receber suas tarefas para casa todas de uma vez no começo do período, anote-as na agenda assim que souber quais são. Acrescente itens para leituras e para anotações de aula que vai reorganizar (ver capítulo 4). Anote os dias do calendário escolar e férias ou feriados, eventos importantes, etc. Escreva o período em que decidiu estudar todos os dias (veja a dica 62).

Não se esqueça de **incluir eventos sociais na sua agenda**. Isso não se aplica só a coisas formais como festas ou saídas com amigos. Inclua a hora em que vai passar aquele jogo de futebol que você quer ver, ou se seu artista favorito for lançar um álbum novo que você vai querer baixar e ouvir imediatamente. Você precisa conseguir visualizar tudo que vai tomar seu tempo.

Se conseguir desenvolver esses dois hábitos – sempre levar sua agenda com você e anotar novas obrigações na hora em que surgem –, você saberá o que precisa fazer e quando suas tarefas têm que ser concluídas. Então, o problema com que começamos – sentar-se para trabalhar e decidir o que fazer – já está praticamente resolvido. Mas podemos falar um pouquinho mais sobre como partir do que está escrito na agenda para planejar seu dia.

> *Em uma frase:* Se ainda não estiver usando uma agenda, você precisa começar; é essencial para gerenciar seu tempo e estabelecer prioridades para o aprendizado.

DICA 64

Prepare uma lista de afazeres para cada sessão de estudos

Você pode achar útil criar uma lista diária de afazeres para todas as suas atividades. Nunca usei uma, mas, como já disse, não sou a pessoa mais organizada do mundo. Eu me lembro de botar as roupas para lavar quando percebo que minhas meias acabaram, e não porque está na minha lista.

Mas, para cada sessão de estudos, você deve fazer uma lista – uma lista de tarefas às quais vai se dedicar naquele dia. Comece cada sessão de estudos escrevendo sua lista. Faça isso como um ritual. Se não tiver o hábito de fazer listas, pode começar assim:

1. O primeiro item na sua lista deve sempre ser "Escrever a lista de hoje". Essa é uma tarefa que precisa ser feita.
2. Leia a lista de ontem e acrescente os itens que não foram finalizados à de hoje.
3. Veja se tem compromissos na agenda e, se necessário, acrescente-os à

lista. Se sua agenda estiver bem-feita, o dia de hoje deve incluir lembretes de prazos iminentes, por exemplo: "Prova de ciência política em uma semana, capítulos 7 a 11." Essa é uma boa hora para conferir se você marcou tarefas cujo prazo está se esgotando. Dê uma olhada nas próximas semanas para ter certeza.
4. Separe tarefas maiores em partes pequenas, conforme adequado (mais sobre isso no capítulo 11).
5. Leia a lista e decida a ordem na qual quer fazer as tarefas.
6. Se, enquanto trabalha, você se der conta de uma nova tarefa que deve ser feita, adicione-a à lista. Por exemplo, se estiver tentando escrever parte do seu guia de estudos a fim de se preparar para uma prova e notar que se esqueceu de reorganizar as anotações de uma aula, acrescente isso à lista.

Essa sequência de passos faz com que escrever uma lista de afazeres pareça mais difícil do que é. Isso não deve levar mais que 10 minutos e, no fim, **vai economizar tempo**, porque você sempre saberá o que deve fazer em seguida. Sem a lista, toda vez que completa uma tarefa, você precisa se perguntar "Certo, e agora?". Em vez de sempre ter que tomar essa decisão, é mais eficiente resolver de uma vez só: *essas* tarefas, *nesta* ordem.

Não estou falando aqui de uma lista de "coisas a fazer hoje", e sim de **uma classificação das tarefas por ordem de importância**. É normal que você não termine todos os itens na lista. E, se terminar, isso não quer dizer que a sessão acabou. Significa apenas que você deve olhar sua agenda para descobrir o que fazer depois.

Basear-se em uma lista de afazeres remove uma possível fonte de estresse. Enquanto trabalha em uma tarefa, você não vai se perguntar se tem algo mais importante de que está se esquecendo. Você vai saber que avaliou todos os seus afazeres cujo prazo está se esgotando e que está se dedicando ao mais importante deles.

Listas de afazeres também ajudam a combater um problema de motivação. Se for parecido comigo, às vezes você termina uma sessão de trabalho e sente que não chegou a lugar algum. Talvez uma série de pequenos problemas inesperados tenha surgido e você tenha precisado gastar muito tempo resolvendo tudo. Ou uma tarefa que pensou que estava completa na verdade precisava de mais trabalho. Em outras palavras, você encontrou contratempos que significaram que, mesmo trabalhando duro, acabou mais ou menos onde começou. Uma lista não vai resolver isso em um passe de mágica, mas pelo menos você pode olhar para ela depois e dizer "Não estou onde pensei que estaria, mas todas aquelas coisas precisavam ser feitas". Uma lista de afazeres serve como incentivo pois mostra o que você já fez. Por esse motivo, **revise sua lista de afazeres ao fim de cada sessão de trabalho**. E tente se orgulhar de tudo que realizou.

Sua lista de afazeres também pode ser muito útil derrotando sua tendência a procrastinar. Mas, para esse propósito, você deve escrevê-la de um modo específico, então deixarei essa discussão para o capítulo 11.

> *Em uma frase:* Criar uma lista de afazeres para cada sessão de trabalho vai ajudar você a manter a concentração, garantir que está fazendo o trabalho mais importante e mostrar o que já conquistou.

DICA 65
Estabeleça e revise suas metas de estudo

A maior parte deste livro trata de aprender efetivamente ao longo de semanas, mas parte do planejamento é a escolha inteligente do que aprender ao longo dos anos. Para alguns estudantes, essa decisão pode causar espanto, porque eles não reconhecem sua responsabilidade crescente pela própria educação.

Mas, **sem reflexão e planejamento, você pode perder oportunidades importantes**. Um aluno do ensino médio que não gosta de matemática pode parar de comparecer às aulas assim que tiver cumprido os requisitos mínimos para passar de ano, apenas para descobrir, enquanto explora opções de faculdade, que os cursos de design pelos quais se interessa exigem conhecimentos avançados em matemática.

Portanto, **mantenha uma lista dos seus objetivos de longo prazo**. Que tipo de trabalho você espera estar fazendo daqui a 10 anos? Não precisa ser específico se você não fizer ideia, mas pense em termos de categorias amplas: negócios, algo mecânico, algo artístico? O campo pelo qual se interessa é compatível com sua vida familiar ideal? Você pode seguir a carreira que quer em qualquer lugar, ou precisa ir para onde as oportunidades estão?

Além das suas metas, **anote o que você precisa aprender** para chegar lá. A ideia é planejar ao contrário: quero terminar *lá*, e para chegar *lá* preciso fazer *aquilo*, e para me preparar para *aquilo* preciso fazer *isto*, e por aí vai. Então, **escreva um ou dois passos específicos** que pode dar para chegar mais perto de seus objetivos: conversar com um especialista, ler um livro relevante ou fazer um cursinho on-line.

Não estou sugerindo que você crie um plano rígido para a vida. Penso que Winston Churchill estava certo quando disse: "Planos têm pouca importância, mas o planejamento é essencial." Churchill quis dizer que os planos específicos que você bolar vão quase com certeza ter que mudar, porque as circunstâncias vão mudar. Mas você ainda vai se beneficiar do planejamento, porque terá pensado sobre suas metas, suas capacidades e os recursos à sua disposição.

Esse conselho – planeje, mas seja flexível – se aplica não só aos seus objetivos, mas também aos passos que tem que dar para chegar lá. Os estudantes universitários que se metem nos piores perrengues acadêmicos são aqueles que montam um plano e, com teimosia, aderem a ele até quando é óbvio que não está funcionando. Por exemplo, um aluno se compromete a uma carga horária excessiva e acaba reprovado em uma disciplina. Sua reação é pensar: "Ah, não, estou ficando para trás!" Então, no semestre seguinte, ele faz mais coisas ainda para tentar compensar, pensando: "Vou conseguir. É só trabalhar mais!" Dá para ver no que isso vai dar.

Além de flexibilidade, adicione uma boa pitada de ceticismo ao seu planejamento. A internet é maravilhosa, mas você sabe que não é completamente confiável. Se você pesquisar "Como posso ser engenheiro de software?" – ou jogador profissional de beisebol ou professor de psicologia –, o site que encontrar dificilmente terá sido elaborado por alguém que exerça essa profissão. É provável que tenha sido escrito por alguém tentando conseguir uma grana. **Complemente o que encontrar on-line conversando com pessoas** que de fato trabalham na área a que está almejando. Estudantes podem se sentir constrangidos em pedir esse tipo de coisa a alguém que não conhecem, mas não deviam se sentir. As pessoas costumam gostar de falar sobre si mesmas e de ajudar. Mas também são ocupadas, e alguns de nós recebem mais pedidos desse tipo do que somos capazes de responder. Esteja preparado para receber vários "nãos" antes de um "sim", mas pode ter certeza de que não está fazendo um pedido inadequado ou esquisito.

Revise sua lista de objetivos a cada seis meses. Ainda quer atingi-los? Seis meses atrás, que passos você disse que ia dar? E como se saiu? É hora de repensar seu caminho ou reunir mais informações sobre o que deve fazer depois? Pesquisas mostram que **as pessoas que monitoram o próprio progresso têm mais chance de atingir seus objetivos** que aquelas que não fazem isso. É por isso que é importante escrever os passos específicos que planeja dar; isso torna mais fácil avaliar se você está fazendo algo para atingir suas metas.

Os anos passam mais rápido do que imaginamos. Aproveite-os ao máximo investindo um tempinho em planejar a longo prazo seus objetivos de aprendizado e carreira.

Em uma frase: Estabeleça metas de longo prazo relacionadas a suas aspirações de carreira e revise-as a cada seis meses para ver como está progredindo e se deve ajustá-las.

DICA 66

Estipule metas com os fatores ocultos em mente

Como você deve estabelecer metas profissionais de longo prazo? Talvez pense que deve levar três fatores em conta: (1) o que vai satisfazê-lo a longo prazo, (2) suas habilidades e (3) o mercado. Parece óbvio que todos os três importam. Por exemplo, você pode achar que uma carreira como músico o faria bastante feliz, e talvez seja bem talentoso (digamos, no top 5%), mas o mercado para músicos profissionais é muito restrito.

O conselho padrão é "seguir suas paixões" – isto é, priorizar o que vai trazer satisfação. Com frequência, esse conselho reconhece o fator mercado, sugerindo que você canalize sua paixão em um trabalho com um bom número de vagas. Se você ama música, por exemplo, pode pensar em planejar eventos ou trabalhar com musicoterapia.

Quem dá esse tipo de conselho admite que, ainda assim, é difícil estimar o equilíbrio entre esses três fatores, mas esse não é o único desafio. Outras influências podem distorcer seu planejamento. Vamos explicitá-las e descobrir como abordá-las.

Primeiro, "Siga sua paixão" é um pouco errado. **"Siga seu propósito" é melhor**. Pesquisas mostram que as pessoas mais felizes são aquelas que encontram propósito no trabalho, o que significa que enxergam o trabalho como algo que tem um efeito positivo na vida dos outros. A paixão pode contribuir para o propósito, pois é provável que você sinta que seu trabalho tem propósito quando tem paixão pelo que faz – é algo que você acha importante e sente que deve importar para os outros. Ainda assim, é no propósito que você deve se concentrar.

Outra desvantagem de focar na paixão é que isso incentiva você a ignorar suas falhas, e elas podem ser reveladoras. As atividades com que você gasta todo o seu tempo lhe dizem o que você ama fazer, o que pode orientar a sua busca por propósito. Se você acha que fala demais, talvez deva ter um trabalho em que precise falar bastante, como lecionar. Se gosta de ser sempre o centro das atenções, talvez devesse fazer apresentações de vendas para grandes grupos. Se vê possibilidades negativas em cada situação, talvez devesse trabalhar com avaliação de riscos. As pessoas costumam querer eliminar suas falhas, mas, às vezes, elas são intrínsecas a quem somos. Faz mais sentido tentar redirecioná-las.

O segundo defeito da fórmula costumeira de pensar sobre seus objetivos é que ela ignora o ambiente. Suas metas são pessoais, mas isso não quer dizer que outras pessoas não possam afetar suas chances de atingi-las. Os indivíduos com quem você tem maior probabilidade de fazer amizade são seus colegas de trabalho ou estudo. É por meio deles que você aprenderá coisas novas e encontrará novos recursos. Em suma, **o ambiente pode ser favorável, neutro ou prejudicial a seus objetivos,** mesmo que as pessoas ao seu redor não saibam dos seus planos.

Por exemplo, quando lecionei na Williams College no início dos anos 1990, uma grande porcentagem dos alunos praticava corrida. Muitos com quem falei disseram que não corriam no ensino médio, mas, quando chegaram à Williams, viram que todo mundo praticava o esporte, então começaram a fazer isso também. Claro que a pressão social era parte do motivo, mas, além disso, praticar corrida na Williams era *fácil*. Era fácil encontrar alguém com quem correr, pedir conselhos sobre caminhos e equipamentos bons e se juntar a um clube de corredores.

Ao escolher um ambiente – uma faculdade, por exemplo, ou uma oferta de trabalho –, você deve prestar atenção no círculo que vai adentrar. As pessoas lá parecem compartilhar seus objetivos? E a instituição? Mais importante, há alguma evidência disso, ou é só da boca para fora? Por exemplo, muitas empresas dizem que apoiam o crescimento individual e incentivam os funcionários a aprender habilidades e avançar na carreira. Houve algum exemplo desse aprendizado e desse crescimento durante os últimos anos no departamento ao qual você vai se juntar? A empresa tem políticas de apoio, tais como pagar a matrícula para cursos relevantes ou dias de folga pagos para o desenvolvimento profissional?

Em terceiro lugar, **as pessoas tendem a subestimar como as emoções podem nublar seus cálculos.** Mesmo que, na sua opinião, a paixão deva ter um peso maior do que aquele que estabeleci, é importante que os objetivos que você estabelecer sejam realistas. Sua paixão por colecionar selos, por exemplo, não deve tornar você irracionalmente otimista a respeito do dinheiro que vai ganhar se começar um negócio vendendo suprimentos para colecionadores.

Existe uma forma surpreendentemente simples e eficaz de lidar com esse problema. Ficamos com a cabeça muito mais fria quando damos conselhos a outras pessoas. Pense quantas vezes um amigo fala sobre uma escolha na vida dele com a qual está preocupado e confuso, mas cuja resposta é óbvia para você: *Não, você com certeza não deve se casar com a sua noiva que o traiu três vezes.* Você é capaz de ser objetivo porque suas emoções não estão envolvidas na escolha – afinal, não está apaixonado por ela.

Para ter certeza de que suas emoções não estão impedindo você de pensar com clareza sobre suas metas de vida, **tente se aconselhar como se estivesse olhando de fora.** Fale sobre si mesmo na terceira pessoa e descreva, em voz alta, a situação em que se encontra: "Então, Dan, você quer se candidatar a uma transferência da faculdade de engenharia para fazer licenciatura em física e se tornar um professor do ensino médio. Vamos começar listando o que você fez para chamar a atenção do comitê de admissão da licenciatura e, então, vamos considerar quão seletiva essa faculdade é e quais perspectivas de emprego você vai ter com um diploma desse curso. Em seguida, vamos conversar sobre as vantagens e desvantagens do seu curso atual."

Estabelecer metas é complicado e está sujeito a influências que você talvez não reconheça. A importância das consequências significa que vale a pena refletir o máximo possível sobre o processo.

> *Em uma frase:* Quando pensar sobre metas de carreira de longo prazo, tenha certeza de que elas vão contribuir com um sentimento de propósito, reconheça como seu ambiente vai afetar a possibilidade de atingi-las e se certifique de que suas emoções não estejam influenciando os objetivos que estabelece.

DICA 67

Desenvolva um plano

Sugeri que você estipulasse uma meta específica e planejasse os primeiros passos. Mas como elevar ao máximo a probabilidade de você realmente aderir ao plano e dar esses passos? Esses tipos de objetivo são difíceis de alcançar porque parecem um complemento, algo extra que seria ótimo fazer, mas que não é parte das suas responsabilidades. Nada de ruim vai acontecer se você não completá-los.

Pesquisadores descobriram algumas formas de aumentar as chances de seguir o plano.

Para começar, **torne o seu plano ainda mais específico**. Em vez de dizer, "Quero conversar com donos de antiquários nos próximos seis meses", você pode estabelecer um cronograma mais detalhado para isso, começando com a ideia de que, no mês seguinte, vai marcar uma conversa e planejar obter, dessa primeira pessoa, o nome de mais alguém para entrevistar. Se quiser ser um corretor de imóveis, talvez eu planeje que, no mês que vem, vou convidar um conhecido que está começando no ramo para almoçar. No mês seguinte, vou identificar três cursos on-line de introdução ao assunto.

Além disso, **tenha um plano B**. Se estiver com dificuldade de achar um vendedor de antiguidades que queira falar comigo, vou entrar em contato com minha tia, que participa da comunidade de negócios da cidade dela, para ver se pode me ajudar. Se meu conhecido que é corretor não está sendo de grande ajuda, vou dizer a ele que estou procurando o maior número de informações possível e perguntar se algum dos colegas dele estaria disponível para conversar por 15 minutos.

Esses planos de contingência servem para obstáculos externos, mas é ainda mais importante **se planejar para obstáculos internos** – características suas que podem impedir que siga o plano. Por exemplo, imagine que você não tenha dificuldade em convidar seu conhecido para almoçar, mas nunca saiba como levar uma conversa ao assunto que realmente interessa. De novo, a solução é formular um plano com antecedência. Pesquisas mostram que **é bom fazer o plano em um formato "se/então"**. Por exemplo, você pode pensar "Haverá uma quebra natural na conversa quando o garçom vier anotar nossos pedidos. Se eu ainda não tiver mencionado meu plano, farei isso quando o garçom estiver indo embora".

Por que a especificidade ajuda – tanto a especificidade do plano quanto a da contingência? Este é outro exemplo da força da memória e da fraqueza comparativa da nossa habilidade de resolver problemas. No momento em que decido "Esse é o meu objetivo", tenho muita energia e espaço mental para pensar nos passos que vão me levar até lá. Mais tarde, quando lembrar que estipulei essa meta, posso estar cansado ou desmotivado. Nesse estado, não consigo resolver problemas tão bem. Mas a memória não é muito afetada pelo humor ou pelo nível de energia. Então, se tiver feito um plano mais cedo, eu me lembrarei dele e saberei o que devo fazer. A diferença entre resolução de problemas e memória é ainda mais importante quando surgem obstáculos. Se estiver almoçando com seu conhecido corretor de imóveis e não conseguir mencionar o assunto que era o propósito desse almoço, você não vai conseguir elaborar um plano – estará nervoso demais. Mas, apesar do nervosismo, é capaz de se lembrar de um plano que fez mais cedo.

> *Em uma frase:* Você pode aumentar a probabilidade de correr atrás das suas metas se planejar os passos específicos que vai dar, prever obstáculos (internos ou externos) que podem impedi-lo de dar esses passos e criar um plano de ação para seguir caso surja um obstáculo.

PARA PROFESSORES

A maioria dos professores já ajuda os alunos a se lembrar das tarefas quando os incentiva a usar um *planner*. Mas os educadores que perguntam aos estudantes "Quanto tempo acham que essa tarefa vai levar?" são mais raros. Se você não pedir que seus alunos planejem esse aspecto das atividades, pense em começar a fazer isso e demonstrar seu raciocínio para chegar a uma estimativa.

Isso ainda deixa nas mãos dos seus alunos o trabalho importante de reunir tarefas de aulas diferentes, decidir a importância relativa dessas demandas de tempo concomitantes e escrever uma lista de afazeres. Como isso requer coordenação entre as disciplinas, uma sessão de estudos pode oferecer aos alunos do ensino médio uma oportunidade de obterem alguma prática e orientação sobre esse processo.

Você provavelmente não discute a estipulação de metas de longo prazo em sala de aula, mas é bem provável que o assunto surja em conversas individuais com alunos, em especial quando eles estão em fase de transição: um aluno de um curso técnico se perguntando se deve fazer uma graduação, por exemplo, ou um secundarista se indagando se uma nota 8 em química orgânica significa que ele deva desistir da faculdade de medicina.

Quando você acha que o objetivo de um aluno se alinha bem com o histórico e as perspectivas dele, essas conversas são fáceis e até divertidas; você faz o papel de líder de torcida e oferece alguns conselhos. Mas, se o objetivo não parecer realista, é difícil. Você quer tecer comentários honestos, mas também quer dar apoio. Então, quanta certeza precisa ter de que o aluno não conseguirá alcançar um objetivo antes de acabar com os sonhos dele? E o que deve dizer?

Resolvi esse dilema decidindo não fazer comentários desse tipo. Dou ênfase à comparação entre o que o estudante fez e o que precisa fazer. Eu diria: "Alunos que passam para a faculdade de medicina costumam fazer X, Y e Z. Você meio que fez X e sem dúvida fez Y, mas não Z." Então, discutimos o que é necessário para fazer Z e, se isso não for possível, formas de burlar o requisito, se houver alguma. Por exemplo, se o aluno estiver no último período da faculdade, é tarde demais para remediar um coeficiente de rendimento baixo. Mas alguns anos como assistente de pesquisa em um laboratório científico seriam uma boa experiência, afastariam o estudante da média baixa e renderiam uma carta de recomendação do coordenador do laboratório.

Resumo para professores

- Ajude os alunos a desenvolver o hábito de manter uma agenda atualizada.
- A maioria dos alunos se beneficiaria se você os ajudasse a estabelecer prioridades de trabalho e gerenciar o tempo deles.
- Quando discutir as metas de longo prazo dos alunos, foque no que seria necessário para eles alcançarem o objetivo e o que já fizeram até aquele momento, em vez de fazer um julgamento sobre o talento ou a habilidade deles.

CAPÍTULO 11

Como vencer a procrastinação

A procrastinação é difícil de evitar, mas a psicologia por trás dela não é complicada. **Nós procrastinamos para nos sentirmos melhor**. Adiamos uma atividade desagradável (por exemplo, resolver exercícios de matemática) em nome de algo prazeroso (por exemplo, jogar video game). Não é nenhuma surpresa que quanto menos gostamos da atividade, ou quanto mais gostamos da alternativa, maior a chance de procrastinarmos.

Mas o problema é um pouco pior do que parece, porque o prazer ou a dor que prevemos não têm o mesmo poder que o prazer ou a dor de *agora*. Por exemplo, imagine que seu médico diz que você deve ficar de olho no seu consumo de açúcar e eu pergunto: "Você gostaria de comer um pedaço de cheesecake daqui a uma semana?" Seria bem fácil dizer "Não, tenho que limitar meu consumo de açúcar". O prazer do cheesecake não é muito tentador porque está a uma semana inteira de distância. Mas pense em como seria mais difícil recusá-lo se eu lhe oferecesse um pedaço *agora*. Da mesma forma, coisas dolorosas não assustam tanto quando estão no futuro distante. Mesmo que tenha medo de ir ao dentista, você pode ser convencido de marcar uma consulta se esperar ir lá só daqui a seis meses. Mas e se a recepcionista dissesse: "Na verdade, houve um cancelamento... você gostaria de vir agora?"

A forma como as possibilidades mudam de valor com o tempo nos ajuda a entender por que jogar video game agora (com a intenção de fazer o dever de matemática depois) é muito mais atraente do que fazer o dever primeiro e jogar depois. Jogar video game agora tem bastante valor positivo, e jogar mais tarde tem menos; o valor do video game muda ao longo do tempo, assim como o do cheesecake. O do dever de matemática também. Fazer agora parece bem negativo; fazer no futuro, nem tanto.

O **controle de impulsos** também desempenha um papel nisso. Um impulso é um plano que seu cérebro cria para saciar um desejo imediato, mas que, no fim das contas, tem consequências ruins. Ao ver "Delícia de chocolate (serve duas pessoas)" no carrinho de sobremesas, você pode sentir o impulso de comprar. Se um carro o corta no trânsito, você pode ter o ímpeto de empurrá-lo para fora da pista. As pessoas têm diferentes capacidades de controlar os impulsos, e esse é um fator importante na procrastinação.

Para reduzir a procrastinação, podemos nos concentrar em (1) **fazer o trabalho parecer mais favorável quando comparado com a alternativa** e/ou (2) **reduzir as chances de agir sob impulso**.

QUANDO SENTIR A TENTAÇÃO DE PROCRASTINAR
O que o seu cérebro vai fazer: Julgar que o trabalho que você deve fazer será desagradável agora, mas nem tanto depois; além disso, uma alternativa ao trabalho parece bem atraente agora, mas não será tanto assim mais tarde. Então, o trabalho é adiado em nome da diversão.
Como ser mais esperto que o seu cérebro: Faça o trabalho parecer menos desagradável e torne as alternativas um pouco menos divertidas; o segredo é a forma como você fala consigo mesmo a respeito dessas coisas.

Como veremos neste capítulo, **seu objetivo é derrotar a procrastinação fazendo do trabalho um hábito**. Se você se sentar todo dia para sua sessão de trabalho de forma tão automática quanto escova os dentes antes de se deitar, não vai procrastinar – você vai eliminar a possibilidade de escolher não trabalhar, porque não vai haver escolha a ser feita. Você estará no piloto automático. A parte difícil é evitar a procrastinação com firmeza até o ponto em que o trabalho se torna um hábito. As dicas neste capítulo vão ajudar você a chegar lá.

DICA 68

Não dependa da força de vontade para reduzir a procrastinação, dependa do hábito

Quando se levanta de manhã, você não pondera a possibilidade de haver uma forma mais eficiente de fazer o seu café. Não experimenta escovar os dentes com a mão não dominante. No dia a dia, há muitas atividades – é provável que a maioria – que você executa no piloto automático, fazendo as coisas da forma que sempre fez.

Isso não é preguiça. Quando experimentamos algo novo – "Ei, que tal trocar o filtro de café por uma folha de alface?" –, o resultado pode até ser bom, mas, em geral, é um fracasso. Fazer uma tarefa no piloto automático não é criativo, mas, se o resultado no passado tiver sido aceitável, continuar assim significa que você vai obter o resultado aceitável de novo.

Mais importante ainda é o fato de que, para ações habituais de verdade, não apenas temos uma forma rotineira de realizá-las, mas também, com frequência, nem precisamos pensar em começar a rotina. Você não entra na cozinha de manhã e pensa "Humm. Será que devo fazer café?". Simplesmente faz. Você não adia atividades cotidianas porque *não precisa escolher fazê-las*.

Sugeri que você escolhesse um período específico para trabalhar todos os dias (veja a dica 62). O ideal é que começar a sua sessão de trabalho se torne tão habitual quanto passar fio dental antes de ir dormir. **Quando se sentar para uma sessão de trabalho se torna habitual, não há chance de procrastinar, porque você não está fazendo uma escolha.**

Como transformar uma ação em um hábito? Como você deve ter adivinhado, a resposta é a repetição constante. No entanto, se você se certificar de que a repetição tenha alguns aspectos cruciais, o hábito vai se desenvolver mais rápido.

Primeiro, **é mais fácil estabelecer um hábito como uma sequência de coisas que você faz, em vez de tentar determinar horários específicos para certas atividades.** Hábitos são como memórias, no sentido de que também são desencadeados por pistas. Algo ocorre no ambiente (ou em sua mente) que dá a pista para um plano mental de ação: "Faça isto agora." Você tem uma rotina no banho – uma sequência em que lava o corpo, passa xampu e condicionador no cabelo, se depila, etc. Terminar uma ação no chuveiro é a pista para começar a próxima. A deixa *não* é "São 18h35". **O tempo é uma pista ruim** porque você não monitora o horário tão de perto. Por outro lado, completar uma ação é uma pista óbvia – é difícil você não perceber que acabou de enxaguar o cabelo.

Para desenvolver o hábito de trabalhar, comece pensando no que pode servir como pista. Se você estiver no ensino médio, talvez seja "Terminei de limpar a cozinha após a janta" ou "Acabei meu lanche pós-escola". Você deve se certificar de que a tarefa-gatilho seja feita todos os dias sem falta. Portanto, "Terminei de lavar a louça da janta" não é um bom gatilho se você reveza essa tarefa com seu irmão.

Outra forma de acelerar o desenvolvimento de um hábito é **escolher o contexto com sabedoria**. Marque seu horário de estudos em uma parte do dia em que *pode* manter a constância. Não agende para "quando chegar da escola" se você costuma socializar depois da aula. Mas note que não há problema em agendar para "depois de praticar exercício físico no sábado", mesmo que sua hora de se exercitar varie. Assim como você pode acordar a qualquer hora e ir parar no chuveiro no piloto automático, a rotina será a mesma desde que a pista seja consistente – chegar em casa depois do exercício físico de sábado.

Quanto tempo leva para desenvolver um hábito? Em um experimento, os pesquisadores pagaram participantes para desenvolver um hábito de sua escolha relacionado à alimentação saudável ou ao exercício. O novo comportamento se tornou habitual depois de uma média de 66 dias, mas esse número variou bastante – entre 18 e 254 dias. O número com certeza depende do hábito que você está tentando desenvolver, da sua personalidade e do encaixe dos dois.

Se você for um estudante universitário, sugiro que pense na faculdade como um emprego das nove às cinco (ou das dez às seis, o que funcionar melhor para você). Trate essas 40 horas de segunda a sexta como tempo de trabalho não negociável. Você não lava a roupa ou socializa durante esse horário. Está em aula ou estudando.

Quando meus colegas professores e eu estamos decidindo quem aceitar em nosso programa de doutorado, temos uma leve tendência a selecionar mais pessoas que já estiveram no mundo corporativo que estudantes que vêm direto da faculdade. Isso se deve ao fato de que ter um emprego em tempo integral torna o trabalho um hábito; você se acostuma a comparecer e trabalhar, mesmo que não esteja com muita vontade naquele dia.

Tratar seu tempo de aprendizado como um hábito parece ótimo, mas você ainda tem esse período inicial de 66 dias (ou quanto tempo acabar demorando) no qual *tem* que depender da força de vontade. Ela é uma aliada incerta na missão de garantir que você trabalhe, pois varia de acordo com seu humor, seu estado físico e seu ambiente. Vamos dar uma olhada em formas de assegurar que você trabalhe com constância durante o horário estipulado, para que o hábito possa ser desenvolvido.

> *Em uma frase:* Transformar sua sessão de trabalho em um hábito é a forma definitiva de vencer a procrastinação, porque remove a necessidade de escolher trabalhar.

DICA 69
Cada item da lista de afazeres deve ser concreto e levar de 20 a 60 minutos

Ao comer um elefante, dê uma mordida por vez. (Autor desconhecido)

Uma jornada de mil quilômetros começa com um passo. (Provérbio chinês)

Um dia de cada vez. (Slogan dos Alcoólicos Anônimos)

Todas essas citações têm o mesmo sentido: metas ambiciosas são tão intimidadoras que nem tentamos alcançá-las. O truque é ter um objetivo bem menor. Não pense em comer o elefante inteiro, dê apenas uma mordida. Não pense em evitar o álcool para o resto da vida, só em conseguir passar o dia sem beber.

Eis por que essa estratégia funciona: quando faz uma escolha, você considera não só quanto adora (ou odeia) o que vai obter, mas também a probabilidade de chegar a esse resultado. Por exemplo, se você me pedir que escolha entre uma barra de chocolate ou 100 mil dólares, é óbvio qual vou escolher. Mas imagine que você me diga que, caso eu escolha a barra de chocolate, com certeza vou obtê-la, mas, se pedir o dinheiro, terei uma chance de 0,000036% de conseguir. Em termos mais palpáveis, você me dá um dólar com o qual posso comprar uma barra de chocolate ou um bilhete de loteria. Adoro a ideia de receber todo esse dinheiro, mas, se fizer essa escolha, é bem provável que saia com as mãos abanando. Prefiro ter o chocolate garantido.

Nossa probabilidade de procrastinar é maior quando achamos que não teremos sucesso na tarefa que devemos realizar. Se seu professor passar a leitura de *A casa soturna*, você não apenas tem todas as razões normais para procrastinar como, além disso, repara que o livro tem mais de 900 páginas. Sentir que nunca vai conseguir terminar a leitura faz com que começar a ler se equipare a comprar um bilhete de loteria. "O prêmio – terminar o livro – parece atraente, mas acho que não vou ganhar. Então por que começar?"

Todas as citações dão o mesmo conselho: divida tarefas grandes em pedaços pequenos e alcançáveis. O título do clássico de Anne Lamott sobre a escrita, *Palavra por palavra*, veio de um dever de casa enorme. Ela explicou:

> Trinta anos atrás, meu irmão mais velho, que tinha 10 anos na época, estava tentando escrever um relatório sobre pássaros que teve três meses para redigir, mas que era para o dia seguinte (...). Ele estava na mesa da cozinha quase chorando, cercado de folhas de fichário, canetas e livros fechados sobre pássaros, imobilizado pela imensidão da tarefa à sua frente. Então meu pai se sentou ao lado dele, colocou o braço em volta do seu ombro e disse: "Palavra por palavra, filho. Só uma palavra de cada vez."

A dica 64 sugeriu que você escrevesse uma lista de afazeres no começo de cada sessão de estudos. **Cada item da sua lista deve ser curto – mire** em atividades que levem de 20 a 60 minutos. É claro que muitas tarefas de aprendizado não vêm em pequenas porções. Você precisa desconstruí-las em partes, mas talvez não saiba como fazer isso. **Se não souber separar as partes, transforme isso em um item na sua lista de afazeres.** É trabalhoso e pode levar um tempo, então escreva: "Bolar um plano para o projeto de economia."

Deixe-me ajudá-lo um pouco a dividir tarefas grandes em partes menores. Tenho três princípios para sugerir.

Algumas tarefas podem ser pensadas em termos de **fases** ou passos, em que cada fase depende do resultado da fase anterior. Por exemplo, um relatório de projeto tem quatro fases distintas: pesquisa, esboço, escrita e edição. No capítulo 6, sugeri esses passos para quando você for se preparar para uma prova: criar um guia de estudos, fixar o guia de estudos na memória, se encontrar com o grupo de estudos e fazer superaprendizagem – isto é, continuar estudando mesmo quando já souber o conteúdo. (Cada uma dessas fases é, na verdade, uma tarefa bem grande que você deve dividir mais ainda.)

Outras tarefas não são ordenadas em passos sequenciais, mas em **categorias**. Essa é a divisão que o pai de Anne Lamott sugeriu com seu conselho de ir palavra por palavra. O mesmo princípio se aplica à fase de "criar um guia de estudos": você escreve a parte do guia que cobre a aula 1, depois a aula 2 e a 3, mas também pode escrevê-las fora de ordem, se quiser.

Outras tarefas se dividem naturalmente em **partes**; a tarefa é de fato uma empreitada enorme, mas você cria peças artificiais para deixá-la mais administrável. Quando estiver na fase de escrita de um relatório de projeto, você pode dividir essa fase em partes. Pode considerar um trabalho com 15 problemas composto de três partes de cinco problemas.

Seja qual for a divisão que você estabelecer para a tarefa – em fases, categorias ou partes –, certifique-se de que sua descrição seja a mais concreta possível. O objetivo é que, quando realizar uma atividade, você não precise pensar sobre o que tem que fazer. Não escreva "Fazer revisão para prova sobre o governo". Revisar como? Reescrever capítulos, ler anotações, fazer um esboço, o quê?

É claro, você quer que a tarefa seja não só concreta, mas também relativamente curta. Eu disse 20 a 60 minutos, mas não tem nada sagrado ou científico nesses números. Apenas mantenha o objetivo em mente: você está tentando enganar a si mesmo para trabalhar fazendo a tarefa parecer fácil, inofensiva. Uma mordida pequena.

> *Em uma frase:* Faça de cada item da lista de afazeres uma coisa que pode ser realizada em 30 a 60 minutos, porque a procrastinação será menos tentadora se as tarefas parecerem alcançáveis.

DICA 70

Reestruture sua escolha

Mudar a descrição da sua escolha também pode fazer o trabalho parecer mais atraente. Para ver como essa estratégia funciona, vamos usar uma ideia que os economistas chamam de *custo de oportunidade*. Basicamente, significa desistir da oportunidade de um ganho em potencial.

Por exemplo, suponha que sua tia riquíssima tenha lhe dado 100 mil dólares quando você tinha 17 anos, sem compromisso. Você pode ficar com os 100 mil e arranjar um emprego logo após se formar no ensino médio. Ou pode gastar os 100 mil com a faculdade, pensando que é um bom investimento, porque lhe permitirá conseguir um trabalho mais bem remunerado se tiver um diploma universitário.

A mensalidade é obviamente um custo direto, mas ir à faculdade também inclui custos de oportunidade. Você perde a chance de investir os seus 100 mil. Além disso, ir à faculdade significa que você perde a possibilidade de trabalhar por quatro anos, e durante esse tempo você poderia ter ganhado um salário, talvez alguns benefícios de aposentadoria e uma reputação como bom funcionário, merecedor de uma promoção.

Agora, o que isso tudo tem a ver com a procrastinação?

Suponha que você seja um estudante universitário, terça à noite, e seu colega de quarto pergunte se você quer ver um filme. Você estava pensando em se dedicar a um exercício de química que precisa entregar na segunda. O modo natural de pensar sobre essa situação é similar ao problema do video game/matemática de antes: diversão imediata e tédio mais tarde contra tédio imediato e diversão mais tarde. Mas escolher o filme traz um custo de oportunidade que você pode não ter considerado: se for ao cinema, você não terá a satisfação de terminar o exercício.

A próxima vez que se sentir tentado a procrastinar, **tente descrever a escolha para si mesmo de forma a destacar o custo de oportunidade**. Não pergunte: "Será que assisto a um filme ou faço exercício?" Reflita: "Será que faço logo esse exercício e acabo com ele de vez, ou empurro com a barriga e desisto da chance de me sentir bem por ter terminado o trabalho?"

Aqui está outro jeito interessante de pensar sobre esse dilema. A psicóloga Alexandra Freund indicou que temos tendência a remoer duas coisas quando procrastinamos: ou não gostamos do processo que a tarefa envolve, ou não gostamos do objetivo. Por exemplo, um aluno pode adiar a escrita de um guia de estudos: não é a criação do guia que não o agrada (o processo), mas sim fazer a prova (o objetivo), porque sempre fica ansioso com provas. Então ele adia qualquer trabalho associado a fazer a prova. Outro estudante pode detestar fazer análise de dados, mas gostar de criar e mostrar uma apresentação PowerPoint para a turma quando os dados já foram analisados.

Se você notar que o processo ou o objetivo é a parte da atividade que faz com que procrastine, veja se pode **se concentrar na parte da tarefa que não se incomoda tanto em fazer**. O primeiro estudante pode dizer a si mesmo: "Não estou fazendo a prova. Meu trabalho agora é resumir o que aprendi." O segundo pode pensar: "Isso não são só cálculos numéricos; estou me preparando para a minha apresentação." Note se reestruturar a tarefa para destacar a parte de que você gosta (ou pelo menos não se incomoda tanto de fazer) diminui sua tendência a procrastinar.

Em uma frase: Descrever novamente o trabalho à frente – o resultado do trabalho, o processo ou o objetivo – pode tornar a escolha certa mais atraente.

DICA 71

Apenas comece e verá que não é tão ruim assim

As pessoas são surpreendentemente ruins em prever as próprias reações emocionais. Claro, você sabe que, se ouvir alguém dizer que você é bonito, vai se sentir bem. Por outro lado, se disserem que você não tem senso de humor, ficará magoado. As pessoas costumam acertar a direção de sua reação (positiva ou negativa), mas superestimam a força e a duração dela.

Essa estimativa inflada das emoções foi examinada por psicólogos em relação ao exercício físico, uma atividade que costuma causar procrastinação. Eles descobriram que as pessoas postergam os exercícios em parte porque pensam que vão se sentir piores do que realmente se sentiriam caso se exercitassem.

Você pode descobrir que isso também se aplica a tarefas mentais. Se conseguir apenas começar, verá que **trabalhar não é tão desagradável quanto você pensou que seria**. Um jeito de se convencer a "só começar" é dizer: "Vou trabalhar por apenas cinco minutos. Se odiar muito, posso parar."

Quando queria desenvolver o hábito de correr todo dia, minha irmã criou uma estratégia parecida. Se ela vestisse a roupa de corrida e fosse até o fim da calçada, isso "contava". Ela se permitia desistir, mas ainda assim diria "Corri hoje". É claro que, em 95% das vezes, mesmo quando pensava "Não quero correr. Hoje só vou mesmo até o fim da calçada", ela seguia em frente quando chegava lá. Correr não era tão ruim.

Se você tem muita dificuldade em se sentar e trabalhar, tente dizer a si mesmo: "Vou preparar minha lista de afazeres para hoje. **Se depois de preparar a lista eu quiser fazer uma pausa, vou fazer.**" Assim que sua lista estiver pronta, deve haver pelo menos uma ou duas coisas que não parecem tão difíceis de encarar. Então execute-as.

Mas, para essa tática funcionar, é crucial que você realmente se permita fazer uma pausa quando terminar de escrever a lista. O objetivo da estratégia é fazer o trabalho parecer menos intimidador, dando a si mesmo a permissão de recuar rapidamente. Se você sabe que essa permissão é falsa – por exemplo, que vai se sentir culpado se der a pausa –, a intimidação não vai diminuir.

> *Em uma frase:* Começar uma sessão de trabalho vai parecer menos detestável se você se der permissão para fazer uma pausa depois de um tempo curto.

DICA 72

Diga aos outros o que vai fazer

Humanos são seres intensamente sociais. Muitas das nossas atividades são realizadas em conjunto e, mesmo quando fazemos algo sozinhos, pensamos em como seremos vistos pelos outros: deixaremos as pessoas que importam para nós orgulhosas, zangadas ou felizes?

Se estiver frustrado por procrastinar com muita frequência, você pode aproveitar suas conexões sociais para ajudá-lo a lidar com o problema. Simplesmente dizer a seus amigos "Ei, estou tentando procrastinar menos e manter um ritmo melhor de trabalho" já é um começo. A esperança é que os amigos, sabendo do seu plano, ajudem de duas formas: cobrando isso de você e lhe dando apoio.

Pode ser útil ser cobrado: use a vergonha a seu favor. Você sente vergonha quando diz para as pessoas "Vou parar de procrastinar!" e aí, dentro de uma semana, é óbvio que não aderiu à sua resolução. Não há vergonha em usar a vergonha como motivação, e, se gostar dessa ideia, você pode usar um app para monitorar hábitos, como stickK, 21habit ou Beeminder (em inglês).

A maioria dos apps têm formatos parecidos: você se compromete a fazer algo – digamos, "Trabalhar das sete às dez da noite todo dia de semana".

A cada dia você relata se cumpriu ou não seu compromisso. (Alguns apps requerem que você tenha um árbitro para monitorar sua honestidade.) Se não tiver cumprido sua meta, certa quantia vai do seu cartão de crédito a uma organização sem fins lucrativos. Você é incentivado a escolher uma causa que torne a perda mais desagradável – por exemplo, uma organização com opiniões políticas das quais você discorda. Para acrescentar ainda mais motivação, muitos sites divulgam seu fracasso por meio de suas redes sociais.

Participar de um grupo de estudos (veja a dica 23) também o obriga a prestar contas. Quando o grupo se encontra para comparar anotações de aulas ou discutir uma prova prestes a ser aplicada, os outros integrantes contam com você para ter feito o trabalho preparatório. A responsabilidade para com seus colegas pode ajudá-lo a cumprir esses prazos.

Além de responsabilizá-lo, **os amigos podem dar apoio**. Dependendo das circunstâncias, podemos precisar de mais de um tipo de apoio. Os psicólogos listam quatro tipos:

Apoio emocional: Pessoas que expressam empatia e carinho. Por exemplo, quando você se sente frustrado porque ainda procrastina mesmo se esforçando para parar, seus amigos podem ouvi-lo e incentivá-lo a continuar tentando.

Apoio informacional: Pessoas que oferecem conselhos, sugestões ou informações. Elas podem, por exemplo, apresentar suas próprias estratégias para derrotar a procrastinação ou ajudá-lo a encontrar um app de gestão de tempo de que goste.

Apoio prático: Pessoas que fazem coisas que estimulam diretamente o seu esforço. Por exemplo, um amigo defende você quando alguém o condena por trabalhar em vez de ir a uma festa. Ou um amigo se oferece para conferir se você está estudando na tarde antes de uma festa.

Apoio avaliativo: Pessoas que fornecem informações para ajudar você a se autoavaliar. Por exemplo, um amigo fala objetivamente se seus esforços para procrastinar menos estão funcionando, ou lembra outras vezes em que sua determinação para mudar algo em si mesmo compensou, dando a você mais confiança de que pode vencer a procrastinação.

Ao ler sobre esses tipos de apoio, imagino que alguns deles façam você pensar "Não, não é isso que preciso que meus amigos façam", e um ou outro gerem uma reação de "Sim!". Perceber isso pode fazer com que você selecione melhor quem procura para pedir apoio. É claro que é uma má ideia falar sobre sua campanha antiprocrastinação para os procrastinadores mais obstinados que conhece. Mas, depois de excluir essas pessoas, olhe para esses tipos diferentes de apoio e **pense um pouco sobre quais dos seus amigos são mais capazes e estão mais dispostos a fornecer o tipo de suporte de que você precisa.**

Mas não espere que eles saibam automaticamente como ajudar; é provável que você tenha que deixar isso explícito, e a lista anterior pode ajudá-lo a exprimir que tipo de auxílio você está esperando receber e que tipo de ações concretas eles podem tomar.

Algumas pessoas acham difícil pedir ajuda. Tenha em mente que você provavelmente não considera ninguém pior por pedir seu auxílio. A maioria das pessoas ajuda seus amigos de bom grado; isso as faz se sentir bem, então não negue aos outros essa oportunidade.

Em uma frase: Sua rede de amigos pode oferecer apoio emocional e ajuda prática em seu esforço para procrastinar menos, mas, para fazer isso, as pessoas precisam saber que você está trabalhando nisso e de que tipo de ajuda precisa.

DICA 73

Avalie se sua procrastinação é uma forma de autossabotagem

Na minha oficina de artesanato do sexto ano, fizemos casas de passarinho. Após a primeira sessão, concluí que era *péssimo* naquilo. Eu não sabia bem como encaixar o modelo na madeira, e meus cortes com serra não eram retos. Logo passei a nem tentar mais. Trabalhava rápido, não substituía pregos tortos e assim por diante. Estava bolando uma desculpa antecipada pelo meu trabalho ruim.

Os psicólogos chamam isso de *autossabotagem*: sabotamos nosso próprio trabalho para ter uma justificativa para nosso fracasso.

A procrastinação faz com que seja fácil se autossabotar e, ao mesmo tempo, negar que isso está sendo feito. Você não diz "Não vou estudar para essa prova porque, se eu estudar e fracassar, vou me sentir burro". Em vez disso, você preenche o tempo com outras coisas (lavar roupa, socializar, outras tarefas) e acaba não estudando até o último minuto. E aí está sua desculpa: "Ah, não, eu estava tão ocupado que mal tive tempo para estudar!"

Por que você faria isso? Não faz mais sentido tentar o melhor que pode? Mesmo que pense que as chances de tirar uma boa nota são baixas, pelo menos pode aumentá-las se estudar. A autossabotagem deve revelar algo profundamente preocupante, afinal você estudou mas tirou uma nota baixa. O que poderia ser?

A resposta, é claro, é "burrice". Na dica 60, mencionei que muitas pessoas acreditam que a inteligência é principalmente genética e imutável. Elas também creem que, sendo genética, a inteligência tem a ver com quem você é, e não com o que faz; ou seja, as pessoas não ficam inteligentes por trabalharem duro, mas por terem bons genes. Portanto, se você precisa se esforçar para se dar bem em uma prova, isso mostra que não é muito esperto. Imagine, então, o que isso diz sobre uma pessoa que trabalha duro e é reprovada!

Essas crenças sobre a inteligência são falsas. Sim, ela é determinada em parte por seus genes, mas também depende do que você faz; pode ser aprimorada, e o aprendizado é a maneira de fazer isso. Portanto, "Se você for esperto, não precisa estudar" está errado, assim como "Se falhar em uma prova, isso mostra que é burro".

Então, qual seria o melhor jeito de pensar sobre o fracasso em uma prova? Não há motivos para não encarar isso como qualquer outra tarefa desafiadora. Se aparecesse para uma noite de talentos em um clube de comédia sem se preparar, você não arrancaria muitas risadas da plateia. Agora, imagine que você se preparou, *sim*, e ainda assim não se deu bem. Isso significa que é simplesmente sem graça? Ou que a comédia é difícil e que você precisa se preparar com cuidado e saber que alcançar o sucesso leva tempo?

Ensinar a si mesmo a aprender não é fácil. Ao longo deste livro, você viu que há muitos componentes que precisam ser ajustados. Seja paciente. Se não desistir, você verá resultados.

Em uma frase: Algumas pessoas procrastinam porque essa é uma forma de autossabotagem, para terem uma justificativa caso uma prova ou um projeto dê errado.

DICA 74

Faça da tentação uma recompensa

Esta estratégia deve ser seu último recurso: um meio-termo entre o trabalho que deve fazer e uma atividade alternativa tentadora. Faça um pouco de cada, tornando a atividade tentadora uma recompensa pelo trabalho.

Essa tática pode ser especialmente eficaz quando você julga que a coisa que o faz procrastinar é sensível ao tempo, ou, em termos mais coloquiais, envolve FOMO. FOMO vem do inglês *fear of missing out* (medo de perder oportunidades), mas aqui vou expandir esse termo para um *sentimento* mais geral de perder oportunidades.

Talvez uma "atualização de Halloween" para o seu video game favorito tenha sido lançada há algumas horas ou seu time favorito esteja jogando e a partida seja televisionada. Qualquer que seja a alternativa tentadora, o problema não é que você deteste o trabalho que precisa fazer nem que a alternativa tentadora seja *maravilhosa*; é que, se for trabalhar, você vai sentir que está perdendo algo que não poderá fazer depois. Como agir?

Primeiro, vamos pensar no que você já deveria ter feito. Uma atividade sensível ao tempo e atrativa costuma ser algo planejado, que você pode prever. Como observei na dica 63, você deve pôr eventos sociais na sua agenda, e não apenas coisas de trabalho. Quando ouvir, no dia 16 de outubro, que uma atualização de Halloween vai sair no dia 30, agende umas horas para jogar o video game. **Reservar tempo para eventos sociais importantes vai reduzir sua procrastinação.**

Certo, você não fez isso dessa vez e, agora, tem algumas horas de trabalho que precisa mesmo cumprir. Se a alternativa puder ser distribuída em porções limitadas de tempo, você pode **realizar um pouco da atividade divertida como uma recompensa periódica pelo trabalho** – digamos, trabalhar 30 minutos e se presentear com cinco minutos de jogo. Perceba que estou fazendo uma distinção entre querer fazer algo porque é especial *agora* e ter problemas gerais em se concentrar quando começa a trabalhar porque preferia estar jogando ou checando as redes sociais. Abordaremos esse problema no próximo capítulo.

Essa estratégia é um último recurso, porque você corre o risco de uma "pausa" durar muito mais tempo do que pretendia. Se você estiver à beira de ignorar seu trabalho completamente e ceder à alternativa tentadora, utilize esta ferramenta.

> *Em uma frase:* Se uma atividade for tão tentadora a ponto de fazer você pular totalmente sua sessão de trabalho, torne-a uma recompensa pelo trabalho feito.

DICA 75

Registre seu progresso, mas ignore as sequências de dias consecutivos

O segredo para desenvolver um hábito é trabalhar no horário planejado todos os dias. Se mantiver um registro da frequência com que adere a esse plano, você pode se orgulhar merecidamente de sua dedicação. É fácil manter um registro se você **fizer um tique na agenda para cada dia que trabalhar**.

Haverá dias em que você se sentará a sua mesa de trabalho e ficará desmotivado e pessimista em relação a conseguir fazer qualquer coisa. Algumas vezes, você estará errado, mas, em outras, esse sentimento se mostrará correto. Você não conseguiu se concentrar e teve o dia terrível que previu.

Trabalhar todo dia importa devido a duas razões. A primeira é que, mesmo quando você prevê um dia pouco produtivo e sua previsão se mostra correta, **alguma coisa é melhor que nada**. Você ainda está fazendo progresso. A segunda, e mais importante, é que você está mostrando a si mesmo que o trabalho importa. Discutirei mais a autoimagem no capítulo 13, mas, por ora, considere o seguinte: quando vê alguém que respeita a agenda todos os dias, mesmo se estiver cansado, se recuperando de uma gripe ou simplesmente sem vontade de trabalhar, o que você pensa? É claro que conclui: "Esse trabalho é muito importante para ele."

Você chega à mesma conclusão quando se vê trabalhando com persistência. **Perceber que está cumprindo seu compromisso com o trabalho constrói sua autoimagem como estudante.**

Mas há uma distinção importante entre ter orgulho de sua regularidade e ficar obcecado com a sequência de dias trabalhados. Não pense: "Uau, trabalhei 50 dias seguidos. Será que consigo fazer 100? Ou 365?!" Monitorar isso traz uma desvantagem importante: uma única falha ganha um significado indevido. Por exemplo, uma pessoa que está fazendo dieta sucumbe a uma sobremesa extravagante em um casamento e conclui: "Estraguei tudo. Depois de todo esse trabalho, acabei comendo aquele doce." Então, naquela noite, quando chega em casa, ela pensa: "Já que arruinei minha dieta, vou comer logo esse sorvete."

Na verdade, você não só deve evitar pensar em termos de sequências, como deve, *sim*, tirar dias de folga para coisas que são importantes de verdade. Se estiver em um restaurante comemorando o aniversário da sua namorada, não fique olhando o relógio e a apressando para terminar o prato dela só porque você não quer se atrasar para sua sessão de estudos. Isso não mostra que você é dedicado ao aprendizado; demonstra que sua sequência é mais importante do que sua namorada. **Mantenha a regularidade, mas não supervalorize sequências de dias trabalhados.**

> *Em uma frase:* Perceber a regularidade dos seus hábitos de trabalho pode ser motivador e ajudar você a mantê-los, mas não fique obcecado com suas sequências, porque inevitavelmente elas serão quebradas (e devem ser!); uma sequência quebrada vai desencorajá-lo desnecessariamente.

PARA PROFESSORES

A procrastinação é um problema quase universal. Se você também tiver essa dificuldade, dizer isso a seus alunos pode ajudar. Alguns alunos se veem como fracos, fadados a uma falta de autocontrole que poucos outros conseguem entender. Você pode ajudar seus alunos a enxergar que a procrastinação é um incômodo com o qual todo mundo tem que lidar. As pessoas bem-sucedidas aprendem a controlá-la, e seus alunos podem aprender também.

Algumas das dicas listadas neste capítulo são boas candidatas a ganhar demonstrações em sala de aula. Por exemplo, é provável que os estudantes conheçam a ideia de uma lista de afazeres, mas talvez não tenham experiência em fazer uma e possam precisar de ajuda, em especial para dividir tarefas complexas em partes menores.

Além disso, seus alunos precisarão de auxílio para pensar sobre o agendamento dessas subtarefas. Os professores podem ajudar providenciando lembretes concretos. Em vez de apenas lembrar à turma "Vocês estão fazendo seus trabalhos, certo? Faltam só duas semanas", fale o que eles já deveriam ter completado até agora: "Não esqueça, seus trabalhos são para daqui a duas semanas. Vocês já devem ter escolhido o tema e identificado cinco das suas dez fontes. Se ainda não estiver nesse ponto, não entre em pânico, mas venha falar comigo depois da aula." Na verdade, você pode pensar em ir além dessas orientações sobre o progresso desejado e realmente estabelecer prazos intermediários.

Até para tarefas mais curtas, seus alunos podem se sentir paralisados pela indecisão por não saberem exatamente o que fazer. Você pode ajudar explicando as tarefas o máximo possível. E pense nisto: se um aluno não compreender o que é necessário, ou entender a tarefa mas não fizer ideia de como começar, quais são as opções dele? Ele sabe onde pode obter ajuda? Certifique-se de que todos os alunos tenham essas informações.

Resumo para professores

- Se tiver problemas de procrastinação, você pode dizer isso aos seus alunos – para humanizar essa questão para eles – e contar como lida com essa dificuldade.
- Ajude os alunos a pensar sobre como priorizar tarefas e dividir atividades maiores em pequenas partes.
- Estipule prazos intermediários para projetos grandes.
- Certifique-se de que os deveres sejam claros e de que os alunos tenham ciência do que fazer caso não saibam como começar.

CAPÍTULO 12

Como manter a concentração

O capítulo 11 descreveu a procrastinação e como superá-la, mas dar o pontapé inicial não é o único problema. Você também precisa perseverar na execução da tarefa.

Pensemos em um caso típico de distração. Uma aluna está estudando e o telefone dela apita. É uma mensagem de texto de pouca importância, mas vinda de alguém com quem ela troca muitas mensagens. Quando dá por si, ela está não só conversando com essa pessoa, mas também postando *stories*, e de repente 30 minutos se passaram.

Os psicólogos Angela Duckworth e James Gross descreveram os **quatro passos mentais relacionados à distração**: primeiro, a estudante *organiza sua situação* para estudar, e isso inclui o celular; em segundo lugar, ela *muda o foco de atenção*, deixando de se concentrar nos estudos e passando a focar no telefone que apitou; em terceiro, ela *avalia* a notificação como importante; e, em quarto, *reage* entrando no Instagram.

O resultado – o fato de ela não estar mais estudando – poderia ter sido interrompido em qualquer um dos quatro estágios. O celular poderia estar em outro lugar, de forma que ela não o escutaria. Ou, mesmo que o telefone estivesse presente, a estudante poderia ter ignorado a notificação. Ou, se tivesse prestado atenção na notificação, ela poderia ter decidido que não era importante. Ou, mesmo decidindo que era, sim, relevante, ela poderia ter dito a si mesma: "Ainda que seja importante, preciso me concentrar agora."

Perceba que **cada uma das mudanças parece mais difícil que a anterior**. É relativamente fácil pôr o celular no modo silencioso por uma hora, mas é bem mais difícil se manter longe do Instagram depois que você decide que é importante manter a frequência de postagens. Mais à frente, analisaremos diversos métodos para não ceder a distrações, focando em especial naqueles que são mais fáceis.

Descrevi a perda de concentração causada por uma distração vinda do ambiente. **Você também pode se desconcentrar se sua mente começar a vagar**, algo que os cientistas chamam de divagação mental. É quando sua atenção – ao que tudo indica, por conta própria – passa do foco desejado para outra coisa. Como você deve imaginar, a divagação mental aumenta (1) quanto maior o tempo que você já passou realizando a tarefa, (2) quanto mais entediante você achar o trabalho e (3) se você considerar a tarefa muito simples ou muito difícil.

Não se entende bem por que a mente vaga. Alguns pesquisadores acreditam que isso acontece quando as pessoas julgam que seus pensamentos do momento não são importantes. Outros creem que esse é, na verdade, o estado natural do cérebro, motivo pelo qual é preciso esforço para se concentrar em uma coisa só. Embora não saibamos o que causa a divagação mental, pesquisadores identificaram algumas técnicas eficazes para reduzir esse fenômeno.

QUANDO VOCÊ ESTIVER TENTANDO SE CONCENTRAR

O que o seu cérebro vai fazer: Direcionar sua atenção para longe do trabalho quando novas informações aparecerem no ambiente (distração) ou passar a atenção espontaneamente para pensamentos alheios ao trabalho (divagação mental).

Como ser mais esperto que o seu cérebro: Para limitar a distração, a solução mais fácil é mudar o ambiente. Vencer a divagação mental é mais complicado, e a melhor estratégia talvez seja aceitar a inevitabilidade disso e voltar rapidamente à tarefa em questão.

Diferentes circunstâncias pedem diferentes técnicas para manter a concentração, então veremos várias estratégias, e descreverei quando empregar cada uma delas.

DICA 76

Escolha seu local de trabalho com cuidado

"Encontre um lugar tranquilo para trabalhar." Este é um dos conselhos mais comuns para estudantes, e por um bom motivo. Um local pode facilitar a concentração ou ser cheio de distrações. No entanto, após escolher um lugar, é provável que você fique lá mesmo que ache difícil se concentrar. É muito chato se mudar. Nem todo mundo pode escolher onde trabalhar, mas, se houver várias opções, analisemos alguns fatores que você deve buscar.

Por um lado, a característica a se procurar em um espaço de estudo é bem óbvia: **encontre o local que tenha o menor número possível de distrações**. Por outro lado, ambientes diferentes trazem distrações distintas, que podem incomodar as pessoas em diversos graus. Vários dos meus colegas amam trabalhar em casa porque é silencioso e as pessoas não aparecem sem avisar, mas a cozinha me distrai – eu entro nela, abro a geladeira e fico olhando – e me desligo de todos os pequenos trabalhos de manutenção e consertos que sei que preciso realizar. Um amigo me disse que não consegue trabalhar em um cômodo onde haja uma cama ou uma poltrona, porque uma hora ou outra vai se convencer a tirar um "cochilo revigorante de cinco minutinhos" que acaba levando uma hora.

Você precisa descobrir o que funciona melhor no seu caso. Na faculdade, às vezes eu estudava em salas de aula vazias, escolhendo uma diferente a cada noite (veja a dica 49). Era ótimo, porque um local que só tem um quadro branco e carteiras *realmente* não tem distrações. No entanto, mais tarde, percebi que não gostava de estudar sozinho. **Você talvez se beneficie da presença de outras pessoas que também estejam trabalhando**. Somos uma espécie social e tendemos a sentir e a fazer o que aqueles à nossa volta estão sentindo e fazendo. Isso se chama *contágio social*: se todos no meu entorno estiverem rindo, com medo, praticando exercícios ou estudando, é provável que eu compartilhe esses sentimentos ou faça essas atividades. Estudar na biblioteca significava estar cercado de outras pessoas trabalhando duro, e isso me inspirava.

Além de pensar sobre *onde* trabalhar, **reflita sobre *quando* você trabalha**. Algumas pessoas funcionam melhor enquanto as outras dormem, porque muitas distrações desaparecem na madrugada. Eu mesmo faço isso, e costumo acordar por volta das quatro da manhã. Sei que esse horário não é prático para muita gente – você precisa ter bom senso e respeitar as preferências do seu corpo em relação ao sono; além disso, seja como for, sua agenda talvez tenha limitações que você não pode ajustar. No entanto, especialmente se você for um estudante universitário com um horário flexível, pense em ir dormir e acordar mais cedo nos dias de semana. Isso pode facilitar bastante a busca por momentos sem distrações para estudar.

Por fim, **não tenha um otimismo exagerado a respeito de situações em que você acha que pode trabalhar de forma eficaz**. Você talvez pense que vai conseguir cumprir várias tarefas enquanto toma conta de um bebê ("É provável que ele durma bastante"), no jogo de basquete da sua amiga ("Ela fica a maior parte do tempo no banco"), em um aeroporto ou no banco do carona do carro do seu amigo a caminho da sua cidade natal para passar as festas de fim de ano. É tentador pensar "Ah, vou estar nessa situação entediante, então deveria fazer algo de útil". Às vezes, porém, você sente tédio em locais que são pouco adequados ao trabalho. Então, tudo bem, leve um livro para a viagem de avião; talvez você leia um pouco. Só não conte com isso.

> *Em uma frase:* O conselho "Encontre um lugar tranquilo para trabalhar" costuma estar correto, mas é simples demais; você deve pensar também no melhor horário e na possibilidade de outras pessoas o motivarem, em vez de distraírem.

DICA 77

Faça melhorias no seu local de trabalho

Às vezes você não pode escolher em que espaço trabalhar, ou talvez tenha selecionado o melhor lugar disponível, ainda que não seja o ideal. E agora? Você pode fazer pequenas modificações que reduzam a probabilidade de se distrair.

Comecemos pelas distrações em uma sala de aula ou em um auditório. O ideal é que você tente **se sentar na primeira fileira ou perto dela**. Assim, é menos provável que alguém na sua frente provoque uma distração, tanto porque há menos filas de pessoas nessa direção quanto pelo fato de que os alunos que se sentam nessa área tendem a levar a aula mais a sério. Além disso, sentar perto do professor permite que você veja melhor as expressões faciais dele, o que dará uma ajudinha a mais para que mantenha a atenção.

E se você chegar tarde demais para pegar uma cadeira na primeira fileira e alguém à sua frente estiver com o notebook aberto assistindo a *New Girl* ou comparando relógios vintage? Vai ser difícil ignorar o que está acontecendo na tela, então, **se puder, troque de lugar**. Se isso não for possível, tente ao menos mover o corpo para fazer com que seja mais difícil ver a tela.

Suponha que um amigo fique falando com você durante a aula. É constrangedor sair de perto ou pedir a ele que fique quieto. **Diga que você está com dificuldade de acompanhar a aula** e veja se isso ajuda. Caso não ajude, fale que você vai começar a se sentar mais na frente da sala para garantir que conseguirá ouvir o professor. Assim, você não é grosseiro com seu amigo, mas faz com que ele fique sem graça de continuar batendo papo.

As distrações que encaramos são diferentes em uma biblioteca e um café. Se o problema for apenas o barulho, **tente usar tampões de ouvido**. Outra questão é que, como você está estudando em um local público, as pessoas presumem que é permitido conversar. Tente se sentar em uma cadeira que deixe suas costas viradas para os espaços onde há maior circulação de gente. Não levantar os olhos com frequência ajuda, e usar um boné faz com que os outros tenham a percepção de que você está no seu próprio mundo, ficando relutantes em invadir seu espaço. Se, além disso, você **colocar fones de ouvido com cancelamento de ruído**, deve ser mais que suficiente.

Mas a maior fonte de distração pode ser eletrônica, e não humana. Quando trabalho no computador, se vejo abas do navegador ou documentos abertos, penso em outras tarefas a serem feitas ou em sites divertidos para visitar. Se você **usar o modo de tela cheia**, só conseguirá ver o arquivo em que está tentando se concentrar.

A questão do celular é mais fácil de ser resolvida: é só colocá-lo no modo silencioso. É tentador pensar "Eu vou simplesmente ignorar as notificações", mas o simples ato de ignorá-las já é uma interrupção. Portanto, **desligar o celular** é melhor que deixá-lo no modo silencioso; haverá menos tentação de dar uma olhadinha para ver se chegou alguma mensagem. Programe-se para verificar o telefone periodicamente durante sessões de trabalho.

Se você achar que pode (ou precisa) dificultar um pouco mais o acesso a conteúdos digitais que possam trazer distrações, pode **instalar um aplicativo que limita o tempo de tela**. Ferramentas como Freedom, AntiSocial, Cold Turkey e SelfControl permitem que você decida *agora* quanto tempo dará a si mesmo para usar aplicativos específicos *no futuro*.

Se essa abordagem parecer muito extrema, aqui vão outras duas formas de limitar o tempo que você passa distraído de uma tarefa. Primeiro, você pode **instalar um aplicativo de monitoramento de tela** que meça quanto tempo você passa usando diferentes ferramentas ao longo de uma semana. Em segundo lugar, pode ser bom **desativar o login automático** das redes sociais. O ato de digitar o nome de usuário e a senha é chato, e é provável que essa obrigação faça você verificar menos suas redes. Outro recurso é **desativar as notificações** de alguns aplicativos.

É possível ver que há dois princípios gerais em todas essas ideias. O primeiro é: se alguma coisa o distrair, remova-a do seu ambiente ou, no mínimo, tente fazer uma mudança para que ela traga menos incômodos. O segundo é que, se o objeto que traz distrações for algo que você costuma buscar, torne o acesso a ele mais difícil.

A próxima dica explora mais a fundo essa segunda ideia – o problema das distrações que você mesmo procura.

> *Em uma frase:* Se uma situação tiver algo que traga distrações, você pode remover o objeto da distração ou torná-lo menos perceptível; se for algo que *você* costuma buscar, pode ser bom tornar o acesso ao objeto mais difícil.

DICA 78

Não escolha a distração

Uma amiga minha que cresceu na Bélgica e na França descreveu uma diferença entre os hábitos de trabalho de norte-americanos e europeus: "Nos Estados Unidos, as pessoas dizem a si mesmas que trabalham o tempo todo, mas estão sempre fazendo outra coisa enquanto trabalham. Na França, se quiser tomar um café, você toma um café. Nos Estados Unidos, você pega o café e trabalha enquanto bebe. Ou finge que está ouvindo música enquanto trabalha. Ou põe os pés na mesa e diz: 'Olha só. Estou relaxando, mas também trabalhando.'"

As pessoas são péssimas em fazer duas coisas ao mesmo tempo. Boa parte – talvez a maior parte – das distrações são autoimpostas. Simplesmente não percebemos o que estamos fazendo com nós mesmos. **Toda vez que realiza tarefas simultâneas, você está se distraindo.**

É óbvio que não é possível se dedicar a algo (como escrever um artigo) tão bem se você estiver fazendo outra coisa ao mesmo tempo – resolvendo equações matemáticas, por exemplo. Mas há também um fato menos intuitivo (apesar de verdadeiro): há um custo em alternar sua atenção entre tarefas, como um aluno que trabalha em um artigo e, ao mesmo tempo, conversa por mensagens de texto. Esse custo se deve à diferença entre as "regras mentais do jogo" das duas tarefas. Por exemplo, se você trocar mensagens com um amigo enquanto escreve uma redação sobre *O homem invisível* para a aula de inglês, vai empregar uma escrita para a redação e outra para falar com seu amigo. Ao alternar entre elas, você precisa reconfigurar sua mente e dizer "Certo, agora vou escrever *desse* jeito". Desde os anos 1990, muitas pesquisas mostram que essa reconfiguração acontece mesmo que as tarefas sejam bem rotineiras e simples, como dirigir e conversar. Você talvez ache que consegue manter duas tarefas bem fáceis na mente ao mesmo tempo, mas isso não é possível. A alternância sempre tem um custo mental.

Não tem problema se você disser a si mesmo "Não ligo se demorar um pouco mais para escrever a redação, quero mandar mensagem para o meu amigo enquanto faço a tarefa". Tudo bem. Só quero que saiba que é provável que o custo disso seja maior do que você pensa. Estudos de laboratório mostram que, mesmo quando percebem que há um preço a pagar por realizar tarefas simultâneas, as pessoas costumam subestimá-lo.

Isso vale especialmente para casos que envolvem alguma mídia – isto é, ouvir música ou deixar um vídeo rolando enquanto você trabalha. Sondagens com estudantes mostram que eles acreditam que esse tipo de realização simultânea de tarefas não atrapalha, e alguns dizem que até ajuda. Mas as pesquisas contam uma história diferente. A maior parte dos estudos pede que os estudantes vão a um laboratório e levem o tipo de música ou vídeo que deixam tocando enquanto estudam. Em seguida, os pesquisadores dão a eles um capítulo de um livro didático para ler ou alguns problemas matemáticos para solucionar. Algumas pessoas fazem isso com a música tocando ou o vídeo rodando, outras não. Os resultados para o conteúdo em vídeo são bem claros: **se houver um vídeo rolando, o trabalho sofre** em termos de tempo, rigor, ou os dois. Isso acontece mesmo quando os estudantes acham que estão ignorando o vídeo e que ele é apenas um ruído de fundo.

A música, entretanto, é mais complicada. Pesquisadores testaram todas as variações que você possa imaginar: música com letra × instrumental, clássica × pop, etc. Nada disso parece fazer muita diferença. A música às vezes ajuda em tarefas acadêmicas e, em outras, atrapalha, porque tem dois efeitos conflitantes: ela distrai, mas também tem o potencial de energizar os ouvintes. É por isso que as pessoas ouvem música enquanto fazem exercícios físicos. Se o efeito combinado é positivo ou negativo, depende de alguns fatores – se você está se sentindo energizado, o nível de dificuldade da tarefa, etc.

Quando acrescentamos outra tarefa ao que estamos fazendo, ela costuma ser algo que ofereça uma motivação emocional. Ouvimos música, mandamos mensagem para um amigo ou verificamos as redes sociais. Como essas coisas tendem a afetar negativamente o desempenho, em vez de buscar esse impulso fazendo tarefas simultâneas, **obtenha a motivação emocional durante os intervalos de descanso.**

O crucial em relação ao uso de mídia durante a realização de outra tarefa é isto: deixar um vídeo rolando, mesmo que no fundo, interfere no trabalho. A música pode não trazer prejuízos às vezes, mas tome cuidado. Como ressaltei ao longo deste livro, as pessoas não são muito boas em avaliar os próprios processos de pensamento ou a qualidade do próprio trabalho.

> *Em uma frase:* Não faça tarefas simultaneamente; é impossível dividir de verdade a atenção entre duas coisas, então acrescentar uma segunda tarefa sempre prejudica a primeira.

DICA 79

Repense sua avaliação

Relembre os passos que vimos no início do capítulo para obter controle mental em relação a distrações: organizar a situação, alternar a atenção, avaliar e reagir. Vimos formas de organizar uma situação melhor e pensamos em maneiras de fazer com que você tenha menos probabilidade de se distrair. E a avaliação?

Reavaliar algo que causa distração pode ajudar quando falamos de redes sociais. Quando seu telefone apita e você o pega, isso significa que avaliou que aquela notificação era mais importante que a tarefa que estava fazendo. Mas, na verdade, é provável que não tenha de fato feito essa análise e que pegar o celular tenha sido automático. Uma estratégia que você pode testar é **interromper essa ação automática e refletir sobre ela.** Pense ou, ainda melhor, diga em voz alta: "Qual é a probabilidade de que essa notificação seja *realmente* importante?" Aliás, qual é a probabilidade de que, se esperar até o intervalo para ver a mensagem, você se arrependa e pense "Por que eu continuei trabalhando? Eu devia ter ouvido minha intuição e visto o celular na mesma hora"? Se pegar o telefone é tão automático que você acha que não tem nem chance de fazer esses questionamentos, pode se prevenir desabilitando o login automático, de forma que precise sempre digitar seu nome de usuário e senha.

Você pode tentar uma técnica de reavaliação parecida para a divagação mental. Diga em voz alta: "Não preciso pensar neste exato momento sobre a roupa que vou usar naquele casamento mês que vem. Vou pensar nisso quando estiver no carro a caminho de casa."

É mais difícil pôr essa técnica em prática quando a divagação mental é emocional. Por exemplo, talvez você esteja chateado porque seu gerente diminuiu sua carga horária no trabalho. A data de uma prova está chegando e você *precisa* estudar, mas está obcecado com a questão do dinheiro. Se você se perguntar "Pensar em dinheiro agora ajuda em alguma coisa?", com certeza vai responder "Não", mas isso não vai impedir que pensamentos sobre o tema invadam sua mente.

Você pode tentar usar uma técnica que sugeri para algumas outras circunstâncias nas quais as emoções o deixam mal: distanciamento psicológico. Pense – ou melhor, diga em voz alta – o que você acha que deve fazer, **mas fale de si mesmo na terceira pessoa** (o ideal é fazer isso em um local onde outras pessoas não consigam ouvi-lo). Por exemplo, diga: "O Dan está bem chateado agora. Ele está preocupado com dinheiro, porque perdeu parte da carga horária no trabalho e não sabe como vai fazer para pagar o aluguel. Mas pensar nisso agora não ajuda em nada. O Dan tem tempo amanhã à tarde para ir até a secretaria e procurar outro emprego. E, depois disso, ele pode dar outra olhada no orçamento. Mas não pode fazer essas coisas neste exato momento. Agora, o Dan precisa se preparar para a prova."

A ideia é que falar sobre si mesmo na terceira pessoa dá a você um distanciamento emocional em relação ao problema, o que facilita reagir a uma situação difícil de uma forma que você sabe racionalmente que é útil.

As técnicas descritas aqui focam em reavaliar uma possível conduta: preciso mesmo verificar meu celular agora? Quero mesmo ficar pensando no que vou vestir? Pode parecer pouco provável que "reavaliar" funcione, e me permita ressaltar mais uma vez que essa não deve ser sua primeira opção; será bem melhor se você nunca precisar avaliar se vale a pena ou não verificar uma notificação no celular porque ele estava desligado desde o início. Mas, às vezes, como no exemplo da redução de carga horária, não podemos mudar a situação ou nossa atenção, então nossa única opção é tentar reavaliar nossos pensamentos.

> *Em uma frase:* Se você se distrair com algo, como seu celular, pode tentar reavaliar a importância da distração; contra a divagação mental, a melhor estratégia é falar sobre a situação e fazer a avaliação desejável dela na terceira pessoa.

DICA 80

Teste se você quer redes sociais ou se gosta delas

Imagine que você adore seu celular, mas o mantenha no silencioso enquanto trabalha. Quando chega a hora do intervalo, verificar as redes sociais é uma recompensa, é claro. Mais que isso, você sente que não poder dar uma olhada nelas durante o período de trabalho é uma punição; é difícil pensar em qualquer outra coisa.

Mas espera aí. Eu acabei de dizer que "verificar as redes sociais é uma recompensa, é claro". Você aceitou isso como uma verdade logo de cara? Quando não podemos checar nossas redes por um tempo, ver o que está acontecendo nelas pode parecer muito urgente – você *quer* fazer isso. Quando você enfim dá uma olhada, porém, é prazeroso? Sem dúvida é bom não sentir mais aquele *desejo* urgente. Mas é de fato satisfatório?

Querer e gostar de algo não são a mesma coisa. Durante anos, pesquisadores do cérebro acharam que tinham desvendado a satisfação; um circuito inundado de dopamina era ativado toda vez que um rato recebia uma recompensa, então parecia óbvio que esse circuito estava ligado a sensações de prazer. Pesquisas mais recentes mostram que, na verdade, ele sustenta o sentimento de desejo e é separado do circuito de recompensa. Os cientistas achavam que tinham visto o cérebro dizer "A sensação é ótima!", mas, na verdade, ele estava pedindo "Mais!".

Se o seu cérebro passar a associar uma situação ou uma ação específica a uma recompensa, ele a vinculará simultaneamente com o desejo de mais. O problema é que a recompensa pode diminuir – a situação ou a ação não satisfaz tanto quanto antes –, mas o cérebro não desaprende a reação de "Mais!".

Talvez você tenha logo reconhecido seus sentimentos em relação às redes sociais na distinção entre gostar e querer. Se não, você pode fazer este pequeno experimento: durante uma sessão de trabalho, permita-se olhar o celular quantas vezes quiser, mas se comprometa a registrar três coisas. Ao pegar o telefone, classifique de 1 a 7 sua vontade de verificá-lo. Quando estiver pronto para voltar ao trabalho, registre quanto tempo passou no celular e classifique de 1 a 7 quanto você gostou da experiência.

No dia seguinte, permita-se apenas metade das pausas para ver as redes sociais, mas faça com que todas durem mais ou menos o mesmo tempo. Registre novamente qual seu nível de vontade de dar uma olhada no seu *feed* quando o intervalo começar e quanto você gostou de ver as postagens ao fim da pausa.

Aposto que, no segundo dia, suas notas de "querer" serão maiores que no primeiro, porque você teve que esperar mais tempo para olhar o celular. Mas também aposto que a pontuação de "gostar" não aumentará entre o dia 1 e o dia 2. O que está impelindo você a verificar suas redes não é a recompensa empolgante de ver o que as pessoas postaram ou quantas curtidas você recebeu. É claro que isso pode ser divertido, mas o maior impulsionador da sua compulsão é o *desejo*.

Nos dias após esse experimento, tente manter seus intervalos programados normalmente e, **quando sentir a compulsão de verificar o celular, tente conversar com você mesmo.** Lembre-se de que, quando registrou objetivamente quanto havia gostado de dar uma olhada nas redes sociais, você reconheceu que não tinha achado a experiência *tão* satisfatória. O senso de urgência que você sente não é o anseio por algo que vai achar muito divertido. É apenas uma *vontade*, uma lembrança de algo que já foi muito prazeroso, mas hoje é apenas legal. E lembre que você poderá obter esse prazer dali a pouco tempo.

> *Em uma frase:* Se você sente que é viciado no celular, faça um experimento para testar se esse hábito é de fato algo que traz prazer ou se serve apenas para saciar uma vontade.

DICA 81

Masque chiclete

As evidências científicas desta dica não são tão fortes quanto as das outras, mas há motivos para crer que mascar chiclete sem açúcar pode ajudar na concentração.

Poucos estudos testaram o efeito do chiclete no desempenho em tarefas reais de aprendizado. Por exemplo, em uma pesquisa, os participantes precisaram estudar uma descrição de 12 páginas do coração humano. Em outra, tiveram uma aula sobre uma estratégia para multiplicar mentalmente números com múltiplos dígitos. Mascar chiclete (em comparação a não mascar) tornou o aprendizado mais eficaz, e houve indícios de que as pessoas se sentiram mais alertas enquanto estudavam.

Na verdade, o efeito mais comum de mascar chiclete é que as pessoas dizem sentir que têm um pouco mais de vitalidade. Os efeitos positivos no desempenho (em comparação com a sensação) não são observados com tanta constância. Um artigo de revisão da literatura sobre o tema publicado em 2011 recebeu o título "Cognitive Advantages of Chewing Gum. Now You See Them, Now You Don't" (Vantagens cognitivas de mascar chiclete. Aqui estão elas; ops, sumiram).

A conclusão é que mascar chiclete pode ou não ajudar você a se concentrar. É uma tática que auxilia certas pessoas, outras não, ou que pode funcionar apenas com algumas tarefas. Os pesquisadores simplesmente não sabem. Se ajudar você, é provável que isso se limite a um curto intervalo, então mascar chiclete pode ser usado como um impulso de emergência, um pequeno apoio que o ajudará a seguir em frente até chegar ao próximo intervalo para descanso. Experimente e veja o que acha.

Em uma frase: Mascar chiclete pode ajudar você a se concentrar e persistir em uma tarefa, mas as descobertas científicas são inconclusivas.

DICA 82

Enfrente a divagação mental crônica

A divagação mental vem sendo estudada há apenas cerca de 15 anos, e tentativas de controlá-la ainda estão engatinhando. De qualquer forma, posso dar algumas ideias que você talvez ache úteis.

Em primeiro lugar, **não divague de propósito**! Com a permissão do aluno e do professor, os pesquisadores estudam a divagação mental em estudantes que enviam mensagens de texto a intervalos aleatórios durante uma aula, pedindo que registrem o que estavam pensando naquele momento. Em geral, um terço dos estudantes não estava pensando na aula. Ainda mais surpreendente é o fato de que 40% deles tinham *escolhido* divagar. O raciocínio era o seguinte: "Isso é chato; vou me permitir pensar em outra coisa." Então, a solução é relativamente simples: se você não quiser que sua mente divague, não permita isso.

Uma segunda estratégia se aplica à divagação mental durante a leitura. Alguns grupos de pesquisa testaram se as pessoas se mantêm mais concentradas em um texto caso o **leiam em voz alta**. Os resultados foram inconclusivos – às vezes ler em voz alta ajuda, às vezes não. Além disso, os pesquisadores não descobriram se essa tática ajuda algumas pessoas e não outras, se funciona apenas para determinados tipos de conteúdo, etc. É algo que você pode testar e ver se acha que ajuda.

Duas outras técnicas para reduzir a divagação mental não foram examinadas em experimentos, mas vou apresentá-las para que você as avalie.

Quando estou realizando uma tarefa e progredindo nela, sinto que consigo manter o foco. O momento arriscado é quando termino uma parte do trabalho. Se eu não souber o que fazer em seguida, minha mente corre o risco de se distrair. Neste caso, a melhor defesa é a lista de afazeres. Quando finalizo uma tarefa, consulto a lista: o que devo fazer a seguir? Já expliquei por que uma lista de afazeres ajuda no planejamento e na motivação (veja a dica 64). **Definir o que você vai fazer pode diminuir a probabilidade de que sua mente se afaste do trabalho.**

Por fim, você pode testar uma ideia que peguei emprestada dos praticantes de meditação. Alguns tipos de meditação exigem que a pessoa se concentre em apenas uma coisa – por exemplo, os batimentos cardíacos –, mas a divagação mental pode ser um problema. Alguns praticantes programam um alarme para tocar um som suave a intervalos de alguns minutos. É um lembrete de voltar o pensamento aos batimentos cardíacos, caso a mente tenha divagado. Você pode tentar essa mesma técnica. **Programe seu telefone para tocar um som suave a cada 10 minutos** para lembrá-lo de voltar a se concentrar no trabalho caso tenha se distraído.

> *Em uma frase:* Há poucos estudos sobre como reduzir a divagação mental, mas você pode tentar ler em voz alta, ater-se a uma lista de afazeres, programar um alarme para tocar baixinho a cada 10 minutos e não deixar que sua mente divague de propósito!

DICA 83

Torne-se menos suscetível à divagação mental

Ofereci ideias para lutar contra a divagação mental durante uma sessão de trabalho. Existe algo que você possa fazer para se tornar menos vulnerável a esse fenômeno? Para mudar seu sistema cognitivo a fim de se manter concentrado com mais frequência?

Há programas de treinamento cuja intenção é impulsionar seus poderes de concentração. Normalmente, o treinamento exige que você pratique certos "jogos" durante alguns minutos por dia. (Coloquei *jogos* entre aspas porque eles não são muito divertidos.) Esses jogos sobrecarregam sua capacidade de se concentrar e manipular mentalmente as informações. A esperança é que, com a prática, essas habilidades melhorem.

Ao que parecia, isso poderia dar certo, mas experimentos mostram que não funciona. As pessoas melhoram nos jogos, mas não em outras tarefas que exigem concentração. Ao menos por enquanto, **não existe um programa de treinamento mental que reduza a divagação**.

Você *pode* tornar sua mente menos suscetível a divagar, mas as ações são meio que previsíveis. É mais provável que seus pensamentos vaguem por aí se você estiver com fome ou sono, então é recomendável **comer e dormir bem**. Você provavelmente espera que eu diga que praticar exercícios com regularidade reduz a divagação mental. Na verdade, há poucas evidências a respeito disso, e o que temos é inconclusivo. Em geral, a atividade física melhora o humor, mas a relação entre humor e divagação mental é complicada, e os pesquisadores não sabem ao certo o que concluir.

As evidências *não* são ambíguas em relação a outra prática: a meditação da atenção plena (ou *mindfulness*). Esse tipo de meditação pode assumir diferentes formas, mas, em geral, envolve se sentar ou deitar em silêncio e prestar atenção nos pensamentos à medida que eles surgem, sem julgá-los. Pesquisas iniciais mostraram que **a mente de pessoas que meditam com regularidade divaga menos que a de indivíduos que não meditam**. É claro, porém, que isso não necessariamente significa que a meditação faz o cérebro divagar menos. É possível que as pessoas que já têm uma boa concentração sejam atraídas pela meditação. Pesquisas posteriores solucionaram a questão selecionando participantes comuns que não meditavam, ensinando-os a meditar e, então, vendo se a mente deles divagava menos durante tarefas comuns em um laboratório. De fato, a divagação mental diminuiu, e experimentos mais recentes mostraram que o benefício pode começar até uma semana depois do início da prática de meditação.

Começar a meditar pode ou não ser atraente para você, mas comer e dormir bem com certeza é. Então faça pelo menos duas dessas três coisas.

> *Em uma frase:* Para se tornar menos suscetível à divagação mental, coma e durma bem e pratique a atenção plena.

DICA 84

Planeje e faça intervalos

Você não se surpreenderá ao saber que **pausas para descanso nos tornam menos suscetíveis a distrações e à divagação mental**. Após um intervalo, nos sentimos renovados e mais capazes de manter a concentração.

Isso é ótimo, mas você talvez esteja se perguntando se pode potencializar a eficácia das pausas. Qual deve ser a duração delas? E a frequência? O que você deve fazer durante um intervalo?

Uma resposta para as duas primeiras perguntas ganhou popularidade nos últimos anos. Chamada *técnica pomodoro*, ela envolve 25 minutos de trabalho concentrado, seguidos por uma pausa de três a cinco minutos. Após quatro dessas sessões, você faz um intervalo maior, de cerca de 25 minutos. Não há nada de errado na técnica pomodoro, mas **o cronograma e a duração dos intervalos não são baseados em pesquisas**. Então, para começar, teste a técnica, mas não sinta que não pode mudar o tempo de cada sessão.

Você também pode **pensar em programar pausas de acordo com a tarefa, e não com o tempo**. Sinto que, quando estou escrevendo, às vezes pego embalo e não quero interromper meu progresso com um intervalo em um horário definido. Prefiro trabalhar até terminar uma seção. Este é mais um dos motivos para que listas de afazeres sejam compostas por tarefas que possam ser concluídas em cerca de 30 minutos (veja a dica 69).

Seja de acordo com o tempo ou com a tarefa, sugiro que você **planeje seus intervalos**. Em outras palavras, não vá se sentar pensando "Vou trabalhar até precisar de uma pausa". As pessoas que acham a técnica pomodoro útil costumam dizer algo como "Os primeiros 20 minutos costumam ser fáceis, e aí, quando quero desistir, posso dizer a mim mesmo 'Faltam só cinco minutos para a próxima pausa!'". Esse jeito de convencer a si mesmo só funciona se você tiver planejado um intervalo.

Infelizmente, as pesquisas também não ajudam muito a recomendar o que você deve fazer durante a sua pausa. Alguns experimentos compararam intervalos em que as pessoas praticaram atividade física, descansaram, saíram ao ar livre ou trabalharam em uma tarefa diferente. **Não há evidências de que qualquer uma dessas quatro atividades seja melhor que a outra**.

Imagino que muitas pessoas peguem o celular durante um intervalo, então seria bom que essa atividade fosse avaliada. Alguns experimentos mostraram que relaxar é melhor que verificar as redes sociais, mas acho que é cedo demais para tirar conclusões definitivas. Além disso, imagino que algumas pessoas fiquem bem incomodadas por não poderem entrar em suas redes enquanto trabalham; saber que poderão dar uma olhada durante uma pausa as ajuda a manter a concentração. (Mas veja a dica 80, sobre a diferença entre querer e gostar de redes sociais.)

Na minha opinião, um intervalo deve parecer um intervalo. Faça algo que lhe dê uma sensação revigorante.

> *Em uma frase:* Pausas para descanso ajudam você a se concentrar, e não há regras rígidas sobre a exata duração delas nem sobre o que fazer nesses momentos.

DICA 85

Recomponha-se ou siga em frente

Há um tempo, eu estava tentando pensar em uma abertura para uma palestra sobre tecnologia e leitura. Não conseguia pensar em algo, então comecei a vasculhar o Google a esmo na esperança de me inspirar. Como era de esperar, não encontrei nada de útil e comecei a ler coisas sem qualquer relação com o trabalho. Então fiquei bravo e disse a mim mesmo "Preciso *pensar*". Dois minutos depois, minha mente estava vagando.

O que eu deveria ter feito? Uma resposta óbvia é "Dar uma pausa", mas e se eu tivesse acabado de fazer isso?

Outra escolha era me **recompor**: avaliar a tarefa que tinha em mãos e os métodos que estava usando. Por que não estava avançando? O que estava tentando fazer? O que já havia tentado? O que tinha dado errado? Talvez eu não precisasse de uma abertura inteligente para uma palestra sobre leitura e tecnologia; afinal, os educadores já são interessados no tema. Ou talvez eu devesse ter uma abertura, mas ignorar o Google e refletir sobre meus próprios hábitos de leitura digital e sobre os hábitos dos meus alunos.

Se você não tiver sucesso ao tentar se recompor, pense em **seguir em frente**. Eu poderia trabalhar no restante da palestra e voltar mais tarde ao problema que não estava conseguindo resolver. Talvez, se eu fizesse isso, novas ideias surgissem.

O ponto crucial aqui é que você precisa monitorar sua distração e perceber quando parece estar andando em círculos em torno de um problema específico. Então, tem que evitar a teimosia que muitas vezes acompanha a falta de progresso. Você pensa: "Não posso desistir agora, ainda não resolvi essa questão!" Mas você não deve dobrar a aposta e acumular perdas. Repense sua abordagem.

> *Em uma frase:* Ficamos especialmente suscetíveis à distração quando empacamos ao tentar solucionar um problema; então, se sentir que isso está acontecendo, você pode ou se recompor, tentando uma nova abordagem, ou deixar o problema de lado temporariamente e trabalhar em outra coisa.

PARA PROFESSORES

Falar com os estudantes sobre as estratégias que listei aqui é fácil, e a implementação delas não é especialmente complicada. O maior problema é persuadir os alunos de que elas são necessárias ou úteis. Já citei dados que mostram que os estudantes não acham que realizar tarefas simultâneas tenha um custo. Você talvez possa fazer uma demonstração para mostrar que tem, sim. Aqui vai uma ideia.

Separe dois vídeos curtos (com duração de, digamos, cinco minutos) relacionados ao conteúdo da sua disciplina. Para cada um deles, escreva seis perguntas que testem a compreensão dos alunos.

Mostre o primeiro vídeo e aplique o primeiro teste. Enquanto eles estiverem assistindo ao segundo vídeo, diga "Plim!" de tempos em tempos e segure um cartaz com uma pergunta. Trata-se de uma simulação de uma mensagem de texto. Os alunos devem ler a mensagem e escrever a resposta em um papel. As mensagens devem ser perguntas simples, do tipo que eles poderiam receber pelo celular, mas devem ficar expostas por pouco tempo. Se os estudantes não responderem rapidamente, o amigo deles se sentirá ignorado.

Formule três perguntas com base em partes do vídeo que apareceram ao mesmo tempo que uma "mensagem de texto" e três em partes do conteúdo que foram exibidas quando os alunos não estavam distraídos. O objetivo é mostrar a eles que fazer duas coisas ao mesmo tempo é mais difícil do que imaginam.

O outro princípio que talvez eles não captem é que a distração ocorre em estágios. À medida que os percorremos, vai ficando mais difícil voltar a atenção para o trabalho. Para ajudá-los a entender isso, tente fazer esta demonstração. Peça que metade dos seus alunos desligue o celular por uma hora à noite. Ao fim dessa hora, instrua-os a classificar a dificuldade de ficar com o aparelho desligado, de 1 (fácil) a 7 (horrível). Os outros alunos deixam o celular ligado e por perto, mas não encostam nele por uma hora. Eles também devem dar uma nota para o desconforto que sentiram nesses 60 minutos. Na noite seguinte, um grupo troca de tarefa com o outro.

A maioria dos estudantes acha ignorar notificações mais difícil que deixar o telefone desligado, porque cada "Plim!" é um lembrete de que não podem olhar o celular. O objetivo é fazer com que eles entendam que um pouco de cuidado antecipado para moldar o ambiente fará com que tenham mais facilidade em manter a concentração.

Resumo para professores

- Fale com seus alunos sobre as estratégias descritas neste capítulo.
- Use demonstrações para mostrar a eles que não são capazes de realizar duas tarefas ao mesmo tempo e que a distração ocorre em estágios.

CAPÍTULO 13

Como ganhar autoconfiança na sua capacidade de aprendizado

Há uma trama muito comum no cinema: um professor ajuda "jovens perdidos" a mostrarem para o mundo – e para si mesmos – que, na verdade, são muito inteligentes. Filmes como *Meu mestre, minha vida*, *Escritores da liberdade* e *O preço do desafio* precisam que o espectador aceite que as pessoas muitas vezes não têm qualquer noção da própria capacidade intelectual, que talvez não saibam que são inteligentes. E a maior parte do público abraça essa premissa. Faz sentido que fatores que vão além da própria inteligência dos personagens contribuam para a autoconfiança deles – coisas como o incentivo dos pais.

Apesar disso, muitos indivíduos não acreditam que essa premissa pode ser verdadeira em relação a si mesmos: "Outra pessoa pode não se entender muito bem, mas o meu caso é simples: eu me sentia burro na escola porque *era* burro. É verdade que, assim como os jovens nos filmes, nunca tive o incentivo dos meus pais, mas eu não merecia ser incentivado, porque tirava notas ruins."

A falta de autoconfiança importa porque afeta o sucesso acadêmico. Ela dita **como interpretamos as dificuldades**. Quando tira nota vermelha em uma prova, um estudante universitário que se acha um bom aluno presume que não estudou o suficiente e que pode se dar melhor da próxima vez. Já um estudante que sempre duvidou de sua capacidade de cursar uma faculdade pode enxergar a nota ruim como uma prova de que não pertence ao ambiente universitário.

A autoconfiança também **afeta nossas aspirações**. Por exemplo, uma pessoa que sempre sonhou em ser enfermeira, mas se vê como uma aluna ruim, pode concluir que nunca vai conseguir cursar enfermagem e acabar escolhendo outra carreira.

Sua autoconfiança em relação ao aprendizado vem da sua **autoimagem acadêmica**. Você se vê como alguém que aprende facilmente ou alguém que tem dificuldades? Parte dessa autoimagem é moldada, é claro, pelas notas que tiramos e outros feedbacks que recebemos ao longo dos anos, mas há outros três fatores importantes: quem são nossos amigos, com quem nos comparamos e os valores com que nossa família nos criou.

Não existem regras simples que ditem como esses quatro fatores se combinam e, portanto, como você pode mudar sua autoimagem se achar que deve fazer isso. Ainda assim, se você tiver pouca autoconfiança, será de grande ajuda perceber que pelo menos uma parte desse sentimento vem de fatores que não dizem respeito à sua competência e que você deveria confiar mais em si mesmo.

QUANDO VOCÊ ESTIVER PENSANDO NA SUA AUTOCONFIANÇA EM RELAÇÃO AO APRENDIZADO

O que o seu cérebro vai fazer: Construir uma autoimagem acadêmica baseada em parte no seu sucesso anterior ao aprender, mas apoiada também em relacionamentos, nas pessoas com quem você se compara e nos seus valores. Essa autoimagem determina sua autoconfiança.

Como ser mais esperto que o seu cérebro: Após descobrir os fatores que contribuem para a sua autoimagem acadêmica, tome iniciativas para mudá-la.

Para começar, peço que você reflita um pouco sobre os quatro fatores que contribuem para sua autoimagem acadêmica:

Feedbacks: Que tipo de feedback você recebeu do mundo à sua volta a respeito da sua competência? Você costuma ter sucesso quando tenta aprender? Seus professores achavam que seu lugar era em turmas avançadas ou de recuperação? Quando você tirava uma nota ruim, seus pais diziam que você podia ir melhor da próxima vez se estudasse mais ou pareciam presumir que a escola não era o ambiente adequado para você?

Relações sociais: Sua visão a respeito de outras pessoas se desenvolve à medida que você observa o comportamento delas. Portanto, sua visão de si mesmo também é influenciada pela observação do seu próprio comportamento, inclusive em relação às pessoas com quem você convive. Seus amigos veem o aprendizado como uma parte importante da vida deles? Tiram um tempo para aprender coisas novas?

Comparações: Uma estudante que costuma tirar nota 8 pode se achar competente caso se compare com a melhor amiga, que sempre tira 6. Ou talvez se ache "burra" ao se comparar à irmã, cujo boletim só tem notas 10. Seus pais e professores comparavam você a outras crianças? E você concordava com essas comparações?

Valores: Em uma família que valoriza a educação, é menos provável que uma criança questione se realmente pertence ao ambiente escolar, uma vez que os pais têm plena confiança de que, sim, elas pertencem. Outros pais acreditam que existem muitos caminhos para uma vida boa e que o aprendizado pode ter um papel maior ou menor para cada pessoa. Você acha que o estudo era um valor familiar na sua infância? Você acatava esse valor ou se rebelava contra ele?

Neste capítulo, vou oferecer ideias para que você examine e, quem sabe, repense os quatro fatores que contribuem para a sua autoimagem acadêmica. O objetivo é que você tenha mais clareza a respeito de si mesmo enquanto estudante e se certifique de que a sua autoimagem e a autoconfiança que vem dela sejam realistas.

DICA 86
Repense o que significa ser "bom em aprender"

A maioria das pessoas desenvolve a ideia de uma pessoa "boa em aprender" na escola. Os bons alunos são aqueles que não são corrigidos quando leem em voz alta. Eles levantam a mão para responder às perguntas do professor e nunca parecem confusos com problemas matemáticos. Os professores talvez não os classifiquem abertamente como "crianças inteligentes", mas isso não é necessário. Fica óbvio para todo mundo.

Os primeiros anos do ensino fundamental contribuem muito para nossa formação; assim, depois que você desenvolve esse conceito de alguém que é bom em aprender, é difícil se livrar dele. Mas essa definição tem duas limitações.

Em primeiro lugar, ela valoriza a rapidez. Os currículos escolares são densos demais, então os professores se sentem pressionados a manter um ritmo acelerado. Os alunos que absorvem ideias na mesma hora têm uma vantagem. Aqueles que precisam de mais tempo podem chegar aos mesmos entendimentos – ou a compreensões ainda mais profundas –, mas talvez nunca tenham a oportunidade de mostrar sua inteligência.

Em segundo lugar, a descrição de alguém que é bom em aprender torna essa característica intrínseca à pessoa, algo que ela simplesmente *é*, como ter olhos castanhos ou um metro e setenta de altura. No entanto, como vimos neste livro, **a eficácia do aprendizado depende do que você *faz*, e não de quem é**. Se você teve dificuldades de aprendizado no passado, isso não quer dizer que não seja bom em aprender. Talvez você seja mais lento que os outros, mas todo mundo tem a capacidade de aprender se fizer as coisas certas. Aprender é um direito básico de todo ser humano.

Isso parece um pouco exagerado? **Pense no que você aprendeu fora da escola**. Talvez tenha aprendido um esporte, a zerar um video game, a negociar relações sociais complicadas entre seus amigos, a tocar um instrumento, a lidar com um pai difícil ou a transitar por um bairro perigoso. É provável que exista alguma área em que você se destaca. Mas, mesmo que não haja algo em que seja excelente, você aprendeu muitas coisas. Talvez a maior parte do seu aprendizado tenha vindo de ambientes informais. O fato de ler este livro quer dizer que você está pensando em mudar isso, mas essa não é uma mudança tão grande quanto acha, especialmente agora que você se armou com as estratégias que aprendeu aqui.

E, quando você não for mais um estudante, **a medida de "sucesso" será diferente**. Não presuma que a sua experiência será uma repetição da vivência escolar. Fora da escola, o sucesso no aprendizado costuma vir acompanhado de outras capacidades ou competências. Por exemplo, imagine que você é uma representante de vendas que está usando um novo software de gerenciamento de projetos há seis meses. Tem funcionado bem, então sua chefe quer que os engenheiros também o usem e pede que você os convença. Sem dúvida, isso vai exigir aprendizado – você precisa descobrir como os engenheiros pensam nos projetos –, mas também é uma tarefa interpessoal.

A escola valoriza o aprendizado em si, mas o mercado de trabalho reconhece muitas outras habilidades: construir uma relação de confiança com os colegas, por exemplo, ou ter a coragem de tentar algo novo. Ter isso em mente pode ser a melhor forma de mudar o que você acredita que é alguém "bom em aprender". Depois que se formar, **você não precisa ser *excelente* em aprender; precisa ser bom o suficiente e, também, ser competente em outras habilidades**.

Isso já foi ressaltado por Scott Adams, o cartunista criador de *Dilbert*. Ele escreveu que um dos caminhos para o sucesso é se tornar excepcional em uma coisa, mas é claro que é difícil ficar *tão bom* em algo. É bem mais fácil se tornar bastante bom em duas ou mais áreas. Ele observou que sabe desenhar, mas não é um grande artista. É mais engraçado que a maioria das pessoas, mas não tanto quanto comediantes profissionais. Ele também tem experiência no mundo dos negócios. São, ao todo, três áreas de competência, coisa que pouquíssimas pessoas têm ao mesmo tempo. O resultado é uma tirinha extremamente bem-sucedida e que se passa em um escritório.

Se você estiver pensando "Nunca vou ser bom em aprender", pergunte a si mesmo se precisa ter uma excelente capacidade de aprendizado ou se ser "bom o suficiente" nisso, junto com outras habilidades, trará uma combinação excepcional. Se empregar as estratégias deste livro, você vai conseguir ser "bom o suficiente" e aprender estará ao seu alcance.

> *Em uma frase:* Lembre-se de que aprender é algo que fazemos, e não algo que somos, e que a definição de *sucesso no aprendizado* muda depois que nos formamos; você precisa ser bom em várias coisas, e não excelente em uma.

DICA 87

Cerque-se de pessoas que estudam

Nosso comportamento é muito mais influenciado pelas pessoas à nossa volta do que gostaríamos de admitir. A evolução nos deixou com uma mente sensível ao que os outros fazem e com tendência a imitá-los. Afinal, se todo mundo está fazendo algo, é provável que aquela seja a ação mais segura e inteligente. É por isso que as pessoas riem mais quando um programa de tevê tem claque. As pessoas vão a restaurantes que costumam estar cheios e evitam os que estão sempre vazios.

Em decisões mais importantes que "Será que devo rir?" ou "Onde vamos comer?", nos importamos menos com o que desconhecidos estão fazendo e somos mais influenciados por nossa família e nossos amigos próximos. Por exemplo, a maioria das pessoas não compraria um novo video game simplesmente porque ouviram falar que ele está fazendo sucesso. No entanto, o fato de alguns amigos dizerem que gostaram do jogo pode ser o suficiente para muita gente comprá-lo.

Imitar o que seus amigos e sua família fazem lhe garantem apoio social quando *você* fizer a mesma coisa. Por exemplo, se a maioria dos seus amigos levar o aprendizado a sério, eles farão com que seja mais fácil para você ir à biblioteca nas noites em que está sem vontade. Eles vão ouvir e dar apoio quando você não for bem nos estudos e vão comemorar quando tudo der certo. Podem oferecer ajuda prática dando, por exemplo, dicas de estudo que acharam úteis.

Não é que os amigos que não estão interessados em aprender sejam ruins. É só que o apoio social para o aprendizado não é tão natural para eles. Não são esses os amigos que vão persuadi-lo a estudar quando você não estiver com vontade, uma vez que eles mesmos não estão estudando. Eles serão solidários quando você não estiver indo bem nos estudos, mas a sensação não é a mesma, porque você sabe que talvez a experiência deles não seja parecida com a sua. **Se você se importa com o seu aprendizado e as pessoas do seu círculo social não, há uma parte da sua vida em que você sente um pouco de solidão.** Gostamos de nos unir a pessoas parecidas com a gente.

Já conheci gente que *escondia* o interesse nos estudos por medo de sofrer rejeição dos amigos. Há alguns anos, recebi um e-mail contundente de uma professora de inglês do ensino médio contando sobre um dos alunos dela. O garoto era muito dedicado ao time de futebol e também a ler romances, mas tinha tanta certeza de que sofreria consequências sociais se esse fato se espalhasse que nem falava do assunto com os amigos. Ele queria muito debater os livros com alguém, então perguntou à professora se poderia conversar com ela às vezes depois da aula.

É claro que **você não deve se afastar de amigos que não se interessem pelos estudos, mas pode ser bom fazer novos amigos que tenham esse interesse**. Esteja você lendo sobre ciência por prazer, buscando tirar notas melhores para entrar na faculdade de medicina ou tentando ler fontes de notícias mais aprofundadas para entender a política atual, cercar-se de pessoas que compartilham do seu interesse lhe dará o apoio social pelo qual os humanos anseiam.

Em uma frase: Somos seres sociais e somos influenciados pelo que nossos amigos e nossa família fazem; cercar-se de pelo menos algumas pessoas que se interessam por aprender fará com que você tenha mais facilidade de expressar esse lado da sua personalidade.

DICA 88

Compare-se com você mesmo

Que atividades e posturas têm mais influência na sua autoimagem? À primeira vista, talvez devessem ser as que parecem mais importantes para você, ou então aquelas com que você gasta mais tempo. No entanto, se pensar bem, vai ver que não é bem assim. Um adolescente que ama video games e passa duas horas por dia jogando talvez não se veja como um *gamer*. Por quê? Porque todas as pessoas no seu entorno jogam tanto quanto ele. Por outro lado, se nenhum dos amigos desse adolescente ler, eles vão considerá-lo "o leitor" do grupo, mesmo que ele leia somente dois ou três livros por ano. É o contraste que importa.

As comparações que afetam sua autoimagem não são apenas aquelas que seus amigos fazem. **Você escolhe as pessoas com as quais se compara**. Sua autoimagem pode variar muito, de acordo com as suas seleções, e não existe um bom jeito de saber quais comparações fazem sentido. Às vezes, nos comparamos para nos sentirmos superiores ou para reforçarmos nossa confiança. É uma obviedade trágica o fato de que pessoas com dependência em álcool ou drogas procuram alguém que esteja ainda mais no fundo do poço: "Posso até beber muito, mas não estou tão mal quanto *ele*".

No entanto, nem sempre fazemos comparações que nos agradem. Um amigo me contou que tinha um aluno de pós-graduação que estava com medo de ser reprovado por não conseguir manipular estatísticas. Na verdade, esse estudante era um dos melhores da turma, mas se comparava ao marido, que estava fazendo doutorado em ciência de dados.

Qualquer um pode observar essas situações de fora e dizer "Sua comparação não faz sentido e está distorcendo sua autoimagem". Mas como saber com quem se comparar?

Essa pergunta me faz lembrar de um ensinamento hassídico do século XIX, que vou reproduzir aqui à minha maneira. Todo mundo deveria ter dois bolsos. Em um deles, guarde um pedaço de papel com a frase "Você é a joia da criação de Deus, o mais próximo dos anjos". Recorra a esse bolso quando se sentir triste e inútil. Por outro lado, quando se sentir poderoso demais, pegue o papel que está no outro bolso. Nele, deve estar escrita a frase "Deus criou a minhoca antes de você".

Existe sempre alguém que pensamos que está à nossa frente e outra pessoa que achamos que ficou para trás, e até enxergo a vantagem de aproveitar esse fato para administrar minhas emoções. Mas não confio em mim mesmo para usá-lo com sabedoria. Sou o tipo de pessoa que pegaria o papel da minhoca quando se sentisse mal.

Em vez de tentar fazer comparações inteligentes, **compare-se a si mesmo**. Isso significa acompanhar seus objetivos e seu progresso no caminho até eles. Já sugeri que você faça isso (veja a dica 65), então não estou propondo um trabalho extra. Na verdade, é outro uso dos objetivos que você registrou. Em momentos de reflexão, a maioria das pessoas concorda que se comparar aos outros é, na melhor das hipóteses, contraproducente; no pior dos casos, pode ser prejudicial. O importante é nos esforçarmos para ser nossa melhor versão. O que os outros estão fazendo ou não é irrelevante. Lembre-se disso quando começar a se perguntar se está indo tão bem quanto seus colegas. Pegue o arquivo digital ou o diário em que você registra seus objetivos e reveja seu progresso.

> *Em uma frase:* É natural se comparar aos outros, e as comparações contribuem para a sua autoimagem, mas não costumam ajudar; compare seu eu do presente com o do passado quando for avaliar seu progresso.

DICA 89

Se você não recebeu da sua família conselhos práticos sobre os estudos, obtenha-os com outras pessoas

Mesmo que os pais raramente se demorem discutindo os valores da família, os filhos sabem com que fatores os pais se importam através de mensagens silenciosas transmitidas por ações. As crianças observam com que os pais gastam dinheiro, a que atividades eles dedicam tempo, quem acham que merece respeito e o que tem importância suficiente para ser tema de uma regra da casa. Essas pistas deixam claro o valor que os pais dão à observância religiosa, ao progresso social, a um ponto de vista político, ao sucesso financeiro, aos estudos, etc.

Crianças cuja família valoriza o aprendizado tendem a ir bem na escola. Elas fazem aulas mais desafiadoras, tiram notas mais altas e têm mais probabilidade de se formarem no ensino médio e fazer faculdade. Isso se deve, em parte, ao fato de que pais que pensam no aprendizado como um valor da família costumam ter mais dinheiro e maior grau de instrução e, portanto, mais facilidade em oferecer vantagens aos filhos. Se necessário, eles podem contratar um professor particular, por exemplo. Mas, além disso, esses filhos têm uma confiança profunda de que pertencem ao ambiente escolar e podem ser bem-sucedidos nele.

Por outro lado, algumas pessoas crescem com pais que não se interessam pelos estudos. Há também quem tenha pais que se interessam, mas que não têm tempo nem dinheiro para se dedicar a esse assunto. Ambas as situações podem levar a um sentimento duradouro e persistente de que você não se encaixa na escola.

Ao longo dos meus anos no ensino superior, conheci diversos estudantes que se sentiam assim, mas o exemplo mais marcante foi o de um dos meus primeiros alunos de pós-graduação. Ele estava recebendo ótimos feedbacks a respeito do trabalho que vinha fazendo, mas era assombrado pela insegurança, por um sentimento de que estava deixando algo passar. Esse aluno achava que havia uma série de regras implícitas que ditavam como se comportar na pós-graduação e que era o único que não as sabia, por causa do seu histórico – ele tinha sido o primeiro da família a fazer faculdade.

Essa sensação talvez viesse desde o ensino médio e a graduação, espaços em que a suspeita dele fazia sentido. **Pais que se sentiam confortáveis no ambiente escolar têm algum conhecimento sobre como obter sucesso nele.** Eles aconselham os filhos e os defendem. Por exemplo, se você tirar nota vermelha na primeira prova que fizer na faculdade, talvez o seu pai diga que isso também aconteceu com ele, mas que conseguiu superar. Ou pode ser que sua mãe o aconselhe a falar com o professor e perguntar como ir melhor da próxima vez. O mais importante é que, se seus pais sempre tiverem presumido que você se formaria na faculdade, você sentirá que pertence àquele ambiente, e uma dificuldade não fará com que questione isso.

O que fazer se seus pais não forem assim? No ensino médio, **os professores podem ajudar**. Escolha seu professor preferido, mesmo que já faça alguns anos que você tenha sido da turma dele, e peça aconselhamento, ainda que não saiba bem de qual tipo de ajuda você precisa. Converse. A maioria dos professores não encara esse pedido como um incômodo. Pelo contrário, ficarão lisonjeados por você ter recorrido a eles.

O ambiente da faculdade tem um conjunto de regras para o sucesso diferente do que vivenciamos no ensino médio. Seu cérebro não muda, então estudar e aprender continuam iguais, mas a organização do ensino se altera, de forma que você se depara com novos problemas. Como escolher quais matérias cursar? Abriu uma vaga para uma disciplina ótima, mas já se passaram três semanas desde o início do semestre. Você deve se inscrever? Vai conseguir recuperar a matéria perdida?

Infelizmente, muitas faculdades pedem aos docentes que aconselhem os estudantes em relação a essas questões, e muitas vezes eles não têm conhecimento ou motivação para executar esse trabalho bem. Se o seu professor não estiver ajudando, tente procurar o coordenador do seu curso de graduação. (Talvez ele também possa trocar o professor que orienta você. Peça.) Ou tente recorrer à Secretaria de Assuntos Estudantis, ou à Vice-Reitoria Acadêmica, ou ao órgão correspondente na sua universidade. **Toda instituição de ensino superior tem um braço administrativo projetado para ajudar os alunos a entenderem o sistema.** Você não vai incomodar ninguém – ajudá-lo com esse tipo de coisa é o trabalho dos funcionários desse órgão, e esse trabalho existe justamente porque o sistema é confuso.

> *Em uma frase:* Algumas crianças ganharam autoconfiança na sua capacidade de aprendizado e receberam conselhos dos pais sobre os estudos, mas pessoas que não tiveram essa oportunidade podem obter essas coisas de outras fontes.

PARA PROFESSORES

Como os professores podem contribuir para que todos se sintam capazes e motivados a encarar desafios?

O ideal é que os alunos que duvidam de si mesmos obtenham sucesso de uma forma que, depois de comemorar a conquista deles, você possa, com cuidado, incentivá-los a reconhecerem a própria vitória. Basicamente, o ideal é que você diga: "Viu? Você achou que não ia dar conta, mas foi plenamente capaz."

No entanto, pode ser preciso esperar um pouco até que o aluno sinta que foi bem-sucedido. E, de qualquer maneira, é melhor que os estudantes se concentrem nos processos. Isto é, o ideal é que eles sintam orgulho por darem duro para uma prova – elaborando um resumo completo da matéria, por exemplo –, mesmo que o desempenho na prova seja mediano. É pedir muito, mas acho que vale a pena você dizer isso. Ainda que não acatem a mensagem, os alunos talvez entendam a importância dela.

Isso nos leva naturalmente a outra forma de apoiar a autoimagem dos estudantes com os seus feedbacks: ajude-os a identificar em que tarefas têm dificuldades. Eles talvez pensem "Sou um aluno ruim", mas, como vimos, tarefas acadêmicas como a preparação para provas contêm muitos passos. Se souberem o que fazem bem ou não, os estudantes podem mudar a própria autoimagem: "Não sou um aluno ruim, mas preciso fazer anotações melhores."

A conexão pessoal pode ser mais que um facilitador desses métodos; pode ser uma fonte potente, ainda que indireta, de feedbacks positivos para os alunos. Alguns estudos com graduandos mostram que uma conexão pessoal com alguém da instituição de ensino pode ser uma motivação poderosa para um aluno que se sente hesitante em relação ao seu lugar na faculdade. Esses estudos demonstraram que a conexão não precisava ser feita com um membro do corpo docente; às vezes, conectar-se com um funcionário do refeitório ou alguém da secretaria ajudava. Além disso, muitas vezes a pessoa não tinha uma função tradicional de aconselhamento. A relação podia ser significativa para o estudante de duas formas. Em primeiro lugar, em um grande campus anônimo, havia alguém que percebia e ficava até decepcionado se aquele aluno não aparecesse. Em segundo lugar, havia alguém que, como funcionário, já tinha visto muitos universitários e parecia achar que o aluno pertencia àquele espaço, o que servia como uma afirmação silenciosa do status do estudante.

Ajudar os alunos a se sentirem à vontade na instituição de ensino e confiantes em relação ao aprendizado é uma das tarefas mais desafiadoras que os professores encaram. Em parte, isso se deve ao fato de que a autoconfiança dos estudantes é determinada, em certa medida, por fatores alheios ao ambiente de ensino, e também porque as mensagens dos professores que afetam a autoconfiança dos alunos podem ser extremamente sutis. Ainda assim, vale a pena prestar atenção nas mensagens que estamos transmitindo, uma vez que elas podem ter um impacto profundo no desempenho dos estudantes ao longo dos anos.

Resumo para professores

- Incentive os alunos a reconhecer as próprias vitórias.
- Ajude os estudantes a se sentirem bem quando se dedicarem aos processos certos no trabalho acadêmico e encare isso como um progresso, mesmo que a nota deles não seja muito boa.
- Ajude os alunos a identificar que partes das tarefas acadêmicas eles executam bem e quais trazem dificuldades; então, você poderá ajudá-los a solucionar os problemas nas partes difíceis.
- Estabeleça conexões pessoais. Elas são muito significativas e ajudam os estudantes a se sentirem confortáveis e confiantes no ambiente escolar.

CAPÍTULO 14

Como lidar com a ansiedade

É normal ter um pouco de ansiedade – mais que isso, é útil. A ansiedade nos prepara para agir, mobilizando o corpo para fugir ou lutar. Além disso, ela às vezes nos dá informações. É possível observar nossa reação corporal – o coração batendo forte, por exemplo – antes de termos plena consciência de qual é a ameaça. A ansiedade nos diz que há um problema para que possamos observar o ambiente e identificá-lo.

Quando você pensa em ansiedade no contexto do aprendizado, é provável que a primeira coisa que venha à sua mente seja a ansiedade em relação a provas, comum em quem sabe o conteúdo, mas não consegue demonstrar isso na prática por causa do nervosismo. Como eu disse no capítulo 8, é bem comum sentir algum grau de ansiedade ao fazer uma prova. O que é menos banal é sentir uma ansiedade extrema, que chega a afetar você não apenas na hora do teste, mas durante a realização de outras tarefas de aprendizagem, como ler ou fazer anotações.

A ansiedade vai de "útil" a "prejudicial" quando passamos a rotineiramente gastar tempo e energia mental verificando o ambiente em busca de ameaças inexistentes. Pessoas que têm fobia de aranhas inspecionam com cuidado qualquer cômodo antes de entrar para ter certeza de que estão em segurança e, uma vez lá dentro, continuam examinando o local. Isso consome atenção e dificulta uma conversa ou até o raciocínio. Além de afetar o pensamento, a ansiedade pode influenciar o comportamento. O aracnofóbico pode se recusar a entrar em sua própria sala de estar porque já viu aranhas lá antes.

De onde vem essa ansiedade que parece contrária à nossa adaptação evolutiva?

Há pouca dúvida de que **parte dela – talvez um terço – pode ser atribuída aos nossos genes**. Isso não quer dizer que seu DNA decreta "Tu serás ansioso" de forma tão categórica quanto determina que seus olhos terão certa cor. Significa que você tem uma predisposição para o tipo de vigilância e estado de alerta que geram facilmente a ansiedade. Mas o que faz ela crescer?

Existem duas teorias. Uma delas indica que **a ansiedade é um produto do mesmo tipo de aprendizado que foi observado com o cão de Pavlov**. A pessoa toca uma sineta e, em seguida, alimenta o cão. Com a repetição, o cachorro passa a ter a expectativa de ser alimentado quando ouve o sino e, portanto, saliva.

O mesmo processo pode deixar você ansioso com relação a aprender. Vou usar a matemática como exemplo. Imaginemos que, durante uma aula, o professor lhe peça que resolva um problema matemático no quadro-negro. Você não consegue resolver e se sente humilhado. Se isso se repetir algumas vezes, você passa a ter a expectativa de se sentir humilhado toda vez que for convidado a ir ao quadro para resolver um problema de matemática, assim como o cão espera ser alimentado quando ouve o sino. A antecipação da humilhação deixa você ansioso.

Mas não termina aí.

Você sabe que a aula de matemática é a situação em que o professor pode pedir a você que vá ao quadro para resolver um problema, então começa a sentir frio na barriga no instante em que chega à aula. E solucionar problemas matemáticos em casa faz você se lembrar de tentar resolvê-los no quadro, o que traz uma sensação de desconforto. Qualquer coisa associada à matemática pode se tornar uma fonte de ansiedade. Essa teoria ressalta a forma como algo que começou neutro (matemática) passa a ser associado a algo negativo (frustração e vergonha).

Outra teoria nos ajuda a entender **como a ansiedade pode sair do controle**. A sensação de ansiedade é tão desagradável que você fica sempre com o radar ligado, por assim dizer, monitorando o ambiente em busca daquilo que acha ameaçador. Esse processo de monitoramento é inconsciente, mas o que *não é* inconsciente é a sensação de nervosismo, de imaginar que você pode encontrar a coisa que teme. Então você pensa: "As coisas devem estar muito ruins, porque estou extremamente nervoso *e não consigo encontrar o que está me deixando assim*." Pensamentos desse tipo aumentam ainda mais a preocupação com ameaças, então você as procura com ainda mais afinco, não as encontra – mesmo achando que elas com certeza estão por perto –, e o ciclo vicioso continua.

Você talvez tenha percebido que, na verdade, existe algo de racional naquilo que estamos chamando de ansiedade irracional. No meu exemplo, a ansiedade em relação à matemática começou com a dificuldade de resolver problemas no quadro-negro. Será que não deveríamos simplesmente dizer "Ser ruim em matemática deixa você ansioso com problemas matemáticos"? Pesquisas indicam que isso é um fator, mas não pode ser a explicação completa. Um subconjunto das pessoas que têm ansiedade com matemática é, na verdade, muito bom no assunto. E há também aquelas que são péssimas em matemática, mas não se sentem ansiosas com isso. Como isso é possível?

Ao que tudo indica, a **interpretação que o indivíduo faz dos acontecimentos é crucial**. Você tem muito mais probabilidade de se sentir ansioso em relação à matemática se achar que uma nota vermelha em uma prova diz algo importante e imutável a respeito de si mesmo. Se a matemática não tiver importância para você, uma nota ruim na prova não o deixará ansioso. Você também ficará bem caso se preocupe, sim, com a matemática (e, portanto, fique chateado com a nota baixa), mas pense que pode melhorar seu desempenho com mais dedicação. Você só ficará ansioso caso se importe e se sinta impotente.

Quando voltamos nossa atenção para a redução da ansiedade, duas coisas se tornam claras. Em primeiro lugar, tendo em vista que a sua interpretação dos acontecimentos é mais importante do que o que acontece na realidade, é lógico concluir que **nossa prioridade deve ser dar a você uma forma melhor de pensar sobre o que acontece**. Em segundo lugar, **não devemos esperar que a ansiedade desapareça rapidamente**. Mesmo encarando melhor os acontecimentos, as pessoas precisam desaprender as antigas associações e maneiras de pensar. É como qualquer outra tarefa difícil; ninguém espera correr uma maratona no seu primeiro dia de treino. Você precisa se esforçar e se preparar para fazer pequenos avanços.

Na verdade, eliminar a ansiedade leva tanto tempo que a maioria dos psicólogos diria que esse não deve ser o seu objetivo. Se você fica ansioso quando faz uma prova, quando dá uma ideia em sala de aula ou quando trabalha em um projeto com pessoas que não conhece, o importante é conseguir fazer a prova, dar ideias ou trabalhar no projeto. Sua meta deve ser administrar a ansiedade. Não pense "Não posso executar aquela tarefa pois isso me deixa ansioso". Seu objetivo é ser capaz de executá-la apesar da sua ansiedade.

SE VOCÊ SOFRER DE ANSIEDADE

O que o seu cérebro vai fazer: Examinar o ambiente em busca de ameaças e continuar a fazer isso mesmo que nada de ameaçador seja observado. Essa inspeção transformará sua ansiedade em uma espiral ascendente e ocupará sua cabeça, fazendo com que seja difícil se concentrar no aprendizado.

Como ser mais esperto que o seu cérebro: Concentre-se em reinterpretar seus pensamentos para controlar a ansiedade.

Este capítulo inclui uma série de estratégias. A eficácia de todas foi comprovada em experimentos científicos, mas isso não significa que elas tenham resultados igualmente positivos em todos os indivíduos. Recomendo que você tente diferentes estratégias e veja quais funcionam para você. É provável que apenas uma tática seja insuficiente e que você precise lançar mão de várias. Tenha paciência. Isso exigirá tempo e prática.

DICA 90

Considere um progresso qualquer melhora em fazer o que tem que ser feito

A avaliação é importante para administrar a ansiedade. Uma vez que cada estratégia tem um grau de eficácia diferente para cada indivíduo, você precisa ser capaz de perceber se uma dica específica funciona no seu caso. Como saber se as coisas estão melhorando? É provável que você tenha pensado que a definição de *sucesso* seria "sentir menos ansiedade", mas já eliminei essa ideia.

Assim como definimos que seu objetivo é controlar a ansiedade, e não eliminá-la, **encare o *sucesso* como fazer o que tem que ser feito, mesmo que isso o deixe ansioso.**

Talvez agora você esteja bufando "Uau, que dica maravilhosa! 'Ignore seu pavor e simplesmente vá em frente'". Bem, é isso mesmo. **Sentir-se ansioso é desconfortável, mas não é perigoso.** É difícil se lembrar disso com o coração batendo forte e as mãos suadas – quando o corpo diz claramente: "Tem um problema aqui!" No entanto, em momentos mais calmos, você sabe que, na verdade, está tudo bem e que não há uma ameaça real. Você é capaz de ir em frente. Pode ser muito desconfortável, mas você não está correndo perigo.

Há alguns anos, tive uma aluna que exemplificou essa ideia de uma forma que me inspirou. Ela demonstrava pouca ansiedade social em outras interações, mas ficava vermelha do peito ao pescoço toda vez que falava na sala de aula. Esse rubor e as palavras um tanto hesitantes mostravam que falar diante de um grupo a deixava extremamente ansiosa. Ainda assim, ela o fazia.

Tenho certeza de que eu estava testemunhando o resultado de muito trabalho. Essa aluna articulava ideias complicadas, que exigiam que falasse por um minuto ou mais, mas aposto que ela começou com breves comentários. Talvez ela tenha até planejado ações em estágios, como:

- Dizer algo curto na aula uma vez por semana.
- Dizer algo curto em toda aula.
- Descrever uma ideia mais completa (levando, digamos, um minuto) uma vez por semana.
- Fazer uma apresentação curta em sala de aula.

Recomendo que você também faça isso. **Encare como uma conquista fazer um pouco daquilo que você deseja.** Mesmo que diga apenas "Eu só queria acrescentar que concordo plenamente com esse comentário" em apoio à fala de outra pessoa. Se você evita sair de casa porque teme interações sociais, talvez o primeiro passo seja dar uma volta no quarteirão e prometer a si mesmo que vai dizer "Oi" a uma pessoa que está passando. A próxima dica detalha por que você deve definir metas pequenas.

O que você *não deve* fazer: se comparar aos outros ou comparar sua situação atual com seu objetivo final. Essas comparações são um convite a autocríticas injustas e à ideia de que você é estranho ou um fracassado. O correto é comparar onde você está agora com onde estava antes. É nisso que você deve se concentrar. Nisso e no próximo pequeno passo que pode dar.

Em uma frase: Você deve avaliar se as estratégias que emprega estão funcionando, e a definição correta de *funcionar* não é sentir menos ansiedade, e sim melhorar um pouco em fazer aquilo que você deseja.

DICA 91

Evite estas quatro reações comuns à ansiedade

A ansiedade vem com uma série de pensamentos comuns. Infelizmente, eles não melhoram as coisas. Na verdade, só pioram sua ansiedade. Aqui, vou listar alternativas mais positivas a quatro reações comuns.

Não desista. Não deixe de fazer as coisas por sentir ansiedade. Por exemplo, não diga a si mesmo: "Estou ansioso demais para falar com meu orientador" ou "Mesmo tendo me qualificado, eu não deveria fazer o curso avançado, porque pensar nisso me deixa desconfortável". Você não é obrigado a procurar situações que tragam ansiedade, mas tem que fazer as coisas que lhe são necessárias. E você pode. A ansiedade deixa você desconfortável, não incompetente.

Em vez disso, relembre seus sucessos anteriores. Lembre-se: "Já fiz esse tipo de coisa. Algumas partes foram difíceis para mim e me senti desconfortável, mas consegui. E consigo fazer isso de novo."

Não pense no pior. Quando estamos ansiosos, nossos pensamentos escapam facilmente do nosso controle – prevemos que as coisas vão acabar mal e que haverá consequências duradouras. Assim, não pensamos apenas "É possível que essa apresentação não fique muito boa", e sim "Minha apresentação vai ser péssima, vou ser reprovada no curso e nunca vou ser técnica em radiologia".

Em vez disso, pense na situação como se a visse de fora. Tente tornar sua avaliação mais racional, pensando na situação como se ela estivesse acontecendo com outra pessoa. Em outras palavras, pense: "Imagine alguém como eu, uma aluna que costuma tirar nota 8. Agora suponha que essa pessoa faça uma apresentação péssima do projeto dela. A apresentação vale 10% da nota. É provável que essa pessoa seja reprovada no curso? O que é mais provável que aconteça?"

Não negue a ansiedade. Não fique repetindo para si mesmo "Não fique ansioso, não fique ansioso, não fique ansioso". Não pense: "Não posso ficar ansioso por causa *disso*. Isso não é nada. Só um idiota ficaria ansioso com isso. Certo, eu simplesmente *não vou* ficar ansioso com isso." A supressão não é uma estratégia eficaz a longo prazo. Ninguém é capaz de evitar a ansiedade para sempre.

Em vez disso, use a supressão a curto prazo. Negação e supressão não devem ser seu plano de longo prazo, mas a supressão pode ser útil a curto prazo, em especial se você tiver um plano para lidar com o problema subjacente mais tarde. Por exemplo, você pode dizer a si mesmo: "Estou nervoso com a prova que tenho na sexta, mas estou com amigos agora, então vou me divertir. Já separei um tempo toda noite para estudar e posso pensar na prova nesses momentos. Agendei tempo suficiente para isso, então não há problema algum em não pensar nesse assunto agora."

Não se automedique. Álcool e outras drogas podem oferecer um alívio temporário para a ansiedade e, sob supervisão médica, o uso limitado de remédios pode fazer sentido para você. Eu mesmo sofri de ansiedade. Quando a situação ficou muito ruim, estava tão cansado que não conseguia pôr as dicas descritas aqui em prática. A medicação abriu espaço na minha cabeça para eu cuidar da minha ansiedade. Mas usar drogas ou álcool apenas para obter um alívio temporário, e fazer isso sem consultar um médico, não é um caminho que leva à melhora.

> *Em uma frase:* A ansiedade costuma vir acompanhada de certos pensamentos que a agravam; por isso, é útil ser capaz de reconhecer e direcionar sua mente para longe desses pensamentos, caso eles ocorram.

DICA 92

Reinterprete o que sua mente está lhe dizendo

Descrevi (e você talvez saiba por experiência própria) como pensamentos ansiosos podem sair de controle: a ansiedade nos leva a inspecionar o ambiente à procura de uma ameaça e, como não a encontramos, isso nos deixa ainda mais ansiosos. Como interromper esse ciclo?

Aqui está um processo de três etapas para desacelerar sua mente descontrolada. Recomendo que você anote seus pensamentos durante as duas primeiras etapas. Escrever ajuda porque escolher quais ideias valem ser registradas força você a pesá-las e avaliá-las.

Para começar, **normalize** seus pensamentos, em vez de combatê-los ou abordá-los diretamente. "É normal isso que está acontecendo comigo. É chato, mas é normal. Não sou louco nem fraco, assim como alguém que tem enxaqueca não é louco nem fraco. E me sentir ansioso não é inaceitável. É simplesmente algo que acontece com algumas pessoas."

Quando você tiver superado essa parte na sua mente, é hora de **avaliar**. Qual é a probabilidade de que uma das coisas que você está pensando de fato aconteça? E quais seriam as consequências se isso acontecesse? É realmente provável que o professor o chame quando você não souber uma resposta? Isso costuma acontecer? Ou você costuma se preocupar com isso, embora quase nunca aconteça? Pensamentos negativos podem parecer poderosos, mas eles não têm o poder de fazer algo acontecer. Pensamentos são imateriais, temporários e, além disso, privados.

Imagine que a coisa terrível que você está pensando de fato aconteça: o professor chama seu nome e você não sabe a resposta, ou tira nota vermelha em uma prova, ou os outros integrantes do seu grupo de estudos acham que você não está bem preparado. E aí? Se você tirar nota baixa ou até for reprovado em uma disciplina, isso não quer dizer que seu futuro foi por água abaixo. Se você decepcionar seu grupo de estudos, é só se desculpar e tentar se preparar melhor da próxima vez.

O passo final é **se reconectar**. Você normalizou seus pensamentos ansiosos e os avaliou. Chegou a hora de sair da sua mente e ir além dos seus pensamentos. Você precisa se reconectar com o mundo; mostrar para si mesmo que aquilo que provocou sua ansiedade não o derrotou. Pode ser uma coisa pequena. Compor um parágrafo do artigo que está escrevendo. Resolver que não vai se pressionar para dizer qualquer coisa na próxima reunião do seu seminário, mas que também não vai se esconder; você fará contato visual com as pessoas que estão falando e assentirá se concordar com o que estão dizendo.

Se você precisa fazer algo que sabe que o deixará ansioso, é uma boa ideia **começar esse processo de três etapas com um ou dois dias de antecedência**. Se esperar até entrar em pânico por causa de uma apresentação em sala de aula, você ficará nervoso demais para colocar qualquer um desses pensamentos em prática. Em vez disso, tente normalizar, avaliar e se reconectar um ou dois dias antes da apresentação. Quando você for ficando tenso em relação à situação que está por vir e seus pensamentos começarem a sair de controle, você será capaz de dizer a si mesmo: "Já refleti sobre tudo isso outro dia. Percebi que essa apresentação não é tão importante quanto eu estava pensando."

Fazer isso dá trabalho. É simples dizer "Normalize seus pensamentos", mas é muito mais difícil pôr isso em prática. Na verdade, logo no começo, pode parecer quase impossível – mas **fica mais fácil** depois de um tempo. E lembre-se: qualquer movimento para a frente é um progresso.

> *Em uma frase:* Empregue o processo de três etapas – normalizar, avaliar e se reconectar – para reinterpretar o que sua mente está lhe dizendo quando você sente ansiedade.

DICA 93

Reinterprete o que seu corpo está lhe dizendo

A ansiedade envolve tanto a mente quanto o corpo, e o corpo ansioso complica nossos esforços para acalmar uma mente fora de controle. Sintomas como **coração acelerado, músculos tensionados, sudorese e tontura** – ou uma combinação deles – são comuns. É difícil *não* interpretar essas sensações como um sinal de que há perigo no ambiente. Você sabe muito bem que está diante de uma reação de luta ou fuga.

Mas, na verdade, há outra maneira de pensar sobre a reação do seu corpo: **você tem a mesma sensação quando está empolgado.** Seu coração iria bater forte se você visse seu melhor amigo surpreender a namorada com um pedido de casamento, se seu primo fosse indicado ao Oscar ou se o seu time do coração tivesse a chance de vencer o rival com um gol do meio do campo no último segundo.

Falo bastante em público, e meu coração dispara antes de cada palestra, mas não por ansiedade. É empolgação. E um pouco de empolgação nos ajuda a fazer um trabalho melhor. Se nossa empolgação não estiver alta o bastante, ficamos com sono. Da próxima vez que seu coração bater forte e você começar a suar, não comece a dizer a si mesmo que isso é ansiedade. **Pense que você está empolgado.** Seu corpo está lhe dizendo que está pronto para a aventura!

Em uma frase: Não conclua que certos sintomas físicos significam necessariamente que você está ansioso, porque você tem as mesmas sensações quando está empolgado.

DICA 94

Use a atenção plena para dominar seus pensamentos descontrolados

Já comentei que os pensamentos ansiosos que ficam zanzando pela mente são desconfortáveis e até assustadores, mas é importante lembrar que eles *não fazem* coisas ruins acontecerem. Eles não têm, por conta própria, qualquer poder. Dizer isso é fácil. Acreditar já é outra história.

A meditação da atenção plena (também chamada de *mindfulness*) pode ajudar você a mudar sua relação com seus pensamentos. **Essa prática consiste em simplesmente observar seus pensamentos, seus sentimentos e suas sensações, sem julgar e sem se criticar.** Não é "não pensar em nada"; é estar no momento presente.

Pessoas mais qualificadas que eu foram generosas e disponibilizaram instruções gratuitamente na internet. Mas aqui está uma rápida visão geral para você entender do que se trata. Programe um alarme para dali a apenas dois minutos (para iniciantes), sente-se (ou deite-se) em uma posição confortável e respire lentamente. Em muitas variedades de meditação, devemos nos concentrar na nossa respiração e nos nossos batimentos cardíacos. Os pensamentos disparam, alguns quicando na mente, alguns passando em alta velocidade. Você deve apenas observá-los, evitando julgá-los ou se julgar por *pensar* essas coisas, e voltar a atenção para sua respiração. Muitas vezes, os praticantes de meditação usam imagens para ajudar a liberar os pensamentos, imaginando-os como folhas que passam em um riacho, nuvens sendo levadas pelo vento ou ondas quebrando na praia. Cada pensamento vem, recua e, então, vai embora. É só isso.

"É só isso", mas as pessoas que meditam todo dia há anos afirmam que (1) é um trabalho árduo e (2) elas ainda estão aprendendo coisas novas em sua prática. No entanto, até um iniciante pode ver os benefícios. É por isso que muitos médicos sugerem a atenção plena para pacientes com uma ampla gama de males, tanto mentais quanto físicos. Entre os mais comuns estão o estresse e a ansiedade, e pesquisadores relatam efeitos positivos mesmo em treinamentos breves de meditação da atenção plena. De fato, centenas de centros médicos nos Estados Unidos (incluindo a Universidade da Virgínia, onde trabalho) têm programas de redução do estresse baseados em atenção plena.

Por que observar os pensamentos reduz a ansiedade? Pode haver dois mecanismos que influenciam isso. Um deles é que passamos a **conhecer uma sensação de tranquilidade na mente** – saber como é *não ter* uma enxurrada de pensamentos perturbadores. Muitas vezes, sentir essa quietude mental faz com que tenhamos a certeza de que podemos senti-la outra vez quando estivermos prestes a fazer uma prova importante ou em alguma outra situação que nos deixe ansiosos.

A meditação da atenção plena também pode nos ajudar a **melhorar a capacidade de reconhecer os pensamentos de forma mais completa**, em vez de reagir de maneira emocional com base em um vislumbre deles. Assim, quando você estiver sentado sozinho à uma mesa de restaurante, esperando um amigo que está 15 minutos atrasado e não respondeu à mensagem que você mandou, sua primeira reação pode ser uma ansiedade galopante por imaginar que algo terrível aconteceu. Mas alguma introspecção leva você a perceber que, na verdade, sua ansiedade está sendo alimentada pelo medo de que seu amigo tenha simplesmente decidido não ir. E, de alguma forma, é mais fácil ver que esse pensamento é irracional. Seu velho amigo não daria um bolo em você.

A atenção plena parece assustadora, mas se encaixa muito bem na abordagem de "passos de formiga". Ninguém precisa saber que você a está praticando – como eu disse, existem muitos **tutoriais na internet** e vários **aplicativos** (por exemplo, Headspace e Calm) para guiá-lo. Você pode começar meditando apenas dois minutos por dia – manter uma frequência diária é mais importante que a duração de cada sessão. Se decidir fazer a meditação, tenha em mente que, no início, você vai "fracassar" muito – isto é, vai achar difícil se concentrar como deveria. A meditação é uma habilidade como qualquer outra e vai ficando mais fácil com a prática.

Não dá para ter certeza absoluta de que a atenção plena será uma boa opção para você, mas testá-la tem baixo custo, e ela faz muita diferença para algumas pessoas.

> *Em uma frase:* A meditação da atenção plena é fácil de experimentar e é um ótimo recurso para ajudar algumas pessoas a lidar com a ansiedade.

PARA PROFESSORES

Em média, 20% dos seus alunos são ansiosos. Em geral, as escolas têm políticas para acomodar estudantes com um diagnóstico formal de ansiedade. E quanto àqueles que não foram diagnosticados?

Costumo fazer um apelo geral aos alunos para que se identifiquem, dizendo algo como "Se você tiver algum problema de saúde – por exemplo, ansiedade ou depressão –, por favor, mande um e-mail ou passe na minha sala para que possamos garantir que você aproveite ao máximo esta aula".

Sempre começo perguntando ao aluno o que ele gostaria que eu fizesse. Parte do motivo disso é que eles sabem melhor que eu o que acham perturbador, e a outra parte é que quero que eles assumam a responsabilidade para lidar com a questão por conta própria, em vez de eu sugerir soluções.

Minha regra de ouro é que não ofereço a um aluno com ansiedade algo que eu não daria a um aluno sem ansiedade. Por exemplo, não deixo um estudante ansioso perder aula, enviar tarefas atrasadas ou simplesmente não participar de trabalhos em grupo. Isso pode parecer rígido, mas está de acordo com a abordagem que enfatizei ao longo deste capítulo: não podemos simplesmente não fazer as coisas porque elas nos deixam ansiosos. A ansiedade não é uma deficiência, e os estudantes podem fazer tudo que é esperado deles em minhas aulas.

Exemplos de adaptações que eu faria:

Para a ansiedade em relação a provas: Permitir que o aluno se sente em um lugar específico. Deixar que ele use um casaco com capuz durante a prova. Permitir que faça uma caminhada de um minuto.

Para a ansiedade em relação a participar da aula: Fazer uma pergunta e dar aos alunos dois ou três minutos para anotarem as respostas, então chamar o estudante ansioso para ler o que escreveu, de modo que ele não precise elaborar uma resposta de improviso. Adotar uma política em que todos os alunos tenham cartões com os seus nomes e os coloquem na mesa para dizer que querem falar, fazendo com que seja mais fácil participar da conversa. Incentivar comentários muito breves durante os debates.

Para ansiedade generalizada: Oferecer ajuda para pensar em como dividir grandes tarefas em partes menores. Dar explicações claras e por escrito sobre o que se espera nos trabalhos de casa.

Não pense que você precisa "tratar" ou resolver a ansiedade de qualquer aluno. Você não recebeu treinamento para isso e, de qualquer maneira, ele não espera que você o ajude com isso. Ele só quer ir bem na sua aula.

Resumo para professores

- Siga as diretrizes da sua instituição para fazer adaptações aos alunos com diagnóstico de ansiedade.
- Peça aos estudantes ansiosos ou com transtornos mentais que se identifiquem. Assim, você ficará ciente dos motivos da dificuldade deles.
- Não poupe os alunos ansiosos de qualquer trabalho na aula (seguindo, é claro, as diretrizes definidas pela sua instituição de ensino).
- Ofereça as mesmas adaptações que você ofereceria a qualquer estudante.
- Lembre-se de que você não é responsável por tratar ou curar a ansiedade dos seus alunos.

CONCLUSÃO

Ao fim do meu terceiro ano como professor na Universidade da Virgínia, tive que entregar um relatório sobre minhas realizações em pesquisa e ensino até aquele momento. Dois professores mais acima na hierarquia leriam o que eu tinha escrito e se reuniriam comigo para me oferecer conselhos de como eu poderia melhorar. Eu estava ávido pelos comentários deles, e dali a três anos passaria por uma avaliação bem mais rigorosa, que poderia ter dois resultados: ganhar uma promoção ou ser demitido.

Mas não obtive quaisquer orientações naquela reunião, porque meus supostos conselheiros fizeram algo bem típico de docentes: começaram a debater entre si e me ignoraram. A professora X disse que meu trabalho parecia promissor, mas que percebera que não havia qualquer indício de *diversão* nos documentos que eu tinha preparado. Ela sentia que todos os cientistas de excelência enxergam o trabalho com certo divertimento, e eu parecia extremamente solene. O professor Y logo discordou, dizendo "Diversão? Ir a festas é divertido. O trabalho de pesquisa parece sério porque *é* sério". Por 15 minutos, eles debateram se o pensamento crítico é divertido ou não. Então lembraram o motivo de estarmos todos ali. Disseram "Parece que você está indo bem", e a reunião acabou.

Aquele debate me veio à mente enquanto eu estava finalizando este livro, porque nunca dei qualquer indício de que aprender pode ser divertido. Na verdade, na maior parte do tempo, falei sobre como tornar o aprendizado menos desagradável e, portanto, deixei implícito que o tormento é o estado natural do estudante. Isso me incomodou, porque, na verdade, estou bem mais no campo do "aprender é divertido".

No entanto, talvez uma análise mais aprofundada mostre que não há incoerência. Pode ser que aprender seja prazeroso quando você escolhe o tema que vai aprender, mas uma tarefa maçante quando outra pessoa escolhe por você. Fazia sentido que eu escrevesse como se o aprendizado não fosse agradável, uma vez que me concentrei em tarefas ligadas à escola e à faculdade, que nos são impostas, e não escolhidas livremente. As estratégias que descrevi também funcionariam para conteúdos que alguém decidisse aprender, mas é provável que você não tenha lido este livro com esse objetivo. Você o leu para aprender o que *é obrigado* a estudar.

Mas quão forte é a ligação entre "ter que aprender" e "não é divertido"? A maior parte dos estudantes parece achar que ela é bem sólida. É claro que, às vezes, você tem sorte, e um professor manda a turma ler algo de que você realmente gosta, e em algumas situações um ótimo professor encontra um jeito de gerar curiosidade acerca de um tema de que, no início, você não gostava. Mas até nesses casos incomuns o tédio ou o interesse estão fora do seu controle.

As descobertas científicas que mostrei indicam que essa conclusão está equivocada. Você pode passar a se interessar por conteúdos que, a princípio, o entediavam. Neste livro, você viu que:

- Se a informação for interessante, você prestará mais atenção nela.
- Se prestar mais atenção, você se lembrará melhor dela.
- Quando se lembra melhor, você tem mais probabilidade de ir bem nas provas.
- Se for bem nas provas, você terá mais autoconfiança como estudante.
- Se tiver mais autoconfiança, as tarefas acadêmicas parecerão mais simples.
- Se as tarefas parecerem mais simples, você procrastinará menos.
- Se procrastinar menos, você dará conta do seu trabalho.
- Se der conta do seu trabalho, você saberá mais sobre mais temas.
- Se souber algo sobre um tema, será mais fácil compreender novas informações sobre ele.
- Se você compreender novas informações, elas ficarão mais interessantes.

Meus alunos sabem dos três primeiros efeitos. Eles acham fácil estudar e lembrar coisas que lhes interessam. Mas raramente levam em conta os outros efeitos e, muitas vezes, nem sabem alguns deles. Por isso, veem o interesse apenas como um motivador; acreditam que ele faz outros processos (como a atenção e a memória) funcionarem. Não enxergam que o interesse pode ser o produto de outros processos cognitivos.

Aqui estão as informações da lista anterior dispostas em uma figura:

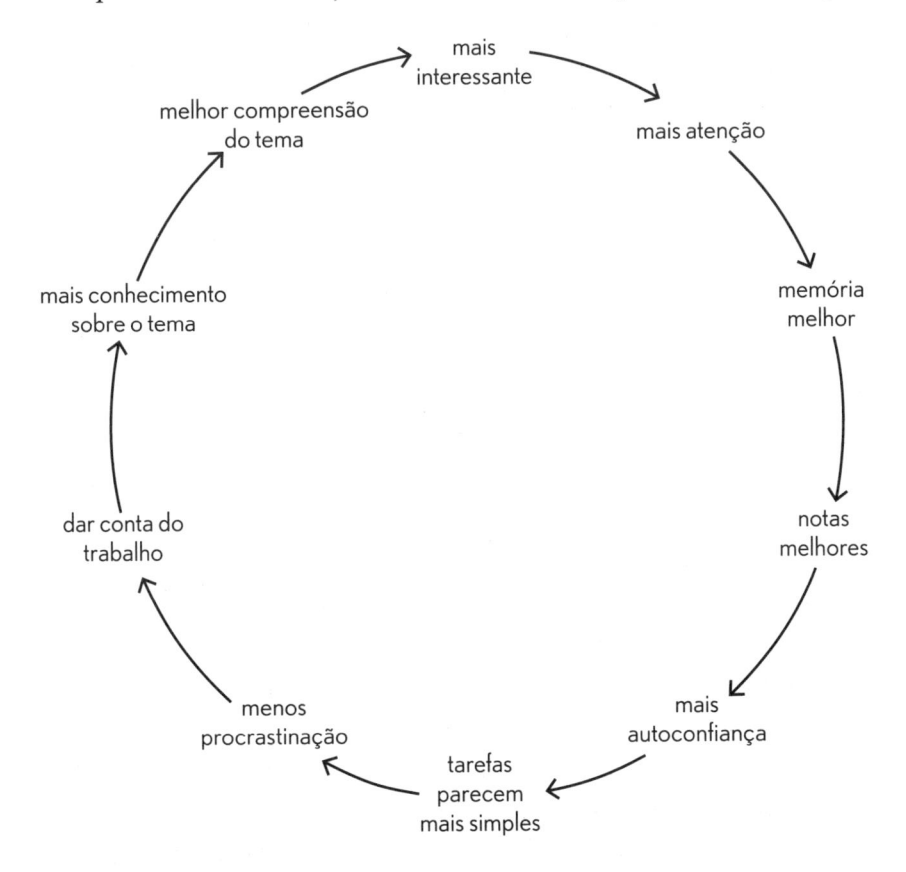

```
        melhor compreensão     mais
            do tema         interessante
                                              mais atenção

  mais conhecimento
     sobre o tema                              memória
                                                melhor

    dar conta do
     trabalho                                notas
                                            melhores

        menos                                mais
    procrastinação                       autoconfiança
                        tarefas
                        parecem
                      mais simples
```

A ilustração deixa mais claro que você não precisa começar com o interesse. Os componentes do aprendizado formam um ciclo virtuoso, e você pode entrar nele em qualquer ponto, ou em vários pontos. No capítulo 12, vimos formas de manter a atenção mesmo quando não estamos muito interessados. No capítulo 6, você aprendeu a melhorar sua memória; no capítulo 11, viu como vencer a procrastinação; e, no capítulo 13, falei sobre diferentes maneiras de pensar na autoconfiança. À medida que você transformar sua autoconfiança, sua memória, sua atenção e assim por diante, os efeitos se propagarão ao redor do círculo, e seu interesse no que estiver aprendendo aumentará.

É provável que você tenha vivenciado esse efeito em primeira mão, com alguma matéria que achava entediante e confusa, mas na qual persistiu até conseguir entender, e acabou descobrindo que isso a tornava um pouco menos tediosa. Talvez até intrigante.

Acredito que a definição de *estudante independente* vai além da capacidade de assimilar informações e adquirir habilidades por conta própria quando outras pessoas exigem isso. Também é escolher o que *você* quer aprender. Mas como saber isso sem conhecer tudo que está disponível para ser aprendido?

Estudantes independentes de verdade mantêm um estado constante de abertura intelectual e curiosidade. Estão sempre prontos para descobrir algo novo que desejam conhecer mais a fundo. Levam a vida de uma forma otimista, porque sua curiosidade é reforçada pela consciência de que novos conhecimentos trazem interesse, prazer e satisfação. Tudo que é desconhecido pode ser uma fonte de diversão. E, como cada um de nós sabe tão pouco, o potencial para a diversão é ilimitado.

Às vezes, as pessoas descrevem o aprendizado como o ato de "explorar novas paisagens" ou como uma "jornada". Acho que a metáfora da viagem se encaixa bem – aprender coisas novas traz a mesma satisfação e sensação de aventura que visitar um lugar exótico, ver a fauna e a flora locais, conhecer pessoas e observar como elas vivem.

Meu objetivo era tornar o processo de aprender informações e habilidades mais fácil, mesmo na ausência de curiosidade. Para continuar com a metáfora da viagem, eu quis criar um mapa que garantisse que você chegaria ao destino estabelecido pelo professor. Mas minha esperança mais profunda é que você pense neste livro como uma mala de viagem e saia por aí explorando novas paisagens. Espero que você seja uma daquelas pessoas cuja curiosidade as leva a ver o mundo como um lugar repleto de tesouros.

AGRADECIMENTOS

Fui muito beneficiado por conversas contínuas sobre o magistério com os membros da equipe do Michigan Skills Project: Colleen Counihan, Keith Desrosiers, Angela Duckworth, John Jonides, Ben Katz, Rhiannon Killian, Ethan Kross e Ariana Orvell. Também sou muito grato a Miranda Beltzer, Katie Daniel, Jeremy Eberle, Nauder Namaky, Allie Silverman, Bethany Teachman e, especialmente, Alex Werntz Czywczynski, que deram conselhos e feedbacks inestimáveis sobre a ansiedade.

Sou profundamente grato à minha editora, Karyn Marcus, e ao meu agente, Esmond Harmsworth, pela ajuda primordial para que eu moldasse este projeto e também pelo entusiasmo em relação a ele. Tenho uma dívida imensa com duas pessoas com quem discuti a maioria das ideias apresentadas aqui: David Daniel, por verificar meus pensamentos sobre psicologia, e Trisha Thompson-Willingham, por checar meu raciocínio sobre as realidades da sala de aula e as prováveis reações dos alunos.

REFERÊNCIAS BIBLIOGRÁFICAS

1. Como entender uma aula

BLIGH, Donald. *What's the Use of Lectures?* São Francisco: Jossey-Bass, 2000.

CERBIN, William. "Improving Student Learning from Lectures". *Scholarship of Teaching and Learning in Psychology*, vol. 4, n. 3, jun. 2021, pp. 151-63. Disponível em: <http://dx.doi.org/10.1037/stl0000113>.

DEWINSTANLEY, Patricia Ann & BJORK, Robert A. "Successful Lecturing: Presenting Information in Ways That Engage Effective Processing". *New Directions for Teaching & Learning*, n. 89, 2002, pp. 19-31. Disponível em: <https://doi.org/10.1002/tl.44>.

LANDRUM, R. Eric. "Teacher-Ready Research Review: Clickers". *Scholarship of Teaching and Learning in Psychology*, vol. 1, n. 3, set. 2015, pp. 250-4. Disponível em: <https://doi.org/10.1037/stl0000031>.

PLUTARCO. *Complete Works of Plutarch*. Hastings, East Sussex, UK: Delphi Classics, 2013 (e-book).

RAVER, Sharon A. & MAYDOSZ, Ann S. "Impact of the Provision and Timing of Instructor-Provided Notes on University Students' Learning". *Active Learning in Higher Education*, vol. 11, n. 3, nov. 2010, pp. 189-200. Disponível em: <https://doi.org/10.1177/1469787410379682>.

SHERNOFF, David J. et al. "Separate Worlds: The Influence of Seating Location on Student Engagement, Classroom Experience, and Performance in the Large University Lecture Hall". *Journal of Environmental Psychology*, vol. 49, abr. 2017, pp. 55-64. Disponível em: <https://doi.org/10.1016/J.JENVP.2016.12.002>.

WORTHINGTON, Debra L. & LEVASSEUR, David G. "To Provide or Not to Provide Course PowerPoint Slides? The Impact of Instructor-Provided Slides upon Student Attendance and Performance". *Computers & Education*, vol. 85, jul. 2015, pp. 14-22. Disponível em: <https://doi.org/10.1016/j.compedu.2015.02.002>.

2. Como fazer anotações durante uma aula

CARTER, Susan Payne et al. "The Impact of Computer Usage on Academic Performance: Evidence from a Randomized Trial at the United States Military Academy". *Economics of Education Review*, vol. 56, fev. 2017, pp. 118-32. Disponível em: <https://doi.org/10.1016/j.econedurev.2016.12.005>.

FLANIGAN, Abraham E. & TITSWORTH, Scott. "The Impact of Digital Distraction on Lecture Note Taking and Student Learning". *Instructional Science*, vol. 48, n. 5, out. 2020, pp. 495-524. Disponível em: <https://doi.org/10.1007/s11251-020-09517-2>.

GAUDREAU, Patrick et al. "Canadian University Students in Wireless Classrooms: What Do They Do on Their Laptops and Does It Really Matter?". *Computers & Education*, vol. 70, jan. 2014, pp. 245-55. Disponível em: <https://doi.org/10.1016/j.compedu.2013.08.019>.

LUO, Linlin et al. "Laptop Versus Longhand Note Taking: Effects on Lecture Notes and Achievement". *Instructional Science*, vol. 46, n. 6, dez. 2018, pp. 947-71. Disponível em: <https://doi.org/10.1007/s11251-018-9458-0>.

MUELLER, Pam A. & OPPENHEIMER, Daniel M. "The Pen Is Mightier than the Keyboard: Advantages of Longhand over Laptop Note Taking". *Psychological Science*, vol. 25, n. 6, jun. 2014, pp. 1159-68. Disponível em: <https://doi.org/10.1177/0956797614524581>.

PEVERLY, Stephen T. et al. "Both Handwriting Speed and Selective Attention Are Important to Lecture Note-Taking". *Reading and Writing*, vol. 27, n. 1, jan. 2014, pp. 1-30. Disponível em: <https://doi.org/10.1007/s11145-013-9431-x>.

PEVERLY, Stephen T. et al. "The Relationship of Handwriting Speed, Working Memory, Language Comprehension and Outlines to Lecture Note-Taking and Test-Taking Among College Students". *Applied Cognitive Psychology*, vol. 27, n. 1, jan.-fev. 2013, pp. 115-26. Disponível em: <https://doi.org/10.1002/acp.2881>.

PHILLIPS, Natalie E. et al. "Examining the Influence of Saliency of Peer-Induced Distractions on Direction of Gaze and Lecture Recall". *Computers & Education*, vol. 99, ago. 2016, pp. 81-93. Disponível em: <https://doi.org/10.1016/j.compedu.2016.04.006>.

PIOLAT, Annie et al. "Cognitive Effort During Note Taking". *Applied Cognitive Psychology*, vol. 19, n. 3, abr. 2005, pp. 291-312. Disponível em: <https://doi.org/10.1002/acp.1086>.

REED, Deborah K. et al. "Note-Taking Interventions for College Students: A Synthesis and Meta-Analysis of the Literature". *Journal of Research on Educational Effectiveness*, vol. 9, n. 3, jan. 2016, pp. 307-33. Disponível em: <https://doi.org/10.1080/19345747.2015.1105894>.

SANA, Faria et al. "Laptop Multitasking Hinders Classroom Learning for Both Users and Nearby Peers". *Computers & Education*, vol. 62, mar. 2013, pp. 24-31. Disponível em: <https://doi.org/10.1016/j.compedu.2012.10.003>.

URRY, Heather L. "Don't Ditch the Laptop Just Yet: A Direct Replication of Mueller and Oppenheimer's (2014) Study 1 Plus Mini Meta-Analyses Across Similar Studies". *Psychological Science*, vol. 32, n. 3, mar. 2021, pp. 326-39. Disponível em: <https://doi.org/10.1177/0956797620965541>.

WILL, Paris et al. "The Impact of Classroom Seating Location and Computer Use on Student Academic Performance". *PLOS ONE*, vol. 15, n. 8, 5 ago. 2020. Disponível em: <https:// doi.org/10.1371/journal.pone.0236131>.

WILLIAMS, Andrew et al. "The Impact of Online Lecture Recordings on Student Performance". *Australasian Journal of Educational Technology*, vol. 28, n. 2, 2012, pp. 199-213. Disponível em: <https://doi.org/10.14742/ajet.869>.

3. Como aprender com atividades práticas, demonstrações e em laboratório

BROOKS, Charles M. & AMMONS, Janice L. "Free Riding in Group Projects and the Effects of Timing, Frequency, and Specificity of Criteria in Peer Assessments". *Journal of Education for Business*, vol. 78, n. 5, maio 2003, pp. 268-72. Disponível em: <https://doi.org/10.1080/08832320309598613>.

ERICSSON, Anders & POOL, Robert. *Direto ao ponto: os segredos da nova ciência da expertise*. São Paulo: Gutenberg, 2017.

HO, V. "Learning by Doing". Em: CULYER, Anthony J. (ed.). *Encyclopedia of Health Economics*. Amsterdã: Elsevier, 2014, pp. 141-5.

HOLYOAK, Keith J. & STAMENKOVIĆ, Dušan. "Metaphor Comprehension: A Critical Review of Theories and Evidence". *Psychological Bulletin*, vol. 144, n. 6, jun. 2018, pp. 641-71. Disponível em: <https://doi.org/10.1037/bul0000145>.

LONG, Nicole et al. "Memory and Attention". Em: PHELPS, Elizabeth & DAVACHI, Lila (ed.). *Stevens' Handbook of Experimental Psychology and Cognitive Neuroscience*, vol. 1. Nova York: Wiley, 2018, pp. 25-321.

MORRIS, C. Donald et al. "Levels of Processing Versus Transfer Appropriate Processing". *Journal of Verbal Learning and Verbal Behavior*, vol. 16, n. 5, out. 1977, pp. 519-33. Disponível em: <https://doi.org/10.1016/S0022-5371(77)80016-9>.

TULVING, Endel & THOMPSON, Donald M. "Encoding Specificity and Retrieval Processes in Episodic Memory". *Psychological Review*, vol. 80, n. 5, set. 1973, pp. 352-73. Disponível em: <https://doi.org/10.1037/h0020071>.

4. Como reorganizar suas anotações

BOWER, Gordon H. et al. "Hiearchical Retrieval Schemes in Recall of Categorized Word Lists". *Journal of Verbal Learning and Verbal Behavior*, vol. 8, n. 3, jun. 1969, pp. 323-43. Disponível em: <https://doi.org/10.1016/S0022-5371(69)80124-6>.

CHULARUT, Pasana & DEBACKER, Teresa K. "The Influence of Concept Mapping on Achievement, Self-Regulation, and Self-Efficacy in Students of English as a Second Language". *Contemporary Educational Psychology*, vol. 29, n. 3, jul. 2004, pp. 248-63. Disponível em: <https://doi.org/10.1016/j.cedpsych.2003.09.001>.

COHEN, Dov et al. "A Note-Restructuring Intervention Increases Students' Exam Scores". *College Teaching*, vol. 61, n. 3, jul. 2013, pp. 95-9. Disponível em: <https://doi.org/10.1080/87567555.2013.793168>.

CRAWFORD, C. C. "The Correlation Between College Lecture Notes and Quiz Papers". *Journal of Educational Research*, vol. 12, n. 4, 1925, pp. 282-91. Disponível em: <https://doi.org/10.1080/00220671.1925.10879600>.

KIEWRA, Kenneth A. "Note Taking on Trial: A Legal Application of Note-Taking Research". *Educational Psychology Review*, vol. 28, n. 2, jun. 2016, pp. 377-84. Disponível em: <https://doi.org/10.1007/s10648-015-9353-z>.

KIEWRA, Kenneth A. & BENTON, Stephen L. "The Relationship Between Information-Processing Ability and Notetaking". *Contemporary Educational Psychology*, vol. 13, n. 1, jan. 1988, pp. 33-44. Disponível em: <https://doi.org/10.1016/0361-476X(88)90004-5>.

LUO, Linlin et al. "Revising Lecture Notes: How Revision, Pauses, and Partners Affect Note Taking and Achievement". *Instructional Science*, vol. 44, fev. 2016, pp. 45-67. Disponível em: <https://doi.org/10.1007/s11251-016-9370-4>.

MAKANY, Tamas et al. "Optimising the Use of Note-Taking as an External Cognitive Aid for Increasing Learning". *British Journal of Educational Technology*, vol. 40, n. 4, jul. 2009, pp. 619-35. Disponível em: <https://doi.org/10.1111/j.1467-8535.2008.00906.x>.

RACHAL, K. Chris et al. "Learning Problems Reported by College Students: Are They Using Learning Strategies?". *Journal of Instructional Psychology*, vol. 34, n. 4, dez. 2007, pp. 191-99. Disponível em: <https://eric.ed.gov/?id=EJ790467>.

5. Como ler livros difíceis

BARTOSZEWSKI, Brianna L. & GURUNG, Regan A. R. "Comparing the Relationship of Learning Techniques and Exam Score". *Scholarship of*

Teaching and Learning in Psychology, vol. 1, n. 3, set. 2015, pp. 219-28. Disponível em: <https://doi.org/10.1037/stl0000036>.

BOHAY, Mark et al. "Note Taking, Review, Memory, and Comprehension". *American Journal of Psychology*, vol. 124, n. 1, 2011, pp. 63-73. Disponível em: <https://doi.org/10.5406/amerjpsyc.124.1.0063>.

DENTON, Carolyn A. et al. "Adolescents' Use of Reading Comprehension Strategies: Differences Related to Reading Proficiency, Grade Level, and Gender". *Learning and Individual Differences*, vol. 37, jan. 2015, pp. 81-95. Disponível em: <https://doi.org/10.1016/j.lindif.2014.11.016>.

GLENBERG, Arthur M. et al. "The Illusion of Knowing: Failure in the Self-Assessment of Comprehension". *Memory & Cognition*, vol. 10, n. 6, nov. 1982, pp. 597-602. Disponível em: <https://doi.org/10.3758/BF03202442>.

GURUNG, Regan A. R. "How Do Students Really Study (and Does It Matter)?". *Teaching of Psychology*, vol. 32, n. 4, 2005, pp. 239-41.

GURUNG, Regan A. R. & DANIEL, David B. "Evidence-Based Pedagogy: Do Pedagogical Features Enhance Student Learning?". Em: DUNN, Dana & CHEW, Stephen L. (ed.). *Best Practices for Teaching Introduction to Psychology*. Mahwah, NJ: Erlbaum, 2005, pp. 41-55.

GURUNG, Regan A. R. et al. "Focusing on How Students Study". *Journal of the Scholarship of Teaching and Learning*, vol. 10, n. 1, jan. 2010, pp. 28-35. Disponível em: <https://files.eric.ed.gov/fulltext/EJ882123.pdf>.

JAIRAM, Dharma et al. "SOAR Versus SQ3R: A Test of Two Study Systems". *Instructional Science*, vol. 42, n. 3, maio 2014, pp. 409-20. Disponível em: <https://doi.org/10.1007/s11251-013-9295-0>.

MCDANIEL, Mark A. et al. "The Read-Recite-Review Study Strategy: Effective and Portable". *Psychological Science*, vol. 20, n. 4, abr. 2009, pp. 516-22. Disponível em: <https://doi.org/10.1111/j.1467-9280.2009.02325.x>.

NIST, Sherrie L. & KIRBY, Katie. "The Text Marking Patterns of College Students". *Reading Psychology*, vol. 10, n. 4, 1989, pp. 321-38. Disponível em: <https://doi.org/10.1080/0270271890100403>.

OTERO, José & KINTSCH, Walter. "Failures to Detect Contradictions in a Text: What Readers Believe Versus What They Read". *Psychological Science*, vol. 3, n. 4, jul. 1992, pp. 229-35. Disponível em: <https://doi.org/10.1111/j.1467-9280.1992.tb00034.x>.

RAYNER, Keith et al. "So Much to Read, So Little Time: How Do We Read, and Can Speed Reading Help?". *Psychological Science in the Public Interest*, vol. 17, n. 1, maio 2016, pp. 4-34. Disponível em: <https://doi.org/10.1177/1529100615623267>.

6. Como estudar para provas

ALFIERI, Louis et al. "Learning Through Case Comparisons: A Meta-Analytic Review". *Educational Psychologist*, vol. 48, n. 2, 2013, pp. 87-113. Disponível em: <https://doi.org/10.10 80/00461520.2013.775712>.

BADDELEY, Alan D. *Your Memory: A User's Guide*. Buffalo, NY: Firefly, 2004.

BLASIMAN, Rachael N. et al. "The What, How Much, and When of Study Strategies: Comparing Intended Versus Actual Study Behaviour". *Memory*, vol. 25, n. 6, jul. 2017, pp. 784-92. Disponível em: <https://doi.org/10.1080/09658211.2016.1221974>.

CALLENDER, Aimee A. & MCDANIEL, Mark A. "The Limited Benefits of Rereading Educational Texts". *Contemporary Educational Psychology*, vol. 34, n. 1, jan. 2009, pp. 30-41. Disponível em: <https://doi.org/10.1016/j.cedpsych.2008.07.001>.

CATRAMBONE, Richard. "The Subgoal Learning Model: Creating Better Examples to Improve Transfer to Novel Problems". *Journal of Experimental Psychology: General*, vol. 127, n. 4, dez. 1998, pp. 355-76. Disponível em: <https://doi.org/10.1037/0096-3445.127.4.355>.

DUNLOSKY, John et al. "Improving Students' Learning with Effective Learning Techniques: Promising Directions from Cognitive and Educational Psychology". *Psychological Science in the Public Interest*, vol. 14, n. 1, jan. 2013, pp. 4-58. Disponível em: <https://doi.org/10.1177/1529100612453266>.

FERNANDES, Myra A. et al. "The Surprisingly Powerful Influence of Drawing on Memory". *Current Directions in Psychological Science*, vol. 27, n. 5, out. 2018, pp. 302-8. Disponível em: <https://doi.org/10.1177/0963721418755385>.

MARGULIEUX, Lauren E. & CATRAMBONE, Richard. "Improving Problem Solving with Subgoal Labels in Expository Text and Worked Examples". *Learning and Instruction*, vol. 42, abr. 2016, pp. 58-71. Disponível em: <https://doi.org/10.1016/j.learninstruc.2015.12.002>.

RAWSON, Katherine A. et al. "The Power of Successive Relearning: Improving Performance on Course Exams and Long-Term Retention". *Educational Psychology Review*, vol. 25, n. 4, dez. 2013, pp. 523-48. Disponível em: <https://doi.org/10.1007/s10648-013-9240-4>.

TAUBER, Sarah K. et al. "Does Covert Retrieval Benefit Learning of Key--Term Definitions?". *Journal of Applied Research in Memory and Cognition*, vol. 7, n. 1, mar. 2018, pp. 106-15. Disponível em: <https://doi.org/10.1016/j.jarmac.2016.10.004>.

WILLINGHAM, Daniel T. "Does Tailoring Instruction to 'Learning Styles' Help Students Learn?". *American Educator*, vol. 42, n. 2, 2018, pp. 28-36. Disponível em: <https://files.eric.ed.gov/fulltext/EJ1182080.pdf>.

YANG, Chunliang et al. "Testing (Quizzing) Boosts Classroom Learning: A Systematic and Meta-Analytic Review". *Psychological Bulletin*, vol. 147, n. 4, abr. 2021, pp. 399-435. Disponível em: <https://doi.org/10.1037/bul0000309>.

7. Como julgar se você está pronto para uma prova

BJORK, Elizabeth L. & BJORK, Robert A. "Making Things Hard on Yourself, But in a Good Way: Creating Desirable Difficulties to Enhance Learning". Em: GERNSBACHER, Morton et al. (ed.). *Psychology and the Real World: Essays Illustrating Fundamental Contributions to Society*. Nova York: FABBS Foundation, 2009, pp. 56-64.

DOUGHERTY, Kathleen M. & JOHNSTON, James. "Overlearning, Fluency, and Automaticity". *Behavior Analyst*, vol. 19, n. 2, out. 1996, pp. 289-92. Disponível em: <https://doi.org/10.1007/BF03393171>.

HERTZOG, Christopher et al. "Judgments of Learning Are Influenced by Multiple Cues in Addition to Memory for Past Test Accuracy". *Archives of Scientific Psychology*, vol. 1, n. 1, 2013, pp. 23-32. Disponível em: <https://doi.org/10.1037/arc0000003>.

KORNELL, Nate & HAUSMAN, Hannah. "Performance Bias: Why Judgments of Learning Are Not Affected by Learning". *Memory & Cogni-*

tion, vol. 45, n. 8, nov. 2017, pp. 1270-80. Disponível em: <https://doi.org/10.3758/s13421-017-0740-1>.

ROELLE, Julian et al. "Effects of Informing Learners About the Dangers of Making Overconfident Judgments of Learning". *Journal of Educational Psychology*, vol. 109, n. 1, jan. 2017, pp. 99-117. Disponível em: <https://doi.org/10.1037/edu0000132>.

SCHWARTZ, Bennett L. & METCALFE, Janet. "Metamemory: An Update of Critical Findings". Em: BYRNE, J. H. (ed.). *Cognitive Psychology of Memory*, vol. 2. Oxford, Reino Unido: Academic Press, 2017, pp. 423-32.

SHANKS, Lindzi L. & SERRA, Michael J. "Domain Familiarity as a Cue for Judgments of Learning". *Psychonomic Bulletin & Review*, vol. 21, n. 2, abr. 2014, pp. 445-53. Disponível em: <https://doi.org/10.3758/s13423-013-0513-1>.

SODERSTROM, Nicholas C. & BJORK, Robert A. "Learning Versus Performance: An Integrative Review". *Perspectives on Psychological Science*, vol. 10, n. 2, mar. 2015, pp. 176-99. Disponível em: <https://doi.org/10.1177/1745691615569000>.

WITHERBY, Amber E. TAUBER, Sarah K. "The Influence of Judgments of Learning on Long-Term Learning and Short-Term Performance". *Journal of Applied Research in Memory and Cognition*, vol. 6, n. 4, dez. 2017, pp. 496-503. Disponível em: <https://doi.org/10.1016/j.jarmac.2017.08.004>.

8. Como fazer provas

ARCHER, N. Sidney & PIPPERT, Ralph. "Don't Change the Answer!: An Exposé of the Perennial Myth That the First Choices Are Always the Correct Ones". *The Clearing House: A Journal of Educational Strategies, Issues and Ideas*, vol. 37, n. 1, 1962, pp. 39-41. Disponível em: <https://doi.org/10.1080/00098 655.1962.11476207>.

BOURASSA, Kyle J. et al. "The Impact of Physical Proximity and Attachment Working Models on Cardiovascular Reactivity: Comparing Mental Activation and Romantic Partner Presence". *Psychophysiology*, vol. 56, n. 5, maio 2019, pp. 1-12. Disponível em: <https://doi.org/10.1111/psyp.13324>.

BRAMÃO, Inês et al. "Mental Reinstatement of Encoding Context Improves Episodic Remembering". *Cortex*, vol. 94, set. 2017, pp. 15-26. Disponível em: <https://doi.org/10.1016/j.cortex.2017.06.007>.

CALMA-BIRLING, Destany & GURUNG, Regan A. R. "Does a Brief Mindfulness Intervention Impact Quiz Performance?". *Psychology Learning & Teaching*, vol. 16, n. 3, nov. 2017, pp. 323-35. Disponível em: <https://doi.org/10.1177/1475725717712785>.

COPELAND, David A. "Should Chemistry Students Change Answers on Multiple-Choice Tests?". *Journal of Chemical Education*, vol. 49, n. 4, abr. 1972, pp. 258. Disponível em: <https://doi.org/10.1021/ed049p258>.

DIBATTISTA, David et al. "The 'None of the Above' Option in Multiple-Choice Testing: An Experimental Study". *Journal of Experimental Education*, vol. 82, n. 2, 2014, pp. 168-83. Disponível em: <https://doi.org/10.1080/00220973.2013.795127>.

EMBSE, Nathaniel von der et al. "Test Anxiety Interventions for Children and Adolescents: A Systematic Review of Treatment Studies from 2000–2010". *Psychology in the Schools*, vol. 50, n. 1, jan. 2013, pp. 57-71. Disponível em: <https://doi.org/10.1002/PITS.21660>.

ERDELYI, Matthew Hugh. *The Recovery of Unconscious Memories: Hypermnesia and Reminiscence*. Chicago: University of Chicago Press, 1996.

KRUGER, Justin et al. "Counterfactual Thinking and the First Instinct Fallacy". *Journal of Personality and Social Psychology*, vol. 88, n. 5, maio 2005, pp. 725-35. Disponível em: <https://doi.org/10.1037/0022-3514.88.5.725>.

PICHERT, James W. & ANDERSON, Richard C. "Taking Different Perspectives on a Story". *Journal of Educational Psychology*, vol. 69, n. 4, ago. 1977, pp. 309-15. Disponível em: <https://doi.org/10.1037/0022-0663.69.4.309>.

SCHWARZ, Shirley P. et al. "Reasons for Changing Answers: An Evaluation Using Personal Interviews". *Journal of Educational Measurement*, vol. 28, n. 2, jun. 1991, pp. 163-71. Disponível em: <https://doi.org/10.1111/j.17453984.1991.tb00351.x>.

SMITH, Steven M. & HANDY, Justin D. "Effects of Varied and Constant Environmental Contexts on Acquisition and Retention". *Journal of Experimental Psychology: Learning, Memory, and Cognition*, vol. 40, n.

6, nov. 2014, pp. 1582-93. Disponível em: <https://doi.org/10.1037/xlm0000019>.

VISPOEL, Walter P. "Reviewing and Changing Answers on Computerized Fixed-Item Vocabulary Tests". *Educational and Psychological Measurement*, vol. 60, n. 3, jun. 2000, pp. 371-84. Disponível em: <https://doi.org/10.1177/00131640021970600>.

9. Como aprender com provas anteriores

BLACK, Paul & WILIAM, Dylan. "Developing the Theory of Formative Assessment". *Educational Assessment, Evaluation and Accountability*, vol. 21, n. 5, 2009, pp. 5-31. Disponível em: <https://doi.org/10.1007/s11092-008-9068-5>.

DWECK, Carol S. *Mindset: A nova psicologia do sucesso*. Rio de Janeiro: Objetiva, 2017.

KORNELL, Nate & METCALFE, Janet. "The Effects of Memory Retrieval, Errors and Feedback on Learning". Em: BENASSI, Victor et al. (ed.). *Applying Science of Learning in Education: Infusing Psychological Science into the Curriculum*. Washington, DC: Division 2, American Psychological Association, 2014, pp. 225-51. Disponível em: <http://www.columbia.edu/cu/psychology/metcalfe/PDFs/Kornell2013.pdf>.

MAYER, Richard E. "Rote Versus Meaningful Learning". *Theory into Practice*, vol. 41, n. 4, 2002, pp. 226-32. Disponível em: <https://doi.org/10.1207/s15430421tip4104_4>.

MORRISON, Frederick J. et al. "The Causal Impact of Schooling on Children's Development: Lessons for Developmental Science". *Current Directions in Psychological Science*, vol. 28, n. 5, out. 2019, pp. 441-9. Disponível em: <https://doi.org/10.1177/0963721419855661>.

ROBERTS, Dennis M. "An Empirical Study on the Nature of Trick Test Questions". *Journal of Educational Measurement*, vol. 30, n. 4, dez. 1993, pp. 331-44. Disponível em: <https://doi.org/10.1111/J.1745-3984.1993.TB00430.X>.

SHUTE, Valerie J. "Focus on Formative Feedback". *Review of Educational Research*, vol. 78, n. 1, mar. 2008, pp. 153-89. Disponível em: <https://doi.org/10.3102/0034654307313795>.

SIMONS, Daniel J. et al. "Do 'Brain Training' Programs Work?". *Psychological Science in the Public Interest*, vol. 17, n. 3, out. 2016, pp. 103-86.

10. Como planejar seu trabalho

ASTILL, Rebecca G. et al. "Sleep, Cognition, and Behavioral Problems in School-Age Children: A Century of Research Meta Analyzed". *Psychological Bulletin*, vol. 138, n. 6, nov. 2012, pp. 1109-38. Disponível em: <https://doi.org/10.1037/a0028204>.

BUEHLER, Roger et al. "Exploring the 'Planning Fallacy': Why People Underestimate Their Task Completion Times". *Journal of Personality and Social Psychology*, vol. 67, n. 3, set. 1994, pp. 366-81. Disponível em: <https://doi.org/10.1037/0022-3514.67.3.366>.

CAIN, Neralie & GRADISAR, Michael. "Electronic Media Use and Sleep in School-Aged Children and Adolescents: A Review". *Sleep Medicine*, vol. 11, n. 8, set. 2010, pp. 735-42. Disponível em: <https://doi.org/10.1016/j.sleep.2010.02.006>.

CROVITZ, Herbert F. & DANIEL, Walter F. "Measurements of Everyday Memory: Toward the Prevention of Forgetting". *Bulletin of the Psychonomic Society*, vol. 22, n. 5, nov. 1984, pp. 413-4. Disponível em: <https://doi.org/10.3758/BF03333861>.

GOLLWITZER, Peter M. et al. "Planning and the Implementation of Goals". Em: BAUMEISTER, Roy F. & VOHS, Kathleen (ed.). *Handbook of Self-Regulation: Research, Theory, and Applications*. Nova York: Guilford, 2004, pp. 211-28.

GOMEZ FONSECA, Angela & GENZEL, Lisa. "Sleep and Academic Performance: Considering Amount, Quality and Timing". *Current Opinion in Behavioral Sciences*, vol. 33, jun. 2020, pp. 65-71. Disponível em: <https://doi.org/10.1016/j.cobeha.2019.12.008>.

HARTWIG, Marissa K. & DUNLOSKY, John. "Study Strategies of College Students: Are Self-Testing and Scheduling Related to Achievement?". *Psychonomic Bulletin & Review*, vol. 19, n. 1, fev. 2012, pp. 126-34. Disponível em: <https://doi.org/10.3758/s13423-011-0181-y>.

KORNELL, Nate & BJORK, Robert A. "The Promise and Perils of Self-Regulated Study". *Psychonomic Bulletin & Review*, vol. 14, n. 2, abr. 2007, pp. 219-24. Disponível em: <https://doi.org/10.3758/bf03194055>.

KRAUSE, Adam J. et al. "The Sleep-Deprived Human Brain". *Nature Reviews Neuroscience*, vol. 18, n. 7, jul. 2017, pp. 404-18. Disponível em: <https://doi.org/10.1038/nrn.2017.55>.

KROSS, Ethan et al. "Self-Talk as a Regulatory Mechanism: How You Do It Matters". *Journal of Personality and Social Psychology*, vol. 106, n. 2, fev. 2014, pp. 304-24. Disponível em: <https://doi.org/10.1037/a0035173>.

SHIRTCLIFF, Elizabeth A. et al. "Longitudinal Stability and Developmental Properties of Salivary Cortisol Levels and Circadian Rhythms from Childhood to Adolescence". *Developmental Psychobiology*, vol. 54, n. 5, jul. 2012, pp. 493-502. Disponível em: <https://doi.org/10.1002/dev.20607>.

11. Como vencer a procrastinação

ARIELY, Dan & WERTENBROCH, Klaus. "Procrastination, Deadlines, and Performance: Self-Control by Precommitment". *Psychological Science*, vol. 13, n. 3, maio 2002, pp. 219-24. Disponível em: <https://doi.org/10.1111/1467-9280.00441>.

BARRERA, Manuel & AINLAY, Sheila L. "The Structure of Social Support: A Conceptual and Empirical Analysis". *Journal of Community Psychology*, vol. 11, n. 2, abr. 1983, pp. 133-43. Disponível em: <https://doi.org/10.1002/1520-6629(198304)11:2<133::AID-JCOP2290110207>3.0.CO;2-L>.

FREDERICK, Shane et al. "Opportunity Cost Neglect". *Journal of Consumer Research*, vol. 36, n. 4, dez. 2009, pp. 553-61. Disponível em: <https://doi.org/10.1086/599764>.

KRAUSE, Kathrin & FREUND, Alexandra M. "It's in the Means: Process Focus Helps Against Procrastination in the Academic Context". *Motivation and Emotion*, vol. 40, n. 3, jun. 2016, pp. 422-37. Disponível em: <https://doi.org/10.1007/s11031-016-9541-2>.

LALLY, Phillippa et al. "How Are Habits Formed: Modelling Habit Formation in the Real World". *European Journal of Social Psychology*, vol. 40, n. 6, out. 2010, pp. 998-1009. Disponível em: <https://doi.org/10.1002/EJSP.674>.

LICKEL, Brian et al. "Shame and the Motivation to Change the Self". *Emotion*, vol. 14, n. 6, dez. 2014, pp. 1049-61. Disponível em: <https://doi.org/10.1037/A0038235>.

NEAL, David T. et al. "How Do Habits Guide Behavior? Perceived and Actual Triggers of Habits in Daily Life". *Journal of Experimental Social Psychology*, vol. 48, n. 2, mar. 2012, pp. 492-8. Disponível em: <https://doi.org/10.1016/j.jesp.2011.10.011>.

RUBY, Matthew B. et al. "The Invisible Benefits of Exercise". *Health Psychology*, vol. 30, n. 1, jan. 2011, pp. 67-74. Disponível em: <https://doi.org/10.1037/a0021859>.

STEEL, Piers. "The Nature of Procrastination: A Meta-Analytic and Theoretical Review of Quintessential Self-Regulatory Failure". *Psychological Bulletin*, vol. 133, n. 1, jan. 2007, pp. 65-94. Disponível em: <https://doi.org/10.1037/0033-2909.133.1.65>.

STRUNK, Kamden K. & STEELE, Misty R. "Relative Contributions of Self-Efficacy, Self-Regulation, and Self-Handicapping in Predicting Student Procrastination". *Psychological Reports*, vol. 109, n. 3, dez. 2011, pp. 983-9. Disponível em: <https://doi.org/10.2466/07.09.20.PR0.109.6.983-989>.

WOOD, Wendy & RÜNGER, Dennis. "Psychology of Habit". *Annual Review of Psychology*, vol. 67, jan. 2016, pp. 289-314. Disponível em: <https://doi.org/10.1146/annurev-psych-122414-033417>.

ZHANG, Shunmin et al. "To Do It Now or Later: The Cognitive Mechanisms and Neural Substrates Underlying Procrastination". *WIREs Cognitive Science*, vol. 10, n. 4, jul.-ago. 2019. Disponível em: <https://doi.org/10.1002/WCS.1492>.

12. Como manter a concentração

ALLEN, Andrew P. & SMITH, Andrew P. "A Review of the Evidence That Chewing Gum Affects Stress, Alertness and Cognition". *Journal of Behavioral and Neuroscience Research*, vol. 9, n. 1, 2011, pp. 7-23. Disponível em: <https://www.researchgate.net/publication/313065290_A_review_of_the_evidence_that_chewing_gum_affects_stress_alertness_and_cognition>.

ALTMANN, Erik M. et al. "Momentary Interruptions Can Derail the Train of Thought". *Journal of Experimental Psychology: General*, vol. 143, n. 1, fev. 2014, pp. 215-26. Disponível em: <https://doi.org/10.1037/a0030986>.

ARIGA, Atsunori & LLERAS, Alejandro. "Brief and Rare Mental 'Breaks' Keep You Focused: Deactivation and Reactivation of Task Goals Preempt Vigilance Decrements". *Cognition*, vol. 118, n. 3, mar. 2011, pp. 439-43. Disponível em: <https://doi.org/10.1016/j.cognition.2010.12.007>.

BERRIDGE, Kent C. "Wanting and Liking: Observations from the Neuroscience and Psychology Laboratory". *Inquiry*, vol. 52, n. 4, ago. 2009, pp. 378-98. Disponível em: <https://doi.org/10.1080/00201740903087359>.

BRATMAN, Gregory N. et al. "The Impacts of Nature Experience on Human Cognitive Function and Mental Health". *Annals of the New York Academy of Sciences*, vol. 1249, n. 1, fev. 2012, pp. 118-36. Disponível em: <https://doi.org/10.1111/j.1749-6632.2011.06400.x>.

DUCKWORTH, Angela L. & GROSS, James J. "Behavior Change". *Organizational Behavior and Human Decision Processes*, vol. 161, nov. 2020, pp. 39-49. Disponível em: <https://doi.org/10.1016/j.obhdp.2020.09.002>.

DUCKWORTH, Angela L. et al. "Situational Strategies for Self-Control". *Perspectives on Psychological Science*, vol. 11, n. 1, jan. 2016, pp. 35-55. Disponível em: <https://doi.org/10.1177/1745691615623247>.

JUNCO, Reynol & COTTEN, Shelia R. "The Relationship Between Multitasking and Academic Performance". *Computers & Education*, vol. 59, n. 2, set. 2012, pp. 505-14. Disponível em: <https://doi.org/10.1016/j.compedu.2011.12.023>.

ONYPER, Serge V. et al. "Cognitive Advantages of Chewing Gum. Now You See Them, Now You Don't". *Appetite*, vol. 57, n. 2, out. 2011, pp. 321-8. Disponível em: <https://doi.org/10.1016/j.appet.2011.05.313>.

ORVELL, Ariana et al. "Does Distanced Self-Talk Facilitate Emotion Regulation Across a Range of Emotionally Intense Experiences?". *Clinical Psychological Science*, vol. 9, n. 1, jan. 2021, pp. 68-78. Disponível em: <https://doi.org/10.1177/2167702620951539>.

RIDEOUT, Victoria & ROBB, Michael B. "The Common Sense Census: Media Use by Tweens and Teens". São Francisco: Common Sense Media, 2019. Disponível em: <https://www.commonsensemedia.org/sites/default/files/uploads/research/2019census-8-to-18-full-report-updated.pdf>.

RISKO, Evan F. et al. "Everyday Attention: Mind Wandering and Computer Use During Lectures". *Computers & Education*, vol. 68, out. 2013, pp. 275-83. Disponível em: <https://doi.org/10.1016/j.compedu.2013.05.001>.

SELI, Paul et al. "Mind-Wandering With and Without Intention". *Trends in Cognitive Sciences*, vol. 20, n. 3, ago. 2016, pp. 605-17. Disponível em: <https://doi.org/10.1016/j.tics.2016.05.010>.

SMALLWOOD, Jonathan & SCHOOLER, Jonathan W. "The Science of Mind Wandering: Empirically Navigating the Stream of Consciousness". *Annual Review of Psychology*, vol. 66, jan. 2015, pp. 487-518. Disponível em: <https://doi.org/10.1146/annurev-psych-010814-015331>.

STOTHART, Cary et al. "The Attentional Cost of Receiving a Cell Phone Notification". *Journal of Experimental Psychology: Human Perception and Performance*, vol. 41, n. 4, ago. 2015, pp. 893-7. Disponível em: <https://doi.org/10.1037/xhp0000100>.

UNCAPHER, Melina R. & WAGNER, Anthony D. "Minds and Brains of Media Multitaskers: Current Findings and Future Directions". *Proceedings of the National Academy of Sciences of the United States of America*, vol. 115, n. 40, out. 2018, pp. 9889-96. Disponível em: <https://doi.org/10.1073/pnas.1611612115>.

WILLINGHAM, Daniel T. "The High Price of Multitasking". *The New York Times*, 14 jul. 2019. Disponível em: <https://www.nytimes.com/2019/07/14/opinion/multitasking-brain.html>.

ZANESCO, Anthony P. et al. "Meditation Training Influences Mind Wandering and Mindless Reading". *Psychology of Consciousness: Theory, Research and Practice*, vol. 3, n. 1, mar. 2016, pp. 12-33. Disponível em: <https://doi.org/10.1037/cns0000082>.

13. Como ganhar autoconfiança na sua capacidade de aprendizado

ARENS, Katrin A. et al. "Math Self-Concept, Grades, and Achievement Test Scores: Long-Term Reciprocal Effects Across Five Waves and Three Achievement Tracks". *Journal of Educational Psychology*, vol. 109, n. 5, jul. 2017, pp. 621-4. Disponível em: <https://doi.org/10.1037/edu0000163>.

BRUMMELMAN, Eddie & THOMAES, Sander. "How Children Construct Views of Themselves: A Social-Developmental Perspective". *Child Development*, vol. 88, n. 6, nov.-dez. 2017, pp. 1763-73. Disponível em: <https://doi.org/10.1111/cdev.12961>.

DEDONNO, Michael A. "The Influence of Family Attributes on College Students' Academic Self-Concept". *North American Journal of Psychology*, vol. 15, n. 1, mar. 2013, pp. 49-62. Disponível em: <https://www.researchgate.net/publication/235986598>.

KOIVUHOVI, Satu et al. "Academic Self-Concept Formation and Peer-Group Contagion: Development of the Big-Fish-Little-Pond Effect in Primary-School Classrooms and Peer Groups". *Journal of Educational Psychology*. Disponível em: <https://doi.org/10.1037/edu0000554>.

MARSH, Herbert W. "Academic Self-Concept: Theory, Measurement, and Research". Em: SULS, Jerry (ed.). *Psychological Perspectives on the Self*, vol. 4. East Sussex, Reino Unido: Psychology Press, 2016, pp. 71-110.

MARSH, Herbert W. et al. "An Integrated Model of Academic Self-Concept Development: Academic Self-Concept, Grades, Test Scores, and Tracking Over 6 Years". *Developmental Psychology*, vol. 54, n. 2, fev. 2018, pp. 263-80. Disponível em: <https://doi.org/10.1037/dev0000393>.

TAN, Cheng Yong et al. "Academic Benefits from Parental Involvement Are Stratified by Parental Socioeconomic Status: A Meta-Analysis". *Parenting: Science and Practice*, vol. 20, n. 4, 2020, pp. 241-87. Disponível em: <https://doi.org/10.1080/15295192.2019.1694836>.

WOLFF, Fabian et al. "On the Effects of Social, Temporal, and Dimensional Comparisons on Academic Self-Concept". *Journal of Educational Psychology*, vol. 110, n. 7, out. 2018, pp. 1005-25. Disponível em: <https://doi.org/10.1037/EDU0000248>.

14. Como lidar com a ansiedade

BERNSTEIN, Douglas A. et al. "Cognitive, Behavioral, and Acceptance-Based Psychotherapies". Em: *Introduction to Clinical Psychology: Bridging Science and Practice*. Cambridge, Reino Unido: Cambridge University Press, 2020, pp. 286-323.

CREDÉ, Marcus & KUNCEL, Nathan R. "Study Habits, Skills, and Attitudes: The Third Pillar Supporting Collegiate Academic Performance". *Perspectives on Psychological Science*, vol. 3, n. 6, nov. 2008, pp. 425-53. Disponível em: <https://doi.org/10.1111/j.1745-6924.2008.00089.x>.

DUITS, Puck et al. "Updated Meta-Analysis of Classical Fear Conditioning in the Anxiety Disorders". *Depression & Anxiety*, vol. 32, n. 4, abr. 2015, pp. 239-53. Disponível em: <https://doi.org/10.1002/DA.22353>.

EYSENCK, Michael W. *Anxiety: The Cognitive Perspective*. Hove, Reino Unido: Lawrence Erlbaum Associates, 1992.

HIRSCH, Colette R. & MATHEWS, Andrew. "A Cognitive Model of Pathological Worry". *Behaviour Research and Therapy*, vol. 50, n. 10, out. 2012, pp. 636-46. Disponível em: <https://doi.org/10.1016/j.brat.2012.06.007>.

HIRSCH, Colette R. et al. "Interpretation Training to Target Repetitive Negative Thinking in Generalized Anxiety Disorder and Depression". *Journal of Consulting and Clinical Psychology*, vol. 86, n. 12, dez. 2018, pp. 1017-30. Disponível em: <https://doi.org/10.1037/CCP0000310>.

HOGE, Elizabeth A. et al. "Randomized Controlled Trial of Mindfulness Meditation for Generalized Anxiety Disorder: Effects on Anxiety and Stress Reactivity". *Journal of Clinical Psychiatry*, vol. 74, n. 8, ago. 2013, pp. 786-92. Disponível em: <https://doi.org/10.4088/JCP.12M08083>.

STEIN, Murray B. et al. "Heritability of Anxiety Sensitivity: A Twin Study". *Journal of Psychiatry*, vol. 156, n. 2, fev. 1999, pp. 246-51. Disponível em: <https://ajp.psychiatryonline.org/doi/pdf/10.1176/ajp.156.2.246>.

CONHEÇA ALGUNS DESTAQUES DE NOSSO CATÁLOGO

- Augusto Cury: Você é insubstituível (2,8 milhões de livros vendidos), Nunca desista de seus sonhos (2,7 milhões de livros vendidos) e O médico da emoção
- Dale Carnegie: Como fazer amigos e influenciar pessoas (16 milhões de livros vendidos) e Como evitar preocupações e começar a viver
- Brené Brown: A coragem de ser imperfeito – Como aceitar a própria vulnerabilidade e vencer a vergonha (600 mil livros vendidos)
- T. Harv Eker: Os segredos da mente milionária (2 milhões de livros vendidos)
- Gustavo Cerbasi: Casais inteligentes enriquecem juntos (1,2 milhão de livros vendidos) e Como organizar sua vida financeira
- Greg McKeown: Essencialismo – A disciplinada busca por menos (400 mil livros vendidos) e Sem esforço – Torne mais fácil o que é mais importante
- Haemin Sunim: As coisas que você só vê quando desacelera (450 mil livros vendidos) e Amor pelas coisas imperfeitas
- Ana Claudia Quintana Arantes: A morte é um dia que vale a pena viver (400 mil livros vendidos) e Pra vida toda valer a pena viver
- Ichiro Kishimi e Fumitake Koga: A coragem de não agradar – Como se libertar da opinião dos outros (200 mil livros vendidos)
- Simon Sinek: Comece pelo porquê (200 mil livros vendidos) e O jogo infinito
- Robert B. Cialdini: As armas da persuasão (350 mil livros vendidos)
- Eckhart Tolle: O poder do agora (1,2 milhão de livros vendidos)
- Edith Eva Eger: A bailarina de Auschwitz (600 mil livros vendidos)
- Cristina Núñez Pereira e Rafael R. Valcárcel: Emocionário – Um guia lúdico para lidar com as emoções (800 mil livros vendidos)
- Nizan Guanaes e Arthur Guerra: Você aguenta ser feliz? – Como cuidar da saúde mental e física para ter qualidade de vida
- Suhas Kshirsagar: Mude seus horários, mude sua vida – Como usar o relógio biológico para perder peso, reduzir o estresse e ter mais saúde e energia

sextante.com.br